人口老龄化
对技术进步的影响研究

RESEARCH ON THE IMPACT OF
POPULATION AGING ON
TECHNOLOGICAL PROGRESS

张卫　邓翔　著

中国社会科学出版社

图书在版编目(CIP)数据

人口老龄化对技术进步的影响研究/张卫,邓翔著. —北京:中国社会科学出版社,2022.12
　ISBN 978 – 7 – 5227 – 1289 – 5

　Ⅰ.①人…　Ⅱ.①张…②邓…　Ⅲ.①人口老龄化—影响—技术革新—研究—中国　Ⅳ.①C924.24②F124.3

中国国家版本馆 CIP 数据核字(2023)第 021252 号

出 版 人　赵剑英
责任编辑　王　曦
责任校对　李斯佳
责任印制　戴　宽

出　　　版　中国社会科学出版社
社　　　址　北京鼓楼西大街甲 158 号
邮　　　编　100720
网　　　址　http://www.csspw.cn
发 行 部　010 – 84083685
门 市 部　010 – 84029450
经　　　销　新华书店及其他书店

印刷装订　北京君升印刷有限公司
版　　　次　2022 年 12 月第 1 版
印　　　次　2022 年 12 月第 1 次印刷

开　　　本　710×1000　1/16
印　　　张　16
插　　　页　2
字　　　数　243 千字
定　　　价　88.00 元

目　录

序

2021 年 5 月第七次全国人口普查结果公布，2020 年全国人口共 141178 万人，与 2010 年（第六次全国人口普查）相比，增长 5.38%，年平均增长率为 0.53%。从人口年龄结构变化来看，0—14 岁人口比重上升 1.35 个百分点，仅为 17.95%，生育率呈现逐渐走低态势；65 岁及以上人口比重上升 4.63 个百分点，达到 13.50%，人口老龄化程度逐步加深。如果生育率和自然增长率持续下降，我国将面临人口总数不断下降以及人口老龄化不断加深的趋势。改革开放以来，我国经济的高速增长主要依靠要素驱动，但由于资本边际报酬递减，要素驱动型经济增长方式变得越发不可持续，经济增长方式开始转向以创新驱动为主，创新已逐渐成为推动我国经济高质量发展的第一动力。

《人口老龄化对技术进步的影响研究》一书，正是在我国面临人口年龄结构转变和经济增长方式转变交织叠加之际，深入研究人口老龄化与技术进步之关系的著作。该书遵循历史逻辑与理论逻辑相统一、理论分析与实证分析相结合的原则，在全面剖析中国人口老龄化加速的制度背景和时空演化特征之后，重点从物质资本积累、人力资本积累、人工智能和自动化发展、国际经验借鉴等方面分析了人口老龄化对技术进步的影响。

第一，研究人口老龄化如何通过物质资本积累影响技术进步。首先，将生育率和死亡率纳入罗默的内生技术变迁模型，从理论上分析了人口规模不变条件下人口老龄化对技术进步的影响。理论研究表明，当人口规模保持不变时，人口老龄化对技术进步具有正向效应。其内在机制在于：由于所有年龄群体都面临着较低的死亡率，人均寿命在延长，劳动年龄群体将增加储蓄以应对未来的不确定性，平滑生命周期消费。当社会进入人口老龄化时，老年人群总数趋于上升，老年人积累的资本高于年轻个体，因此整个社会的资本存量将上升，逐渐收获"第二次人口红利"，即物质资本红利。其次，基于中国省际动态面板数据模型，对人口老龄化与技术进步的关系进行了实证检验，并进行了多项稳健性检验，实证结果稳健地支持了上述结论。

第二，研究人口老龄化如何通过人力资本积累影响技术进步。将生育率、死亡率、教育投资和人力资本积累引入三期世代交叠模型，并把以生育率和死亡率下降为主要特征的人口老龄化纳入琼斯的半内生增长模型，分析了人口老龄化、人力资本和技术进步之间的内在关系。理论分析表明，在现代经济增长阶段，以生育率衰退为主要特征的人口老龄化虽然将降低劳动力增长率，但也会通过人口数量—质量替代来提升人力资本水平和社会总人力资本存量，进而正向影响研发和创新。通过数值模拟，上述结论得到了验证。随着生育率的降低和预期寿命的延长，家庭行为主体将会做出最优回应从而增加对子女和自身的教育投资、提升人力资本积累，进而抵消人口老龄化对社会经济发展的负面效应。与劳动力数量相比，人力资本和劳动力质量更加重要。

第三，研究人口老龄化如何通过劳动力供给影响人工智能和自动化的发展。首先，基于物质资本和自动化资本的划分，本书假设自动化资本和劳动力完全替代，把人口老龄化引入新古典增长模型，重点分析了人口老龄化是否将引致自动化以及如何促进自动化的发展。理论分析和数值模拟表明人口老龄化促进了自动化的发展。其次，在分析理论模型的基础上，对人口老龄化和自动化之间的关系进行了实证检验。实证结果表明，人口老龄化显著促进了我国自动化水平的提升，与理论分析结论一致。使用不同的指标对自动化进行多维测度，估计结果仍然显示人口老龄化对自动化具有显著的正向影响，结论具有较强的稳健性。

第四，从跨国视角分析人口老龄化与技术进步之间的关系。基于

OECD 成员国的跨国面板数据，实证分析了人口老龄化对技术进步的影响。结果表明，现阶段人口老龄化对技术进步的影响显著为正。其内在机制可能在于家庭和企业对人口老龄化做出了最优回应，使得人口老龄化对技术进步的正向效应高于负向效应。通过多种方法进行稳健性检验后，上述结论依然成立。

此外，本书还以人口老龄化最为严重的日本为例，阐述了日本人口老龄化的总体态势、技术进步的总体图景及其应对人口老龄化的政策措施，以期为我国理解人口老龄化对技术进步的影响及其应对提供政策借鉴。

总而言之，本书的主要贡献体现在：一方面，从理论上阐释了人口老龄化促进技术进步的内在机制，即家庭和企业对人口老龄化做出了最优回应，使得人口老龄化对技术进步的正向效应高于负向效应。另一方面，从物质资本形成，人力资本形成，人工智能和自动化使用三个具体机制进行了实证分析，发现人口老龄化通过提高储蓄从而促进了物质资本形成、通过人口质量替代人口数量从而提升了人力资本水平和社会总人力资本存量，并促进了自动化及人工智能发展。这些发现也得到了OECD 国家尤其是日本经验的佐证。

《人口老龄化对技术进步的影响研究》一书研究视角新颖，恰当地将理论模型和实证分析、历史分析和比较分析相结合，丰富了人口经济学研究方法，是一部兼具理论价值和政策意义的力作。该书在一定程度上丰富了人口经济学和宏观经济学的研究内容，有助于促进人口学、经济学和统计学交叉学科领域的研究和发展，研究结论以及依此提出的政策建议，亦可为我国促进人口长期均衡发展和实现经济社会高质量发展提供重要参考。

四川大学经济学院教授

2022 年 7 月于四川大学经济学院

第一章 导论

第一节 研究背景和研究意义

一 研究背景

1. 理论背景

一个国家或经济体在不同的发展阶段存在不同的增长动力,在其经济发展的初期,经济发展水平远离世界技术前沿,高投资可以促进经济增长,技术变迁主要以模仿、消化吸收再利用先进经济体的技术为主。然而当一个国家或经济体的发展水平日益接近世界技术前沿时,高投资的增长策略将日益成为经济增长和技术进步的负担,技术模仿的边际效率也逐渐出现下降趋势,可资利用的先进技术范围和边界日益缩小。此时,人力资本和技术创新将对经济的可持续增长起主导作用(Acemoglu et al.,2006;Zilibotti,2007)。

改革开放四十余年,中国已经从一个贫穷和封闭的经济体蜕变为中等收入国家。从国际贸易来看,中国已成为世界最大的出口经济体;从脱贫成果来看,中国已全面消灭绝对贫困,脱贫、减贫成效非常显著;从研发水平来看,中国距离世界技术前沿的距离日益缩短。中国在20世纪80年代和90年代发起的经济改革使得中国经济增长取得巨大成就,此种增长模式主要依靠投资驱动、资源在部门和企业之间再分配、消化吸收再利用发达国家的先进技术等措施。此种投资驱动型经济增长模式已经越发不可持续，中国已经处于一个重要的转折点，未来的经济增长必须转向创新驱动和技术驱动。

目前，中国政府日益注意到投资驱动型增长模式的不可持续性，党的十八大后，中国逐渐激活了创新驱动增长的引擎，连续出台了《中国制造2025》和《国家创新驱动发展战略纲要》等政策，"十四五"规划也日益强调创新的重要性，其目标在于向创新驱动型经济增长模式转型。随着中国的经济发展向发达国家收敛，技术进步和经济增长速度必然随之减速。而且在人口老龄化（population aging）不断加深的背景下，中国经济也逐渐步入新常态，进入转型升级的艰难期，经济增长速度由高速转为中高速，中国家庭也逐渐进入"未富先老"（old before they become rich）状态。由索洛新古典增长模型可知，技术进步（technological progress）是影响一个国家或地区经济持续增长的重要因素。部分学者认为不能谈人口老龄化而色变，人口老龄化不一定带来经济增长和技术进步速率的下降，当前任务是加强老龄化的理论和实证研究工作（贺丹、刘厚莲，2019）。在此背景下，现实而又重要的问题是：人口老龄化是否会影响技术进步？又是通过何种途径影响技术进步？其内在作用机制是否会随着时间的流逝而发生变化？这些重要的理论问题急需经济增长理论来解答。

2. 现实背景

1978—2013年，中国经济突飞猛进，GDP年均增长率近10%。这一高速增长的背后是巨大的人口红利（demographic dividend）及二元经济结构转型所带来的近乎无限弹性的劳动力供给（蔡昉，2013）。随着经济的快速发展和医疗水平的提高，人均寿命不断延长，死亡率大幅降低；另外由于严格的计划生育政策和家庭生育意愿的降低，出生率也大幅下滑，导致了中国人口的自然增长率不断下降，已由2000年的7.58‰降至2015年的4.96‰（见图1-1），直接导致了中国人口老龄化的加剧。2000年以来，中国65岁及以上老年人口占总人口比重已超过7%，其后这一比例逐年上升，2016年高达10.8%，老年抚养比也与日俱增，2016年已高达14.96%（见图1-2）。

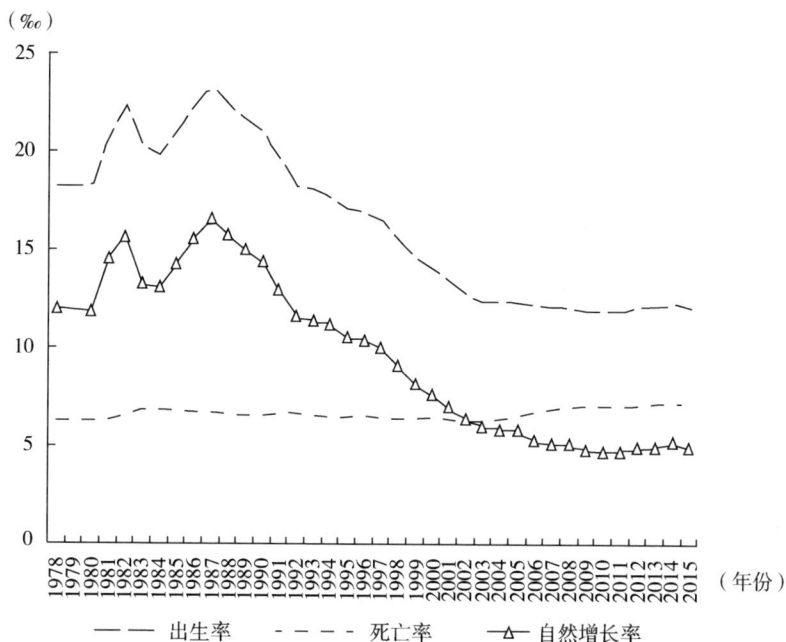

图 1-1 中国 1978—2015 年人口的出生率、死亡率和自然增长率的演化

资料来源：历年《中国统计年鉴》。

与此同时，由于经济发展和医疗卫生水平的提高，中国人均预期寿命不断提升，2016 年人均预期寿命提高到 76.3 岁，而总和生育率（育龄女性平均生育子女数）却持续下降，2014 年总和生育率下降至 1.52，虽然 2016 年小幅提升至 1.7，但阻挡不了人口老龄化加速发展态势；劳动参与率由 2000 年的 82.4% 降至 2014 年的 77.59%。据国务院《"十三五"国家老龄事业发展和养老体系建设规划》预测，2020 年全国 60 岁以上老年人口将增加到 2.55 亿人左右，占总人口比重提升至 17.8% 左右；高龄老年人将增加到 2900 万人左右，独居和空巢老年人将增加到 1.18 亿人左右，老年抚养比将提高至 28%。党的十九大报告也强调要积极应对人口老龄化；党的二十大报告再次强调实施积极应对人口老龄化国家战略。由此可见，中国的人口红利逐渐消失，人口老龄化程度不断加深，人口老龄化将成为我国经济转型和可持续发展面临的重要课题。

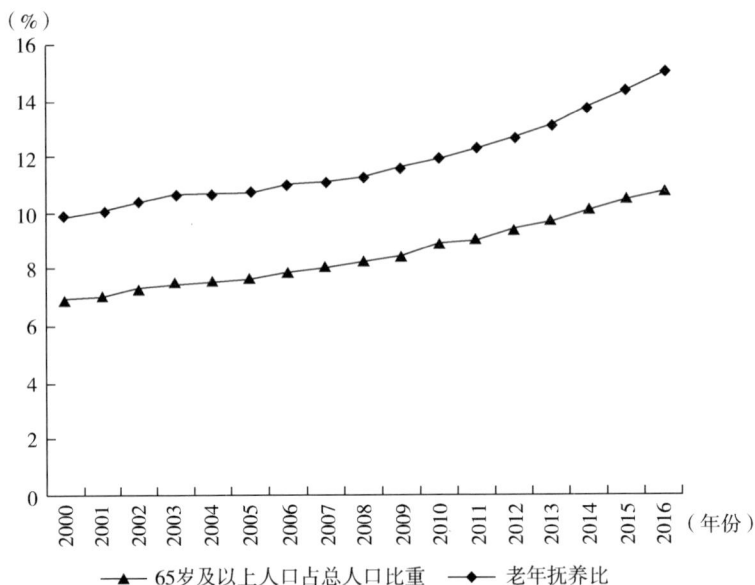

图 1 - 2　中国 2000—2016 年人口老龄化趋势

资料来源：历年《中国统计年鉴》。

　　随着我国人口老龄化程度的加深以及劳动力成本随之上涨，东部地区企业尤其是劳动密集型企业，逐渐引进自动化工厂及工业机器人以减少用工成本、提高劳动生产率。浙江、广东、福建等省份提出"机器换人"发展战略，期望通过技术进步降低劳动力成本以提升制造业企业的竞争力。2015 年国家也出台了《中国制造 2025》以推动我国制造业转型升级，实施创新驱动发展战略，提升智能化和自动化水平，使我国由"制造大国"向"智造强国"转变。

　　图 1 - 3 报告了中国 1995—2014 年老年抚养比和全要素生产率（TFP）、科技论文数量的演化趋势。由图 1 - 3 可知，随着人口老龄化的加剧，中国的全要素生产率似乎并未出现持续下降趋势，科技论文数量也呈高速增长状态。在人口老龄化的背景下向创新驱动型经济增长转型将是我国未来经济经济增长面临的巨大挑战，这也关系到中国能否成功跨越中等收入陷阱和实现创新驱动型发展（范洪敏、穆怀中，2018；张克中等，2019）。虽然西方发达国家在 20 世纪中期已经历人口老龄化

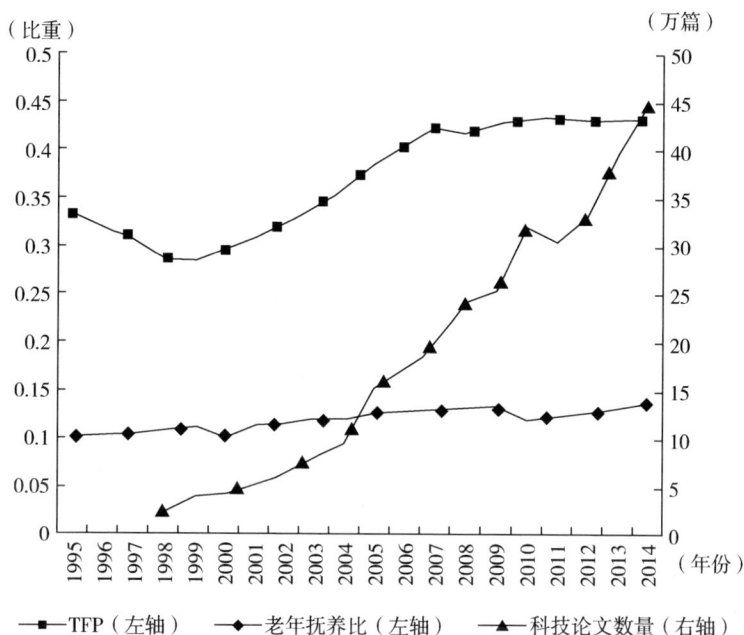

图 1-3 中国 1995—2014 年老年抚养比和技术进步演化趋势

资料来源：全要素生产率数据来源于佩恩表 9.0；老年抚养比数据来源于 1996—2015 年《中国统计年鉴》；科技论文数量指国外主要检索工具（SCI，EI，ISTP）在 1998—2014 年收录我国科技论文数量，数据来源于世界银行数据库。

阶段，但是它们的经济增长绩效差异巨大。美国和德国等每年仍以几乎稳定的速率持续增长，而日本却陷于停滞（Hewitt，2003）。科技创新和技术进步才是有效应对人口老龄化问题的唯一途径（黄鲁成等，2019），而人口老龄化能否倒逼中国向创新驱动转型，实现可持续发展（张占军等，2018）？有鉴于此，研究人口老龄化与创新、技术进步之间的关系具有重要的现实意义。

二　研究意义

1. 理论意义

第一，本书深入梳理了技术进步的相关理论及其发展脉络和演变轨迹。本书从索洛模型、干中学和报酬递增、罗默的内生技术变迁模型、琼斯的半内生增长模型、阿吉翁和霍伊特的创造性破坏模型、阿西莫格鲁的偏向型技术变迁模型等方面详细梳理了技术进步的相关理论及其演化逻辑。由此，为深入理解技术进步的生发机制提供了理论基础，也为理解人口老龄化影响技术进步的理论机制奠定了理论基础，更为正确理解人口老龄化的宏观经济效应提供了理论基础。

第二，本书构建了人口老龄化影响技术进步的理论模型，进而深入阐释了人口老龄化影响技术进步的作用机制，有助于深化人口老龄化的经济效应分析和内生经济增长理论的研究。人口老龄化将分别通过物质资本积累、人力资本积累和劳动力供给影响技术进步。把以生育率衰退作为主要特征的人口老龄化纳入琼斯的半内生增长模型，分析了人口老龄化通过人力资本积累进而影响技术进步的作用机制，有助于深化人力资本积累理论的研究，为中国进一步提升人力资本积累、提高劳动生产率提供一些洞见。

第三，本书从理论和实证方面分析了人口老龄化对人工智能和自动化的影响。人口老龄化引起的劳动力供给的减少，将迫使企业转型升级，使用人工智能和自动化替代劳动，引致偏向型技术变迁也即劳动节省型技术进步。以上研究有助于拓展、细化人口老龄化影响技术进步的作用机制和技术进步理论。

2. 现实意义

第一，本书首先详细探寻了中国人口老龄化的制度背景，即计划生育政策的演变逻辑和其双重影响效应，然后详细刻画了人口老龄化的时空演化特征并进行了中美之间的跨国比较。本书发现中国的人口老龄化速度较快，老年人基数较大；区域和城乡差异明显。为全面把握中国的人口老龄化的总体态势提供了详细的数据支撑，更为中国积极应对人口老龄化提供了决策支持。

第二，随着中国人口老龄化的日益加剧，将对技术进步产生何种影响有待进一步探究，本书从物质资本、人力资本和人工智能等视角探究了其中三条重要的作用机制，为理解中国的人口老龄化现象提供了新的思路与视角，进而为制定相应的政策以积极应对日益深化的人口老龄化提供了政策启示。

第三，中国正在转变经济发展方式，经济增长方式由投资驱动向创新驱动转型，正在实现"制造大国"向"智造强国"转型的目标。在人工智能迅猛发展和人口老龄化加速的背景下，本书认为人口老龄化有利于人工智能和自动化水平的提高，也为企业转型升级、实施劳动节省型技术进步提供了巨大的机会窗口。政府应支持企业发展人工智能和自动化技术，积极使用工业机器人提升劳动生产率；加大研发支出，提升自主创新能力。因此，本书的研究为中国实现创新驱动型经济发展提供了较为崭新的视角与思路。

第二节　文献回顾

人口规模与经济增长的关系已经得到了深入的研究。Bloom 和 Williamson 把人口年龄结构纳入经济增长模型，开启了对人口年龄结构与经济增长之间关系的研究，进而他们提出了"人口红利"（demographic dividend）的概念，人口红利即劳动年龄人口的暂时增多将对经济增长产生正向影响，因为整个社会的抚养比较低（Bloom et al.，1998）。然而"人口红利"只能暂时存在，当劳动年龄人口进入老年阶段、老年抚养比上升、人口日益老龄化时，"人口红利"将逐渐消失。

随着人口生育率的降低和预期人口寿命的提高，总人口中超过一定年龄的老年人口比例趋于上升，这种现象被称为人口老龄化。当前对人口老龄化与经济增长的研究多基于新古典及内生增长理论。由索洛增长模型可知，总产出函数为 $Y_t = F(K_t, L_t, A_t)$。其中，下标 t 代表时间的变化，Y_t 代表经济体在 t 时期的总产出（GDP），K_t 为 t 时期的资本存量，L_t 为 t 时期的劳动力供给即总就业人数，A_t 为 t 时期的技术水平（Solow，1956）。而人口老龄化将改变 K_t、L_t 和 A_t，进而影响经济增长（Y_t）。

人口老龄化未必是一个负面事件，事实上，贫穷的国家反而其人口更加年轻，而发达国家其人口反而趋于老龄化（Goldin，2016）。Lee

（2014）等通过对 40 个国家的转移支付账户的分析，认为低生育率并不是负面现象，当总和生育率低于世代更替水平 2.1 时，有利于最大化家庭消费，提高家庭生活水平，尽管低生育率可能加重政府财政负担，但生育率适度的降低和人口增长的适度衰退有利于生活水平的提高。Mason 等（2016）认为以生育率衰退为主要特征的人口老龄化将增加物质资本和人力资本积累，带来"第二次人口红利"。而且，部分悲观主义的研究并未考虑到人口结构变迁所引致的相反力量的变化，例如伴随生育率衰退而来的是人力资本的巨大提升以及劳动参与率的上升（Day & Dowrick，2004）；伴随劳动力供给减少的是人工智能和自动化的迅速发展等，这些相反力量的作用将有助于缓解甚至抵消人口老龄化的负面效应。汪伟和姜振茂的研究表明人口老龄化一方面将通过劳动效率对技术进步产生正向促进效应；另一方面将通过加重老龄负担对技术进步产生负向抑制作用（汪伟、姜振茂，2017）。因此，人口老龄化对技术进步是一种挑战也是一种机遇。

由于关于人口老龄化与技术进步的相关文献并不丰富，鉴于此，本节将主要从三个视角聚焦于人口老龄化影响经济增长的相关文献。

一　人口老龄化、物质资本与经济增长

一些学者认为，人口老龄化将降低国民储蓄率进而减少固定资产投资与资本形成（K_t），从而降低经济的潜在增长率。例如，董丽霞和赵文哲（2011）基于内生人口结构视角，使用面板向量自回归模型（PVAR）分析了老年抚养比与储蓄率之间的关系，研究认为老年抚养比的提高即人口老龄化与储蓄率存在负向关系。胡鞍钢等（2012）通过把人力资本引入索洛增长模型分析了人口老龄化对经济增长的影响，认为人口老龄化降低了中国的储蓄率进而抑制了经济增长。陈彦斌等（2014）预测和分析了中国 2015—2035 年国民储蓄率的走势和人口老龄化对国民储蓄率的影响，研究认为人口老龄化将降低中国的居民储蓄率进而对经济增长产生不利影响。汪伟（2016）使用三期世代交叠模型研究了人口老龄化对中国家庭储蓄及经济增长的影响，认为中国的人口老龄化已经对家庭储蓄及经济增长产生了不利冲击。

综上可知，人口老龄化影响储蓄率、资本形成和经济增长的机制一般如下。国民储蓄由政府储蓄和私人储蓄构成，其中私人储蓄又分为居民储蓄和企业储蓄。一方面，根据生命周期假说，老年人口进入消费高峰期，储蓄率较低，消费率较高，因此人口老龄化将降低居民储蓄率（Ando & Modigliani，1963），进而减少人均教育投资率及降低人力资本积累。另一方面，人口老龄化也会加重政府财政负担，增加社会保障、医疗卫生和教育等福利支出（龚锋、余锦亮，2015），从而降低政府储蓄率。国民储蓄是国家投资的重要支撑，因此，人口老龄化将降低国民储蓄率、拉低投资及减少物质与人力资本积累，进而阻碍经济的可持续增长。

然而随着人口老龄化程度的加深，年轻人口的养老负担和预期寿命都在不断提升，由于居民具有理性预期，行为将发生变迁以适应人口老龄化，适龄劳动力人口的储蓄率将上升从而促进物质资本积累。根据内生增长理论（Romer，1990；Lucas，1988），此时，投资与生产将增加，知识的溢出效应和"干中学"将促进技术进步，进而对经济增长产生正向作用。刘永平和陆铭（2008）通过在迭代模型中加入家庭养儿防老机制发现老龄化程度的加深将提升储蓄率和教育投资率，对经济增长率的影响受制于老龄化的程度、资本产出弹性等因素。胡翠和许召元（2014）利用中国居民收入分配课题组调查数据研究了人口老龄化与居民储蓄率的关系，分析发现农村的人口老龄化降低了居民储蓄率，而城市的人口老龄化提高了居民储蓄率，鉴于我国城镇化步伐的加快，他们认为人口老龄化本身不会降低中国居民储蓄率。汪伟和艾春荣（2015）通过研究人口老龄化与中国居民储蓄率的动态关系也发现为将来而储蓄正是中国居民储蓄率居高不下的原因之一。由此，老龄化与储蓄率的关系受到诸多因素制约，进而对经济增长的影响方向及大小存在不确定性。

综上可知，众多学者从资本积累的视角研究了人口老龄化对经济增长的影响及其作用机制，而且取得了丰硕的成果。然而人口老龄化影响经济增长的方向在学界尚未达成共识（张卫，2019），而且众多研究主要集中在人口老龄化对经济增长的影响方面，鲜有涉及人口老龄化对技术进步的影响。

二　人口老龄化、人力资本与经济增长

部分学者认为人口老龄化不利于人力资本投资、创新与创业的企业家精神的成长及技术进步，而创新和技术进步是经济发展的不竭动力。姚东旻等（2017）通过中国2002—2012年省际面板数据，使用动态面板模型和系统广义矩估计方法研究了人口老龄化对科技创新的影响，研究发现人口老龄化对人力资本具有负面作用，进而抑制了科技创新。因为，一方面只有大量的人口才能有更多的科学家和企业家进行技术创新与创业，即创新与创业的概率与人口总量成正比，然而人口老龄化却减少了创新与创业的潜在人口总量，减少了人力资本存量，降低了技术创新与创业的概率。另一方面由于年轻人养老负担加重，冒险精神与风险承担能力将下降，不利于其创新与创业能力的发挥。郭凯明等（2016）把企业家精神引入经济增长模型，分析了人口老龄化与经济增长的关系，也发现人口老龄化降低了个人承担风险、创新和保持警觉的能力，抑制了创新与创业的企业家精神的涌现，进而对经济增长产生了负面影响。

然而，根据人口理论的数量—质量替代理论，随着经济发展水平的提高，居民的生育意愿趋于下降，预期寿命逐渐提高。为了提高未来的收入水平，将使家庭更注重子女及自身的人力资本投资，提高未来一代的劳动生产率及技术进步（Boucekkine et al.，2002；Turan，2020），迎来第二次人口质量红利，从而提升经济增长的潜力。我国自实行计划生育政策以来，居民生育率明显降低，使得家庭普遍重视子女的教育，极大地提高了年轻人口的人力资本水平，这将是我国经济增长的巨大潜力。虽然2016年实行了二胎政策，但是随着我国经济发展水平与人均受教育年限的提高，居民生育率将不会明显提升，居民对子女的教育投资将会继续增长。因此，即使我国已进入人口老龄化社会，数量型人口红利逐渐消失，但质量型人口红利巨大，为中国持续的经济发展奠定了良好的基础。另外，政府是公共产品的提供者，政府在面临人口老龄化

时，财政支出结构将逐渐发生改变，其中生产型支出日益减少，社会保障与科学教育支出将明显增加。政府在面临人口老龄化这一不利的外生冲击时，将预见到人口红利的消失，因此将加大研发投入和公共教育投资以促进技术进步，进而影响经济增长。中国 2000 年进入老龄化社会而在 1999 年实行大学扩招政策，这并不是偶然的现象，这可能是政府预见了人口老龄化时代的到来从而加强了公共教育投资。因此，政府可以通过增加研发投入与公共教育投资来促进技术进步，减缓老龄化对经济增长的负面效应，从而为经济增长提供不竭动力（Fougère & Mérette，1999；Day & Dowrick，2004）。

　　综上可知，虽然众多学者从人力资本和企业家精神等方面研究了人口老龄化对经济增长乃至技术进步的影响和作用机制，然而人口老龄化对技术进步和经济增长的方向及速度的影响具有不确定性，在学界也未达成共识。

三　人口老龄化、劳动力供给与经济增长

　　一般来说，人口老龄化将减少劳动力供给、降低劳动生产率，进而不利于经济增长。例如，蔡昉（2004，2009）认为近乎无限弹性的劳动力供给带来的人口红利对中国的经济增长贡献巨大，而人口老龄化使得中国劳动年龄人口的增长速度出现明显下降，劳动力无限供给的人口红利趋于消失，将严重影响中国经济的可持续发展。Feyrer（2007，2008）实证研究了 OECD 国家和低收入国家劳动力人口年龄结构和生产率的关系，他发现人口老龄化降低了劳动生产率。汤向俊和任保平（2010）从结构转化视角分析了人口老龄化对我国经济增长可持续的影响，认为人口老龄化将减少劳动力供给，资本将进一步深化，资本边际报酬递减规律发生作用，中国将进入低速增长阶段。Bloom 等（2010）研究了 OECD 国家和发展中国家人口老龄化对经济增长的影响，认为人口老龄化对发达国家和发展中国家的影响存在差异，在 OECD 国家，人口老龄化将降低劳动参与率进而降低未来的经济增长速度；而在发展中国家，人口老龄化将不会对经济增长产生明显的负面影响。陆旸和蔡昉（2014）比较

了中国和日本人口老龄化对潜在增长率的影响，分析认为中国潜在增长率由于人口红利的消失将迅速降低，面临"中等收入陷阱"风险。郑伟等（2014）利用中国第六次全国人口普查数据和联合国《世界人口展望》数据，定量分析了人口老龄化对经济增长的影响，分析认为人口老龄化将降低中国经济的潜在增长率，其主要机制即为劳动力供给的减少。Maestas 等（2016）研究了美国 1980—2010 年人口老龄化与经济增长的关系，发现 60 岁以上人口每增加 1%，人均 GDP 将降低 5.5%，其中 2/3 的减少归因于人口老龄化引起的劳动生产率的下降。周祝平和刘海斌（2016）基于国内和跨国面板数据，实证检验了人口老龄化与劳动力参与率的关系，研究发现人口老龄化降低了劳动参与率，进而不利于经济增长。

总之，众多研究认为在人口老龄化社会，适龄劳动力比重减少，老年人口比重增加，降低了劳动参与率和劳动力供给，有限的劳动力供给将提升工资水平，提高企业劳动力成本。另外，劳动生产率是年龄的函数，劳动生产率峰值的年龄分布是 40—45 岁，因此老年人口的劳动生产率趋于下降（Börsch-Supan，2008），人口老龄化对潜在的经济增长率存在负向抑制作用。

然而部分研究也指出，首先，老年人的生产率在 60 岁之前并没有显著的下降趋势，以年龄预测个人的生产率并不可信。虽然新的知识和技术不断涌现和深化，老年人的人力资本有所折旧，但是老年人的工作经验较为丰富，具有广阔的知识深度，而且可以再次进行培训。其次，老年人生产力的衰退与职业密切相关，在第三产业的工作中，老年人生产力没有明显下降，只有在制造业中，劳动生产率才是年龄的减函数（Clark et al.，1978）。再次，即使人口老龄化使得劳动力供给减少和劳动生产率下降，使得人口红利趋于消失，也可以使用教育红利替代人口红利，以促进经济增长（钟水映等，2016）。最后，如果一个经济体的生产过程是资本密集型的，则人口老龄化引起的劳动力供给减少可以提升人均产出（Curtis & Lugauer，2018）。因此，人口老龄化阻碍经济增长的劳动力机制还有待深入探究。

四 人口老龄化和经济增长关系的争论

人口老龄化与物质资本、人力资本、劳动力供给及其与经济增长之间的关系已经得到了众多文献的深入研究并取得了丰硕的成果。然而令人惊讶的是,人口老龄化与技术进步的关系并未得到足够的重视。学界对人口老龄化与技术进步之间的关系进行了初步的探索,然而并未达成共识(汪伟、姜振茂,2016)。本节将简要回顾人口老龄化与技术进步、经济增长之间关系的争论,即积极论和消极论,从而为本书的研究提供文献基础。

1. 人口老龄化积极论

人口老龄化有利于技术进步和经济增长的研究多基于人力资本、物质资本、诱导性创新等视角。

第一,根据人口质量—数量替代理论(Becker & Lewis,1973),虽然家庭生育率存在下降趋势,然而由于每个家庭更加重视子女的质量而不是数量,所以子女受教育程度将上升,由此促进人力资本积累,也即虽然人口老龄化降低了劳动力数量,人口数量红利趋于消失,但却提高了整个社会的平均人力资本水平(Strulik et al.,2013),人口质量红利趋于上升。由此,社会总人力资本存量和技术进步不一定存在下降趋势。因此重要的不只是每一代的人口规模,而是每一代的生产率。

Ashraf 等基于现实的参数校准,通过数值模拟表明发展中国家的生育率降低提升了人力资本积累从而有利于经济发展(Ashraf et al.,2013)。Kotschy 和 Sunde(2018)基于 139 个国家或地区 1960—2010 年跨国面板数据的经验研究发现人力资本积累可以补偿人口老龄化对技术进步和经济增长的负面效应,但不同国家人力资本积累的补偿效应存在异质性。Hsu 等(2018)在包含生育率、教育决策和要素积累的一般均衡世代交叠框架下,研究了中国情境下生育率衰退和人口老龄化对技术进步和经济增长的影响,研究表明预期寿命延长将会提升物质资本和人力资本积累,进而促进技术进步和长期经济增长。Cervellati 等基于 1950—2010 年跨国面板数据,分析了人口老龄化和全要素生产率之间的关系,分析表明人口老龄化与全要素生产率显著正相关，他们认为其中可能的机制在于人力资本数量和质量都在不断提升，特别是人力资本质量随着工作经验和技能培训而不断上升，进而提升了全要素生产率（Cervellati et al.，2017）。综上可知，人口老龄化不一定阻碍技术进步。

第二，随着人口老龄化程度的加深，人口预期寿命不断提升，由于各经济行为主体具有理性预期，行为将发生变迁以适应人口老龄化。

首先，预期寿命延长将提升人力资本投资回报水平，居民将加强对家庭和自身的人力资本投资。其次，年龄的上升也会通过"干中学"（Learning by doing）增加个体的工作经验等，人口成熟度（demographic maturation）上升进而提升其生产率（Gomez et al.，2008；Burtless，2013）。最后，根据生命周期理论，年轻人口将增加储蓄以维持退休后的消费水平（刘永平、陆铭，2008；胡翠、许召元，2014），人口老龄化为储蓄和资本积累提供了强激励。由此，物质资本积累将上升，人口老龄化将引致"第二次人口红利"（the Second Demographic Dividend）（Mason et al.，2016；Mason & Kinugasa，2008；Mason et al.，2016）。物质资本积累上升将降低均衡真实利率，从而降低研发部门的融资成本并提升其未来利润，由此，研发部门将增加 R&D 投资，促进水平创新和垂直创新（Prettner，2013；Gehringer & Prettner，2017；Baldanzi et al.，2018）。

Izmirlioglu（2008）基于多部门模型，利用美国 2000—2015 年州级数据对人口老龄化和技术进步的关系进行了分析并对未来 50 年进行了预测，研究发现人口老龄化并未阻碍技术进步，技术进步速率在未来仍将保持可持续增长，因为更多研发人员和资本将进入研发部门。Gehringer 和 Prettner（2017）在琼斯的半内生增长理论基础上构建了世代交叠（OLG）模型，研究了预期寿命延长影响 R&D 投资和长期经济增长的微观机制，他们认为预期寿命延长提升了家庭对物质资本和 R&D 投资的激励，将对技术进步产生正向影响。Futagami 和 Konishi（2018）构造了包含生育率、死亡率和 R&D 投资的世代交叠模型，研究了人口增长和技术进步之间的关系，他们认为在现代经济增长阶段，人口增长和技术进步负相关，因为虽然劳动力人口存在下降趋势，但人力资本水平却在不断提升。综上，人口老龄化对经济的负面影响将因为家庭和企业的最优化行为而缓解。

第三，人口老龄化引起的劳动力成本上涨也会诱导企业加大技术创新投入，使用资本与技术替代劳动，以防止生产率的下落，提高其竞争力，从而促进偏向型技术变迁。

Heer 和 Irmen（2014）基于包含内生经济增长和异质性家庭的动态一般均衡模型研究了劳动力衰退对生产率与经济增长的影响，并基于美国数据对其进行了模拟和预测，研究表明衰退的劳动力增长一方面将提升人均资本存量、降低均衡利率（索洛效应）；另一方面将引致劳动节省型技术进步（希克斯效应），由此，将促进技术进步与经济的可持续增长。Acemoglu 和 Restrepo（2017）基于 169 个国家 1990—2015 年跨国面板数据的实证分析发现人口老龄化与经济增长之间并不存在负向关系，他们认为经历了老龄化的发达国家自动化技术和人工智能的发展水平均存在提高趋势，抵消了人口老龄化对经济增长的负面冲击。Acemoglu 和 Restrepo（2018）基于偏向型技术变迁模型分析了人口老龄化与自动化之间的关系，他们认为老龄化将会促进工业机器人和自动化技术的采用，提升经济体的自动化水平。Irmen（2017）基于包含家庭部门和最终品部门的两期 OLG 模型分析了人口老龄化对技术进步的影响，理论模型表明，人口老龄化减少了劳动力供给，因为劳动相对于资本更加稀缺，劳动力成本呈上涨趋势，企业将使用劳动节省型技术替代日益昂贵的劳动力。经济体在稳态均衡时，人口老龄化将促进劳动节省型技术进步。正如 Chomik 和 Piggott（2018）所说，如果政府加强对自动化的投资，老年人更加健康，每一代受教育程度更高，人口老龄化并不一定阻碍生产率的提升。

2. 人口老龄化消极论

人口老龄化阻碍技术进步和经济增长的研究多基于创新和企业家精神、人力资本存量等视角。

第一，人口老龄化使得整个社会人口年龄的中位数上移，而老年人的创新精神和生产率趋于下降，因此不利于技术进步。Noda（2010）基于内生增长模型研究了人口老龄化对创新的影响，认为人口老龄化不利于产品种类的扩大，创新速度将随着人口老龄化的加深而下降。Jones等（2014）通过经验研究发现科学家创造力峰值的年龄分布是40—45岁，因此人口老龄化将降低科学家的创造力。Liang等（2018）通过对全球企业家监测数据分析发现，社会中位数年龄的提高将不利于企业家精神的发挥，老龄化社会将降低企业家精神，降低社会的创新速率。因此，人口老龄化不利于科学家创新精神和创造力的发挥进而将阻碍技术进步。

第二，随着人口老龄化的加深，老年人的学习能力、风险承担能力和学习动机都将减弱，老年人接受新事物和新技术的能力低于年轻人，不利于新兴技术的使用与扩散，技术溢出效应存在下降趋势。因此，老年人的人力资本存在贬值趋势，减少了人力资本存量，进而对技术进步产生负面影响。一方面只有大量的人口才能有更多的科学家和企业家进行技术创新与创业（Kremer，1993），即创新与创业的概率与人口总量成正比，然而人口老龄化却减少了创新与创业的潜在人口总量，减少了人力资本存量，降低了技术创新与创业的概率。另一方面由于年轻人养老负担加重，冒险精神与风险承担能力下降，将抑制创新与创业的企业家精神的涌现，进而对技术进步产生负面效应。Irmen和Litina（2016）基于1960—2012年33个OECD国家的居民专利申请数据分析了人口老龄化和发明活动的倒U形关系，他们认为人口老龄化初期需要创造性的活动来保证当前和未来的生活水平，所以发明活动趋于增多。但是随着人口老龄化的加深，老龄化社会失去活力、冒险和创新意愿，发明活动趋于下降。郭凯明等（2016）分析了以生育率下降为主要特征的人口老龄化对企业家精神和经济增长的影响，并利用2001—2010年中国省际面板数据进行了实证分析，研究表明人口老龄化降低了个人的风险承担能力和冒险精神，不利于企业家精神的涌现进而将阻碍技术进步。姚东旻等（2017）基于2003—2012年中国省际面板数据对老龄化与科技创新的关系进行了实证研究，结果表明老龄化将减少人力资本存量从而抑制科技创新。

综上所述，众多文献深入研究了人口老龄化与经济增长之间的关系并取得了丰富的成果，结论往往大相径庭。部分学者认为人口老龄化和经济增长的关系在发达国家和发展中国家存在明显差异（王维国等，2019）。然而仅聚焦于人口老龄化与技术进步关系的研究文献却并不丰富。即使部分文献研究了人口老龄化与技术进步的关系（邵汉华、汪元盛，2019），结论却是仁者见仁智者见智，在学界尚未达成共识。另外，人口老龄化影响技术进步的机制也较难以厘清。

五　文献评述

通过对以上文献的梳理，本书发现：

第一，虽然众多学者都对人口老龄化与经济增长的关系进行了理论和实证上的深入探究并取得了丰硕的成果，强调人口老龄化将不利于资本积累、劳动生产率的提高，将阻碍经济增长（Eggleston et al.，2013）；但是仍有部分学者认为人口老龄化并未对经济产生负面冲击甚至可能产生正向促进作用（Futagami & Nakijima，2001；Bloom et al.，2008；Acemoglu，2010；刘穷志、何奇，2012；Prettner，2013）。例如，王桂新和干一慧（2017）以哈佛模型为基础，利用中国1990—2015年省级面板数据研究了人口老龄化与区域经济增长之间的关系，发现中国的人口老龄化尚未对中国经济增长产生负面冲击。齐红倩和闫海春（2018）、冯剑锋等（2019）基于中国省际面板数据研究发现人口老龄化并未抑制经济增长。人口老龄化和经济增长之间的关系，现存文献尚未得出一致结论；而且研究人口老龄化与技术进步的文献也较为缺乏。有鉴于此，本书将主要聚焦于人口老龄化和技术之间的关系，并从多维视角进行深入探讨。

第二，部分文献多从创新、人力资本、"干中学"、教育投资、诱导性创新等视角深化了人口老龄化与技术进步的研究，但是关于人口老龄化与技术进步的关系，却是仁者见仁智者见智。与此同时，现存研究也未能从知识的外部性和溢出效应出发对人口老龄化与技术进步的关系进行探讨。有鉴于此，本书的第四章试图在以下两方面取得突破：一是借鉴 Romer（1990）、Jones（1995）和 Prettner（2013）等，将人口老龄化和研发部门的知识溢出效应纳入内生技术变迁模型，探究人口老龄化对技术进步的影响；二是基于中国省际动态面板数据对理论假设与结论进行实证检验，完善人口老龄化与技术进步关系的实证研究。

第三，众多文献从生育率、预期寿命等视角研究其本身对人力资本和经济增长的影响，然而研究人口老龄化、人力资本和技术进步之间的关系的文献较为缺乏。有鉴于此，本书的第五章将重点研究现代经济增长阶段人口老龄化、人力资本积累和技术进步之间的内在关系，即人口老龄化影响技术进步的人力资本机制，其微观机制在于制定家庭在子女数量和质量之间的最优决策（Becker，1990）。

第四，众多文献都假定技术进步是中性的，未能把偏向型技术变迁（directed technical change）囊括在内，进而研究人口老龄化和技术进步之间的关系。索洛增长模型和内生增长模型一般使用柯布—道格拉斯生产函数（Cobb-Douglas production function），使得技术进步对于资本和劳动是中性的。然而在现实世界中，技术变迁并不是中性的，要素替代弹性并不总为 1。由此，偏向型技术变迁模型得到发展。偏向型技术变迁模型使用一般型的生产函数（a general production function），即 $Y = F(A_Z Z, A_L L)$。其中，经济体使用两种要素 Z 和 L，L 代表劳动，Z 代表物质资本、人力资本等其他影响经济增长的要素；A_Z 和 A_L 分别代表偏向 Z 和 L 的技术进步。由此，技术进步不再是中性的，生产要素相对价格的改变促进了技术发明，推动了特定的技术发明（Hicks，1932）。一般来说，人口老龄化将减少劳动力供给，提升企业的劳动力成本（Börsch-Supan，2008），但是这也通过市场机制改变了企业面临的要素相对价格，导致资本相对更加富余，使得资本与技术的价格降低。当要素替代弹性较高时，要素相对价格的改变将会促使企业使用资本与技术替代劳动以减少劳动成本，从而促进企业的偏向型技术变迁即劳动节省型技术进步（Acemoglu，2002；Acemoglu & Restrepo，2017）。

特别是进入 21 世纪以来，计算机、机器自动化、人工智能化技术突飞猛进，劳动力成本的上升将会推动企业使用机器自动化技术替代劳动，促进经济增长方式转变（李平等，2011），进而弱化人口老龄化对技术进步的负面效应。例如，2013年中国工业机器人使用量已占世界市场的25%，成为全球最大的工业机器人市场，而2021年占全球供给市场的52%。因此，随着人口老龄化的加剧、劳动力等要素成本的进一步上升及政府对智能制造的扶持，中国工业的自动化进程将进一步加速，无疑将对技术进步的方向和经济增长的潜力产生重要影响。有鉴于此，本书的第六章将重点研究人口老龄化对人工智能和自动化的影响效应。

第三节 基本逻辑和分析框架

一 基本逻辑

人口老龄化的主要驱动因素为预期寿命提升、死亡率下降和生育率下降（Yong & Saito，2012）。当经济行为主体面对人口老龄化冲击时，由于理性预期，他们将做出最优反应以应对此种负面冲击（Futagami & Nakijima，2001；Bloom et al.，2008）。此种最优反应也需要制度和社会经济的柔韧性进行配合。另外，西方发达国家进入人口老龄化时代较早，已经积累了丰富的经验应对人口老龄化，我国可以借鉴其成功经验，减轻人口老龄化对技术进步的负面影响。因此，人口老龄化并不是严重的问题，关键是经济主体如何应对人口老龄化。

第一，从家庭部门来说，由于预期寿命上升，家庭部门将做出最优消费—储蓄决策，增加储蓄（预防性储蓄），以保障老年时期的消费水平，应对未来的不确定性。当人口规模基本保持不变时，家庭部门储蓄增多将增加社会资本积累，社会物质资本积累提升，将降低利率水平，降低生产部门特别是研发部门的融资成本，有利于研发部门提升研发和创新投资进而提升技术创新水平，减小甚至抵消人口老龄化对技术进步的负面效应。因此，人口老龄化不一定阻碍技术进步。

第二，一般来说，现代社会预期寿命均处于较高水平，预期寿命进一步提高的速度将放慢且存在生物限制。因此，可以假定预期寿命外生且处于较高水平，那么人口老龄化加剧的主要原因在于生育率的降低。家庭为何选择生育较少数量的子女？因为子女数量—质量替代理论，家庭选择更高质量的子女而不是更多数量的子女，使得总和生育率降低，进而引起人口老龄化的加剧。但是此种人口老龄化并不一定阻碍技术进步，因为虽然生育率降低，但是子女质量在提升。社会总人力资本由平均人力资本和劳动力供给总量构成，虽然人口老龄化导致了劳动力供给总量的下降，但是平均人力资本在提升，劳动力素质大幅提高。因此，在生育率大于零的条件下，社会总人力资本不一定存在下降趋势。另外，技术进步是人力资本的函数，社会总人力资本水平上升将促进技术进步，进而减轻甚至抵消人口老龄化对技术进步的负面效应。

第三，从企业部门来看，人口老龄化加剧将减少社会的劳动力供给总量，劳动力成本将呈上涨趋势（赵昕东、刘成坤，2019）。企业部门面对日益上涨的劳动力价格，为了降低成本，保持甚至提升自身的竞争优势，将使用资本和技术替代劳动，引致偏向型技术变迁或者劳动节省型技术进步。特别是在当今人工智能和自动化迅速发展的时代，众多企业已使用工业机器人进行生产和服务，人口老龄化加剧将倒逼企业部门进行转型升级，使用人工智能和自动化技术替代劳动力。因此，人口老龄化虽然降低了劳动力供给总量，但将增加人工智能和自动化的应用比重，促进企业的偏向型技术变迁。

第四，从国际经验来看，发达经济体，例如美国、德国、日本和韩国等，人口老龄化发生时间较早，人口老龄化程度均高于中国，但是其技术进步速率基本保持稳定增长，未出现持续衰退趋势。出现此种现象的原因在于各行为主体对人口老龄化做出了最优回应，政府积累了丰富的应对经验，减轻甚至抵消了人口老龄化的负面效应。因此，从国际经验来看，人口老龄化也不一定阻碍技术进步。

第五，从政府部门来说，当人口老龄化加剧时，政府部门预期社会保障体系将承担巨大压力，劳动力供给总量将减少。在此种背景下，政府将在一定程度上鼓励生育，出台生育补贴政策，加大人力资本投资和教育投入，提升社会平均人力资本水平；鼓励研发和创新，进一步提升研发支出占 GDP 比重；支持企业进行偏向型技术创新，使用人工智能和自动化技术替代日益缩减的劳动力，进而减轻人口老龄化对技术进步的负面冲击。因此，人口老龄化不一定阻碍技术进步。

综上，本书的基本逻辑思路可总结如图 1-4。

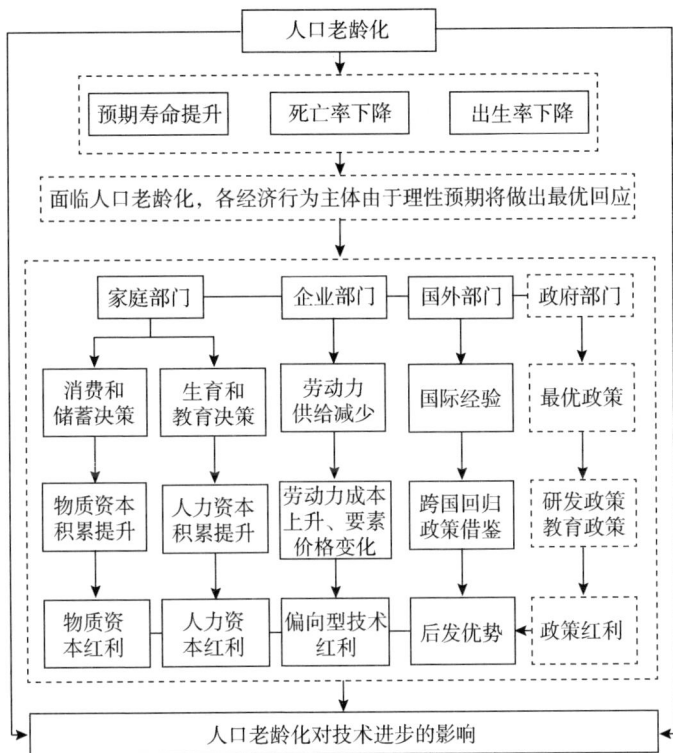

图 1-4 本书的逻辑思路

二 分析框架

根据前文叙述的逻辑思路，本书共分九章，具体结构安排如下：

第一章是导论。首先，简要阐述本书的研究背景和研究意义，包括理论背景和现实背景、理论意义和现实意义。其次，回顾和评述相关文献，详细梳理关于人口老龄化和技术进步、经济增长关系的国内外文献，包括人口老龄化、资本积累和经济增长；人口老龄化、人力资本和经济增长；人口老龄化、劳动力供给和经济增长等。进一步归纳关于人口老龄化和经济增长的不同观点和争论，进而对以上文献进行评述。最后，阐释本书的行文思路、基本逻辑和结构安排，及研究方法和技术路线，归纳创新和不足之处。

第二章为理论基础。本章主要总结本书的相关理论基础。包括人口转型理论、世代交叠理论、内生技术变迁理论、创造性破坏理论和偏向型技术变迁理论等。

第三章阐释中国人口老龄化的制度背景、时空演化和跨国比较。首先探寻中国人口老龄化加速的制度背景。其次基于中国人口普查数据、《中国统计年鉴》数据、《中国人口和就业统计年鉴》数据、世界银行数据以及联合国人口展望数据等，总结中国人口老龄化的时空演化特征，包括时变特征和空间演化。进一步对中美两国的人口老龄化进行横向比较，总结出我国人口老龄化所独有的特征。

第四章为人口老龄化、物质资本和技术进步。首先，在连续 OLG 模型的基础上，把生育率和死亡率纳入内生技术变迁模型，研究在人口规模保持不变时人口老龄化对技术进步的影响效应。主要阐述以生育率和死亡率下降为特征的人口老龄化将增加物质资本积累，降低研发部门的融资成本，进而提升研发部门的创新水平。其次，基于中国 2000—2014 年省际动态面板数据，使用系统广义矩估计方法对人口老龄化与技术进步的关系进行实证检验。最后，进行一系列稳健性检验，验证基准模型的基本结论是否依然成立。进一步地，分析不同时间阶段人口老龄化与技术进步的关系，总结其异质性特征。

第五章为人口老龄化、人力资本和技术进步。首先，在包含生育率、死亡率和人力资本积累的三期世代交叠框架下将以生育率降低为主要特征的人口老龄化纳入半内生增长模型，研究人口老龄化、人力资本和技术进步之间的内在关系。其次，重点阐述以生育率衰退为主要特征的人口老龄化虽然将降低劳动力增长率，但可能通过人口数量—质量替代理论提升人力资本水平和社会总人力资本存量，进而正向影响研发和创新。最后，进行参数赋值和数值模拟分析，以验证本章的主要结论。

第六章为人口老龄化、人工智能和自动化。将人口老龄化纳入新古典增长模型，研究人口老龄化对自动化的影响和作用机制。理论机制在于：人口老龄化虽然将降低劳动力供给总量，但由于劳动力成本上升，将会倒逼企业部门进行转型升级，使用人工智能和自动化替代劳动力，引发偏向型技术变迁。最后，基于中国 2005—2015 年省际面板数据对人口老龄化与自动化的关系进行实证分析。进一步地，本章也将进行一系列的稳健性检验，以验证本章的主要结论。

第七章为人口老龄化和技术进步：OECD 国家的经验证据。以 1990—2017 年 OECD 国家跨国面板数据为样本，实证研究人口老龄化与技术进步之间的关系。通过对人口老龄化与技术进步关系的文献进行梳理和理论思辨，结合前文人口老龄化影响技术进步的理论机制，构建理论框架。在此框架下，以 OECD 国家为样本，实证检验人口老龄化与技术进步之间的关系，并进行一系列稳健性检验。

第八章为人口老龄化和技术进步：日本的经验与启示。以人口老龄化严重的日本为例，阐述其人口老龄化发展的总体态势，分析技术进步的总体图景，进而分析其应对人口老龄化的主要政策和措施，为我国提供政策借鉴。

第九章为结论、启示与展望。本章总结全文的主要结论，并提出相应的政策建议。随后，对未来进一步的研究进行展望，以探寻下一步的研究方向。

第四节 研究方法与技术路线

一 研究方法

（1）归纳与演绎分析。归纳即研究者根据实际经验及主观认知与分析能力对事物或数据的性质、特征及发展趋势所做的梳理与总结，从而得出新的概括经验的过程；演绎的本质是在一定的前提假设下通过逻辑推演构建解释现实的理论模型或分析框架。本书将在文献回顾、研究中国人口老龄化的时空演化和制度背景、分析日本的经验和启示等方面使用归纳与演绎分析。

（2）统计分析。统计分析方法是基于相关经济变量的数据，分析其显著的统计特征，归纳普遍规律。在分析中国人口老龄化的时空演化特征和跨国比较等方面，将主要使用描述性统计方法，以刻画中国人口老龄化的主要特征。

（3）数理模型分析。数理模型即在一些简化的假设条件下，通过相关数学公式和公理的使用，对经济变量之间的作用机理进行数学上的刻画，从而构建一个逻辑严谨的理论模型，推导出一些可检验的假说，试图理解和预测现实世界运作的因果过程和机制，它是对现实世界的高度抽象。本书在构建人口老龄化和技术进步的相关理论模型时将使用数理模型分析方法。

（4）计量分析。计量分析方法即基于样本数据，通过一定的计量理论和回归方法，对计量模型主要变量进行参数估计，探究经济变量之间的相关关系及因果关系，分析其经济含义。本书在实证分析人口老龄化和技术进步之间的关系时使用计量分析法，以期通过数据验证前文的理论模型，实现理论与实证的紧密结合。

二　技术路线

根据前文的逻辑思路、结构安排和研究方法等，总结本书的技术路线，见图 1 - 5。

在文献回顾和理论梳理的基础上，本书研究如下展开：

第一，基于人口转型理论，使用统计分析、归纳与演绎分析方法描述与刻画中国人口老龄化的制度背景、时空演化特征并进行跨国比较。其一，分析计划生育政策的演变逻辑并评估其对人口转型的双重影响效应；其二，分析人口老龄化的时空演化特征，包括时变特征、空间演化；其三，从多维视角对中美两国人口老龄化的特征进行横向比较，总结中国人口老龄化的异质性特征。

人口老龄化对技术进步的影响研究

理论基础　文献回顾　研究方法

人口转型理论　人口老龄化的制度背景、时空演化和跨国比较　归纳与演绎分析统计分析

计划生育政策　时空演化　跨国比较

演变逻辑　双重效应　时变特征　空间演化　中美比较

OLG和罗默内生增长理论　人口老龄化、物质资本和技术进步　数理模型和实证分析

OLG和琼斯半内生增长理论　人口老龄化、人力资本和技术进步　数理模型和数值模拟

OLG、新古典增长理论和偏向型技术进步理论　人口老龄化、人工智能和自动化　数理模型、数值模拟和实证分析

人口转型理论和技术变迁理论　人口老龄化和技术进步：OECD国家的经验证据　计量模型和实证分析

人口转型理论和技术变迁理论　人口老龄化和技术进步：日本的经验与启示　统计分析、归纳和演绎分析

结论、启示和展望

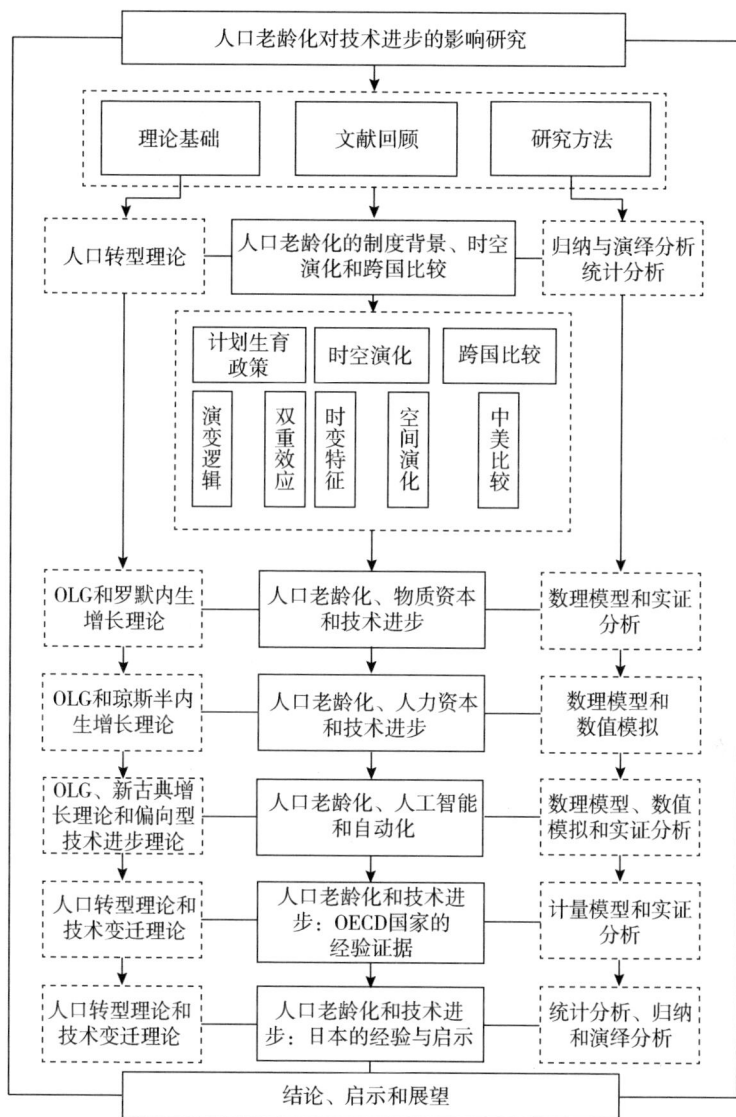

图 1-5　本书的技术路线

第二，基于世代交叠模型和罗默的内生增长理论，使用数理模型研究人口老龄化如何通过物质资本乃至利率渠道影响技术进步这一重要理论和现实问题；然后对其进行实证检验。

第三，基于世代交叠模型和琼斯的半内生增长理论，使用数理模型

和数值模拟研究人口老龄化对技术进步的负面效应，因为平均人力资本积累的提升而得以缓解甚至抵消，其作用机制在于家庭的质量—数量替代理论发生作用，使得子女的人力资本水平处于上升趋势。

第四，基于世代交叠理论、新古典增长模型和偏向型技术变迁理论，使用数理模型、数值模拟和计量分析方法研究人口老龄化与自动化的关系，研究表明人口老龄化引致了自动化水平的提升。

第五，基于人口转型理论和技术变迁理论，使用统计和计量分析方法，以 OECD 国家 1990—2017 年数据为样本研究了人口老龄化和技术进步之间的关系。

第六，基于人口转型理论和技术变迁理论，使用统计分析、归纳和演绎分析方法，以老龄化程度最高的日本为例，分析其人口老龄化和技术进步的总体态势，重点分析其应对人口老龄化的政策措施，为我国应对人口老龄化提供政策参考。

第七，总结本书主要结论，提出政策建议并对未来进一步的研究进行展望。

第五节　创新与不足之处

人口老龄化对技术进步的影响存在多维机制，如何识别并对其进行实证检验是本书的重要主题。与现存文献相比，本书存在一些创新之处，当然也有一些不足，简要叙述如下。

一　创新之处

一是研究视角的创新。现有关于人口老龄化和技术进步关系的文献并不丰富。有鉴于此，本书从家庭部门、企业部门对人口老龄化的理性预期出发，解释了各理性行为主体的最优反应。在此最优反应下，探讨了人口老龄化对技术进步可能存在的积极效应及其作用机制。为理解人口老龄化和物质资本、人力资本、人工智能和自动化等并存的典型事实进行了合理的解释，也为深入理解人口老龄化的宏观经济效应提供了较为崭新的视角。

二是理论模型的创新。基于世代交叠模型和内生增长模型，第四章着重研究了人口老龄化如何通过物质资本对技术进步产生影响；基于世代交叠模型和半内生增长理论，第五章重点分析了人口老龄化如何通过人力资本对技术进步产生影响；基于新古典增长模型和偏向型技术变迁理论，第六章就人口老龄化与人工智能、自动化的发展进行了简要的模型构建，比较全面地探究了人口老龄化影响技术进步的理论机制，也为理解我国的人口老龄化问题提供了较为新颖的理论视角。

三是实证研究的创新。在关于人口老龄化与技术进步的实证研究方面，第四章不仅基于中国省际面板数据实证分析了人口老龄化对一般中性技术进步的影响，第六章还基于中国省际面板数据实证检验了人口老龄化和人工智能、自动化之间的关系。此外，第七章基于 OECD 国家跨国面板数据对人口老龄化和技术进步的关系进行了实证分析，且进行了一系列稳健性检验。进一步地，第八章还进行了跨国比较研究，从多维视角深化了对人口老龄化与技术进步之间关系的理解，也丰富了现有关于人口老龄化和技术进步关系的实证文献。

二　不足之处

一是数据方面。在人口老龄化、人工智能和自动化章节，限于人工智能的数据较难收集，本章使用的年限较短，未来随着人工智能和大数据的发展，数据将会更加丰富。

二是作用机制方面。人口老龄化如何影响技术进步，本书以家庭部门和企业部门为出发点，选取物质资本、人力资本和劳动力成本等视角，并进行了跨国比较。毋庸置疑，人口老龄化影响技术进步的机制众多，积极和消极影响效应并存，包括但不限于本书所阐述的作用机制，例如创新文化和企业家精神等方面，但限于篇幅，本书不可能穷尽所有作用机制，未来将对其主要影响机制进行进一步探究，以完善本书的研究。

第二章 理论基础

本书主要研究人口老龄化对技术进步的影响效应。有鉴于此，第一，本章需要阐述人口老龄化的生发机制也即人口转型理论。第二，研究人口老龄化问题必然涉及不同年龄阶段个体的交互作用，需要以世代交叠理论为建模基础。第三，需要阐述技术变迁理论的演化，进而分析人口老龄化对技术进步的影响效应。第四，由于人口老龄化将减少劳动力供给，产生劳动节省型技术进步，因此需要介绍偏向型技术变迁理论。

第一节 人口转型理论

一 人口转型过程

纵观人类历史可知，人类社会的演化经历了以高生育率、高死亡率和人口缓慢增长（生育率稍微高于死亡率）为特征的马尔萨斯时代（the Malthusian regime）；以高生育率、低死亡率和人口快速增长为特征的后马尔萨斯时代（the Post-Malthusian regime）；以低生育率、低死亡率和人口零增长甚至负增长为特征的现代经济增长（the Modern Growth regime）三个人口转型时期（Galor & Weil，1999；Galor & Weil，2000；Cervellati & Sunde，2011）（见图2-1）。基于 Galor 和 Weil（1999，2000），可知人均收入、技术进步、人力资本和人口增长的交互是经济体非线性演化的主要驱动力量。

马尔萨斯时代涵盖了工业革命以前的许多世纪，高生育率和高死亡率并存，生育率的下降慢于死亡率的下降，人口增长和技术进步较为缓

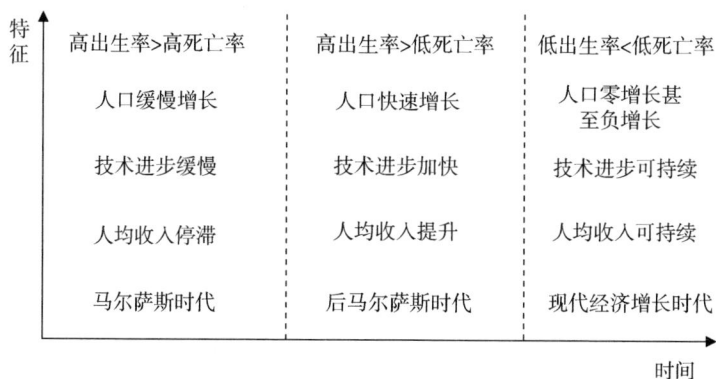

图2-1 历史中的人口转型过程

资料来源：笔者综合文献绘制。

慢，父母投资于子女教育的激励较低，人力资本积累速度缓慢。因此，人口增长抵消了人均资源的扩张，人均收入和人口增长速度极为平缓。马尔萨斯在《人口理论》中，呼吁生育率的节制，控制人口增长速度，以提升人均收入，改善生活水平，促进经济增长，此时经济增长陷入"马尔萨斯陷阱"。

马尔萨斯时代后期，人口的缓慢增长将推动技术进步，工业革命逐渐兴起，增加了对人力资本的需求，父母存在强激励投资于子女的教育，居民受教育程度不断提高，人力资本积累开始启动，技术进步随之加快，经济开始起飞，部分经济体人均收入逐渐上升，经济体由"马尔萨斯陷阱"向后马尔萨斯时代转型。由于生活和医疗水平不断改善，死亡率大幅降低，人均收入和技术进步驱动了人力资本的提升，人力资本提升使得人们的生育意愿出现下降趋势，但是生育率仍高于死亡率，人均收入增长对人口增长的马尔萨斯效应仍然存在。因此，后马尔萨斯时代的人口呈现快速增长态势。

随着时间的推移，人均收入和技术进步的交互作用使得人力资本积累大幅上升，人均收入、技术进步和人力资本进入正反馈阶段。随着人均收入的提高，预期寿命不断提升，人口的数量—质量替代理论发生作用，人力资本积累不断上升，而生育率出现不断下降趋势，居民的生育意愿已大幅降至世代更替水平，死亡率因为自然的限制下降已较为缓慢。此时，人口呈现零增长甚至负增长，人力资本和技术进步的交互驱动了人均收入的可持续增长，例如部分欧洲国家、美国、日本和韩国等，由后马尔萨斯时代向现代经济增长时代转型。因此，在现代经济增长时代，人口的缓慢增长与经济的可持续增长并存。

然而随着现代经济增长时代的推进，由于生育率和死亡率的降低，发达国家的人口老龄化状态不断加剧，并且部分发展中国家也逐渐步入人口老龄化社会，例如中国。人口老龄化无疑将对经济社会的方方面面产生重要影响，例如劳动力供给、资本积累、技术进步和经济增长等。本书的研究将聚焦于现代经济增长时代，即人口老龄化不断加剧，但人均收入却不断提高，并基于人口转型理论重点研究人口老龄化和技术进步的关系。

二　人口老龄化的动力机制

上一节讨论了人口转型过程，阐述了众多国家已步入人口老龄化时代。但是人口老龄化的动力机制是什么尚未深入阐释。本节将在开放经济体框架下，讨论人口老龄化的决定机制。

如果一个经济体没有生育率、死亡率和净移民率的变化，即增长率均为零，则该经济体的平均年龄分布随着时间的推移将逐渐趋于老龄化。然而，首先，出生人口将会降低整个社会的平均年龄，使该社会人口趋于年轻化。其次，人口的死亡年龄一般高于社会总人口的平均年龄，因此死亡人口的增加也将使社会人口规模趋于年轻化。最后，移民的进入也将对人口老龄化产生影响。因此，人口老龄化一般由三种因素决定：生育率、死亡率和移民。生育率和死亡率的下降将直接导致人口老龄化，而移民的增加将减轻人口老龄化的严重程度，但不能从根本上扭转人口老龄化的趋势。目前，在西方发达国家，生育率和死亡率均驱动了人口老龄化进程，使得人口年度增长率接近零。

基于 Preston 等（1989）、Murphy（2017），人口老龄化的决定机制可表述如下：

$$P\ (a,\ t)\ =B\ (t-a)\ \exp\ \ \left\{\int_0^a\left[-\mu(x,\ t-x)+m(x,\ t-x)\right]dx\right\}$$

$$(2-1)$$

其中，在 t 年，a 年龄的人口规模为 $P\ (a,\ t)$，死亡人口为 $\mu\ (x,\ t-x)$，净移民人口为 $m\ (x,\ t-x)$，$B\ (t)$ 为出生人口。由上述模型可知，在 t 年，一个经济体的年龄分布为 a 的人口规模变化可以分解为出生人口、死亡人口和净移民人口。

定义 $r\ (a,\ t)$ 为 $P\ (a,\ t)$ 的相应增长率，则 $r\ (a,\ t)$ 可表达如下：

$$r\ (a,\ t)\ =\frac{\partial P\ (a,\ t)}{\partial t}/P\ (a,\ t)\qquad(2-2)$$

联合式（2-2），两边取对数并对时间 t 进行全微分可得：

$$r\ (a,\ t)\ =\frac{\dfrac{\partial B\ (t-a)}{\partial t}}{B\ (t-a)}-\int_0^a\frac{\partial\mu\ (x,\ t-x)}{\partial t}dx+\int_0^a\frac{\partial m\ (x,\ t-x)}{\partial t}dx$$

$$(2-3)$$

其中，$\dfrac{\dfrac{\partial B\ (t-a)}{\partial t}}{B\ (t-a)}$ 为该经济体出生人口在 $t-a$ 时的增长速度；$\int_0^a$ $\dfrac{\partial\mu\ (x,\ t-x)}{\partial t}dx$ 为经济体在 $t-a$ 时生存人口的变化率；$\int_0^a\dfrac{\partial m\ (x,\ t-x)}{\partial t}$ dx 为经济体在 $t-a$ 时的净移民变化率。

由式（2-3）可知，在 t 年，a 年龄人口规模的变化率可分为生育率、死亡率和净移民率的变化。净移民在人口老龄化进程中的作用并不显著（Murphy，2017），当生育率和死亡率下降，则经济体经历人口老龄化趋势；另外，当经济体的平均人口分布趋于老龄化时，经济体也将步入人口老龄化时代。一般来说，人口老龄化使用老年抚养比进行衡量，但是部分学者使用整个社会的平均年龄分布衡量老龄化也存在合理性（Murphy，2017）。

虽然生育率和死亡率共同驱动了人口老龄化，但是它们的相对重要性有所不同。第二次世界大战以后，生育率的下降对人口老龄化的影响要高于死亡率的下降（Coale，1956；Coale，1957；Keyfitz，1975）。但是 20 世纪 90 年代以来，部分学者认为死亡率的大幅下降对人口老龄化的影响要高于生育率的下降（Preston & Stokes，2012）。然而，以中国情境而言，因为中国计划生育政策的实施，中国的人口老龄化主要由生育率的下降所致，死亡率的下降也起到了重要的作用，但其作用小于生育率的下降。

第二节　世代交叠理论

索洛模型中使用了代表性家庭的简单假设，但是在许多情形中，代表性家庭假设并不能很好地拟合现实世界。因为家庭并不能存活无限期，新的个体不断出生，老年一代的决策将影响年轻一代面临的价格，进而影响经济结构和均衡特征。为此，Samuelson（1958）和 Diamond（1956）等人发展了世代交叠（OLG）模型。

OLG 模型已经成为现代宏观经济学的重要组成部分。首先，OLG 模型很好地描述了不同世代之间潜在的交互作用；其次，包含不同世代家庭部门的假设更贴近现实；再次，其基本结论和索洛模型结论基本相似；最后，OLG 模型产生了一些新的洞见，例如人口老龄化、国民债务和社会保障等。本书的分析也将以 OLG 模型为基础，研究人口老龄化对技术进步的影响效应。

一　家庭部门

基于 Diamond 的研究，两期 OLG 模型可表述如下：假设存在一个包含家庭部门和企业部门的封闭经济体，该经济体处于一个离散时间内，$t = 1, 2, \cdots, \infty$，经济体永久存在。该经济体由两代人构成：青年期和老年期。其中，老年一代出生在 $t-1$ 期；年轻一代出生在 t 期。

因此，该经济体在 t 期，由出生于 $t-1$ 期的老年人（N_t^{t-1}）和出生于 t 期的年轻人（N_t^t）构成。假设该经济体初始人口标准化为 0，即 $N_0^0 = 0$；人口年度增长率为 n，则 $N_t^t = (1+n)^t$，该经济体在 t 期的总人口为 $N_t^t + N_t^{t-1} = (1+n)^t \left(1 + \dfrac{1}{1+n}\right)$。个体在年轻时工作、储蓄和消费；进入老年期，退出劳动力市场并动用年轻时的储蓄进行消费。

假设劳动力供给无弹性，家庭仅在年轻一代工作。每 1 个年轻个体为代表性企业提供 1 单位劳动。因此，年轻个体忽略劳动—闲暇决策，仅需考虑消费—储蓄决策。年轻一代的总储蓄在下一期将转化为资本存量。每个老年个体退休，退出劳动力市场，贷出资本给代表性企业并在死亡之前消费完他们的所有资源。

由于年轻一代提供劳动并接受工资 w_t，因此，年轻人的收入仅为 w_t。年轻个体的预算约束为：

$$w_t = c_{yt} + s_{t+1} \qquad (2-4)$$

对式（2-4）进行移项，可得

$$s_{t+1} = w_t - c_{yt} \qquad (2-5)$$

其中，c_{yt} 为年轻个体在 t 期的消费，s_{t+1} 为年轻个体在 t 期的储蓄，由于储蓄是为老年时期做准备，因此下标为 $t+1$。年轻个体需要进行储蓄—消费决策，以最大化自身效用。

老年个体在死亡之前消费完他们拥有的所有资源：

$$c_{ot+1} = (1-\delta) s_{t+1} + s_{t+1} r_t = s_{t+1} (1 + r_{t+1} - \delta) \qquad (2-6)$$

老年个体由于向代表性企业租赁资本，加之，资本按 δ 速率折旧，因此，其收入为 $s_{t+1} (1 + r_{t+1} - \delta)$，所有收入均用来消费。

将式（2-5）代入式（2-6）可得：

$$c_{ot+1} = (w_t - c_{yt}) (1 + r_{t+1} - \delta) \qquad (2-7)$$

将式（2-7）进行移项，可得：

$$\frac{c_{ot+1}}{1 + r_{t+1} - \delta} = (w_t - c_{yt}) \qquad (2-8)$$

$$c_{yt} + \frac{c_{ot+1}}{1 + r_{t+1} - \delta} = w_t \qquad (2-9)$$

其中，式（2-9）为家庭在 t 期的跨期预算约束，其经济学含义是家庭在生命周期内消费的现值等于其工资收入。如图 2-2 所示。

假设家庭效用函数为对数形式，表达如下：

$$U(c_{yt}, c_{ot+1}) = \log(c_{yt}) + \beta\log(c_{ot+1}) \qquad (2-10)$$

其中，β 为参数，$0 < \beta < 1$。家庭在式（2-9）跨期预算约束下最

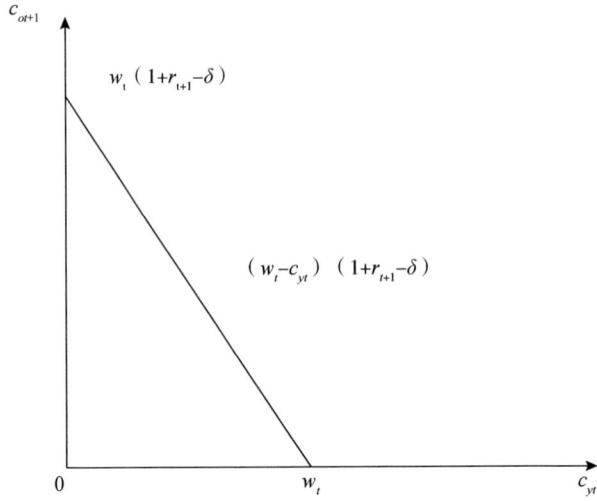

图 2 - 2　家庭跨期预算约束

大化其效用函数式（2 - 10）。如图 2 - 3 所示。

家庭的消费—储蓄决策可表达如下：

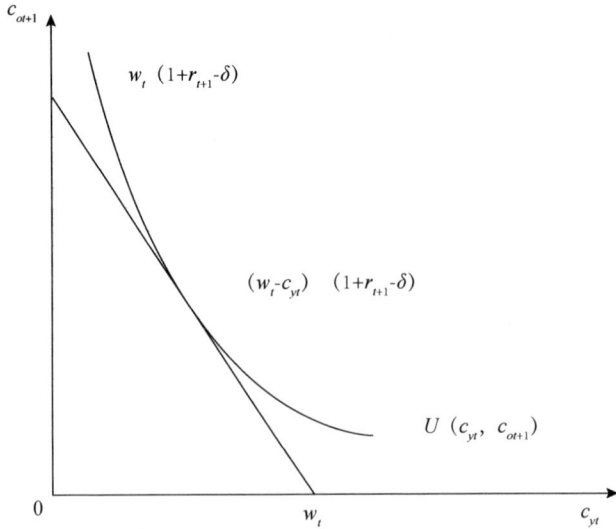

图 2 - 3　家庭跨期预算约束下的效用最大化

$$\max_{(c_{yt}, c_{ot+1})} \left[\log \left(c_{yt} \right) + \beta \log \left(c_{ot+1} \right) \right]$$

$$\text{s. t. } c_{yt} + \frac{c_{ot+1}}{1 + r_{t+1} - \delta} = w_t$$

通过构造拉格朗日函数，可得：

$$c_{ot+1} = \beta c_{yt} \left(1 + r_{t+1} - \delta \right) \tag{2-11}$$

将式（2-11）代入式（2-9），可得：

$$c_{yt} + \frac{\beta c_{yt} \left(1 + r_{t+1} - \delta \right)}{1 + r_{t+1} - \delta} = c_{yt} + \beta c_{yt} = w_t \tag{2-12}$$

由此，

$$c_{yt} = \frac{1}{1 + \beta} w_t \tag{2-13}$$

那么，年轻一代的家庭储蓄为：

$$s_{t+1} = w_t - c_{yt} = \frac{\beta}{1 + \beta} w_t \tag{2-14}$$

由式（2-14）可知，年轻一代的家庭储蓄由工资所决定，与利息率无关。将式（2-13）代入式（2-11），可得：

$$c_{ot+1} = \frac{\beta}{1 + \beta} \left(1 + r_{t+1} - \delta \right) w_t \tag{2-15}$$

二 生产部门

在生产部门，存在无数个代表性企业使用劳动和资本生产最终品，在每一期，代表性企业从老年一代租赁资本并支付利息，从年轻一代雇佣劳动并支付工资。代表性企业选择资本和劳动生产最终品。社会生产函数如下：

$$Y_t = A_t F \left(K_t, L_t \right) = A_t K_t^{\alpha} L_t^{1-\alpha} \tag{2-16}$$

其中，Y_t 为经济体在 t 期的社会总产出，K_t 为资本存量，L_t 为劳动力数量；α 为资本产出弹性，$0 < \alpha < 1$。生产函数 F 严格递增且为凹函数，满足以下性质：

$$\frac{\partial F_t}{\partial K_t} > 0, \ \frac{\partial F_t}{\partial L_t} > 0; \ \frac{\partial^2 F_t}{\partial K_t^2} < 0, \ \frac{\partial^2 F_t}{\partial L_t^2} < 0 \tag{2-17}$$

另外，生产函数具有规模报酬不变的性质。由此，企业利润函数可表达如下：

$$\pi = A_t F\ (K_t,\ L_t)\ -w_t L_t - r_t K_t = A_t K_t^{\alpha} L_t^{1-\alpha} - w_t L_t - r_t K_t \quad (2-18)$$

其中，w_t 和 r_t 分别为工资和资本租金。根据一阶条件，可得：

$$w_t = \frac{\partial Y_t}{\partial L_t} = MPL = (1-\alpha)\ A_t \left(\frac{K_t}{L_t}\right)^{\alpha} \quad (2-19)$$

$$r_t = \frac{\partial Y_t}{\partial K_t} = MPK = \alpha A_t \left(\frac{K_t}{L_t}\right)^{\alpha-1} \quad (2-20)$$

其中，MPL 和 MPK 分别表示劳动和资本的边际产出；资本劳动比为 $k_t = \frac{K_t}{L_t}$。其经济学含义是，代表性企业雇佣劳动和资本直到其边际产出分别等于工资和利息；另外，工资和利息主要由资本劳动比决定。由于代表性企业完全竞争，所以其均衡利润为 0。

三　市场出清与一般均衡

该经济体在 t 期的总资源约束如下：

$$A_t K_t^{\alpha} L_t^{1-\alpha} + (1-\delta)\ K_t \quad (2-21)$$

该经济体均衡时，总资源将由三部分组成：老年一代的总消费、年轻一代的总消费和总储蓄。因此，该经济体在 t 期，老年一代的总消费为 $N_t^{t-1} c_{ot}$，年轻一代的总消费和总储蓄分别为 $N_t^t c_{yt}$ 和 $N_t^t s_{t+1}$。

最终品市场出清时，存在：

$$N_t^{t-1} c_{ot} + N_t^t c_{yt} + N_t^t s_{t+1} = A_t K_t^{\alpha} L_t^{1-\alpha} + (1-\delta)\ K_t \quad (2-22)$$

由于年轻一代在 t 期的储蓄转化为 $t+1$ 期的资本，则资本市场出清时，存在：

$$N_t^t s_{t+1} = K_{t+1} \quad (2-23)$$

将式（2-23）代入式（2-22），可得：

$$N_t^{t-1} c_{ot} + N_t^t c_{yt} + K_{t+1} = A_t K_t^{\alpha} L_t^{1-\alpha} + (1-\delta)\ K_t \quad (2-24)$$

将式（2-24）中的（$1-\delta$）K_t 进行移项可知：

$$N_t^{t-1} c_{ot} + N_t^t c_{yt} + K_{t+1} - (1-\delta)\ K_t = A_t K_t^{\alpha} L_t^{1-\alpha} \quad (2-25)$$

其中，$N_t^{t-1} c_{ot} + N_t^t c_{yt} = C_t$；$K_{t+1} - (1-\delta)\ K_t = I_t$；$A_t K_t^{\alpha} L_t^{1-\alpha} = Y_t$。其经济学含义是，社会总产出等于总消费与总投资之和，最终品市场均衡。

劳动市场出清时，由于只有年轻一代工作且劳动力供给无弹性，则该经济体在 t 期时存在：

$$L_t = N_t^t \qquad (2-26)$$

将式（2-19）代入式（2-13），可得年轻一代（出生在 t 期）在 t 期的消费水平：

$$c_{yt} = \frac{1}{1+\beta} w_t = \frac{1}{1+\beta}(1-\alpha) A_t \left(\frac{K_t}{L_t}\right)^{\alpha} \qquad (2-27)$$

将式（2-19）代入式（2-15），可得老年一代（出生在 $t-1$ 期）在 t 期的消费水平：

$$c_{ot} = \frac{\beta}{1+\beta}(1+r_t-\delta) w_t = \frac{\beta}{1+\beta}(1+r_t-\delta)(1-\alpha) A_t \left(\frac{K_{t-1}}{L_t}\right)^{\alpha}$$

$$\qquad (2-28)$$

综上，该经济体在 t 期的均衡系统可定义如下：任意技术参数序列 $\{A_t\}_{t=1}^{\infty}$ 下，给定一组价格序列 $\{w_t, r_t\}_{t=1}^{\infty}$，家庭选择 $\{c_{yt}, c_{ot+1}, s_{t+1}\}_{t=1}^{\infty}$，代表性企业选择 $\{K_t, L_t\}_{t=1}^{\infty}$，使得家庭最大化效用函数，企业最大化利润函数，并使所有市场出清。

该经济体随着时间的推移将会收敛至稳态均衡。为了分析方便，假设 $A_t = 1$。

由式（2-14）和式（2-19），可知

$$s_{t+1} = \frac{\beta}{1+\beta} w_t$$

$$w_t = (1-\alpha)\left(\frac{K_t}{N_t^t}\right)^{\alpha} = (1-\alpha)(k_t)^{\alpha}$$

结合式（2-23），可知资本存量的演化律：

$$K_{t+1} = N_t^t s_{t+1} = N_t^t \frac{\beta}{1+\beta} w_t = N_t^t \frac{\beta}{1+\beta}(1-\alpha)(k_t)^{\alpha} \qquad (2-29)$$

将式（2-29）两边同除以 N_{t+1}^t，可得该经济体在 $t+1$ 期人均资本存量的演化律：

$$k_{t+1} = \frac{\beta(1-\alpha)}{(1+\beta)(1+n)}(k_t)^{\alpha} = g(k_t) \qquad (2-30)$$

该经济体在稳态均衡时，存在 $k_{t+1} = k_t = k^*$，则将式（2-30）两边

同除以 $(k_t)^\alpha$，可得：

$$(k^*)^{1-\alpha} = \frac{\beta (1-\alpha)}{(1+\beta) (1+n)} \qquad (2-31)$$

将式（2-31）两边同时进行 $\frac{1}{1-\alpha}$ 次方，可得：

$$k^* = \left[\frac{\beta (1-\alpha)}{(1+\beta) (1+n)}\right]^{\frac{1}{1-\alpha}} \qquad (2-32)$$

由式（2-14）可知，$\frac{\beta}{1+\beta}$ 为该经济体的平均储蓄率；由式（2-19）可知，$1-\alpha$ 为年轻一代从人均国民收入中所获份额。该经济体的人均资本存量的收敛路径见图 2-4。

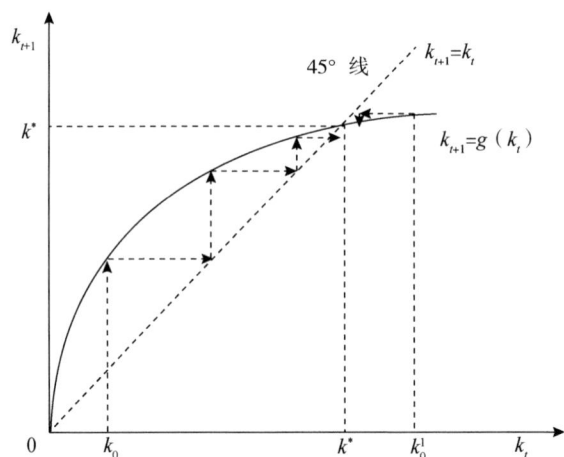

图 2-4　OLG 模型中 k 的动态均衡路径

图 2-4 表明，该经济体的人均资本存量无论处于低于稳态值的 k_0 还是处于高于稳态值的 k_0^1 的初始位置，最终都将收敛至稳态值 k^* 处。因此，储蓄率的上升将暂时增加人均收入，即存在"水平效应"，但却永久地提升了人均资本存量；当人口年度增长率 n 上升时，将降低人均资本存量；当技术进步 A_t 上升时，将提升经济增长速度，永久地增加人均收入。

综上，虽然 OLG 模型和索洛模型的基本结论非常相似，但是，在索洛模型中，个体存活无限期，储蓄没有内生化；在 OLG 模型中，个体只存活两期，储蓄由个体的最优化决策内生决定，具有坚实的微观基础。

以上分析的基本 OLG 模型未能把生育率和死亡率纳入分析框架，尚无法分析人口老龄化的宏观经济效应。为此，本书后续章节将基于 Blanchard 的研究（1985），将生育率和死亡率纳入 OLG 模型，研究人口老龄化对技术进步的影响效应。

第三节　技术变迁理论

众多行为主体的交互作用使得经济成为一个复杂的系统，经济系统的复杂性使得理解经济增长的决定因素具有挑战性。众多经济学家对经济增长的决定因素进行了不懈的探索，他们基本认同技术进步是经济增长的重要动力（Akcigit，2017）。本书将基于 OLG 模型，把人口老龄化引入技术变迁模型，进而探究人口老龄化的技术进步效应。因此，有必要梳理技术变迁模型的起源和发展及其主要思想。技术变迁模型或经济增长模型基本按照改变生产函数的思路进行演变（谢丹阳、周泽茜，2019）。有鉴于此，本节将按照生产函数的演变逻辑梳理技术变迁理论。

一　索洛模型中的外生技术进步

索洛（Solow，1956）认为技术进步是经济可持续增长的决定因素。假设在一个封闭经济体，该经济体处于一个无限的离散时间内，$t = 1$，2，…，∞，代表性家庭存活无限期。索洛模型中的家庭部门储蓄率是外生的，[①] 劳动力供给无弹性。因此，家庭不需进行最优化决策。另外，该经济体只存在一个独特的最终品部门，代表性企业使用资本和劳动生产最终品，企业的生产函数可以加总为社会生产函数，市场完全竞争和充分就业。

社会生产函数使用柯布—道格拉斯生产函数形式，具有规模报酬不变特征，公式如下：

---

① 新古典增长模型与索洛增长模型的不同之处在于家庭通过效用最大化将储蓄内生化了，参见 Ramse（1928）、Cass（1965）和 Koopmans（1965）。

$$Y_t = A_t F\ (K_t,\ L_t)\ = A_t K_t^{\alpha} L_t^{1-\alpha} \tag{2-33}$$

其中，Y_t 为该经济体在 t 期的社会总产出。A_t 为技术进步，$A_t = e^{gt}$，g 为技术进步率，技术在该经济体中对于任何企业而言都可以自由获取，存在非排他性和非竞争性特征。一个商品的非竞争性是指该商品的消费或使用并不影响其他人的消费或使用；非排他性是指不可能阻止其他人进行消费和使用。因此，技术存在非排他性和非竞争性特征，一旦技术和知识被发明和获取，企业可以获取该技术和知识而不影响其他企业的使用，而且去阻止其他企业使用该技术和知识（假设其未被专利化）将非常困难。K 为资本存量，L 为劳动力数量，因为充分就业假设，劳动力数量也相当于人口规模；a 为资本的产出弹性，$0 < a < 1$。则可知该经济体资本存量的演化律：

$$\dot{K} = \frac{dK}{dt} = se^{gt} K^a\ (L_0 e^{nt})^{1-a} = sK^a L_0^{1-a} e^{[n(1-a)+g]t} \tag{2-34}$$

其中，社会总产出的一部分用于家庭储蓄，一部分用于家庭消费，s 为外生给定的储蓄率，$0 < s < 1$，则储蓄总额为 sY_t。n 为外生给定的人口年度增长率，假定 n 为常数，$L_t = L_0 e^{nt}$。则可知，该经济体在 t 期的资本存量为：

$$K_t = \left[K_0^b - \frac{bs}{nb+g} L_0^b + \frac{bs}{nb+g} L_0^b e^{(nb+g)t} \right]^{1/b} \tag{2-35}$$

其中，$b = 1 - a$，K_0 为该经济体的初始资本存量；L_0 为该经济体的初始劳动力数量。在长期，资本存量按 $n + \dfrac{g}{b}$ 的速率增长；该经济体的人均产出的增长率为 $n + \dfrac{ag}{b}$。此增长率不仅要高于人口年度增长率 n，也高于 $n + g$（在 $a > \dfrac{1}{2}$ 的前提下）。这是因为，更高的人均产出将促进储蓄和投资的上升，进而再次促进经济增长，形成正反馈机制。

综上，资本积累在短期内可以驱动经济增长，但却不能驱动经济可持续增长，因为资本的边际报酬递减，即 $a < 1$。索洛模型的隐含结论为人均收入的收敛，即"绝对收敛"（absolute convergence），即穷国将比富国增长更快，直到两者经济收敛至同一水平。众多经验研究

对此隐含结论进行了实证检验，例如 Barro 和 Sala-i-Martin（1992），实证结论较为含混，然而他们验证了"条件收敛"（conditional convergence）假说。①

资本的边际报酬递减性质决定了索洛增长模型不是内生增长模型，长期经济增长由技术进步率 g 决定。工业革命以来，持久的技术进步、研发和创新活动促进了经济的可持续增长，然而，在索洛模型中，技术进步是一个"黑箱子"，即技术进步是外生的，由非经济因素决定，索洛模型无法解释经济的可持续增长。众多理论和经验已经表明，技术进步由利润最大化企业的创新和研发活动所推动，依赖于人力资本、基础科研等。因此，技术是一个内生的经济变量，被经济系统内生决定。

二 干中学和报酬递增

若把技术进步内生化，不得不面对的一个重要问题是生产函数规模报酬不变的特征，其公式为：

$$F(\lambda K, \lambda L) = \lambda F(K, L) \tag{2-36}$$

其中，λ 为规模报酬不变因子，$\lambda > 0$。具体而言，市场需要为从事研发和创新活动的组织和个体提供激励机制。然而根据欧拉定理：

$$F_1(K, L) K + F_2(K, L) L = F(K, L) \tag{2-37}$$

其中，F_i 表示对第 i 个生产要素求偏导，资本（K）和劳动（L）的边际产出分别为 F_1 和 F_2。资本得到相当于其自身边际产出的租金，劳动得到相当于自身边际产出的工资，总产出被资本和劳动分配殆尽，不存在多余的产出分配给创新和研发活动。因此，市场中不存在研发和创新的激励机制。

为解决这一难题，Arrow（1962）提出了干中学理论（learning by doing）。Arrow 认为技术进步是生产资本品时无意识的副产品，是干中学的结果。干中学具有外部性和知识溢出效应，技术进步是社会资本存

---

① 绝对收敛即穷国资本存量较低，资本边际产出较高，因此穷国的经济增长速度高于富国，直到向富国收敛；条件收敛即只有控制了入学率、政府消费水平等因素，穷国的经济增长速度才高于富国。

量增加的结果，由于每个企业把技术进步视为给定的参数，它们通过选择资本和劳动，支付租金和工资，最大化自身利润，不需要对技术进步活动进行额外的支付。由此，社会生产函数具有规模报酬递增的特征。

Arrow（1962）的干中学模型为 AK 模型奠定了基础。Frankel（1962）基于知识的外部性首先开发了第一代 AK 模型。而 Romer（1986）在 Ramsey（1928）、Cass（1965）和 Koopmans（1965）的框架下，通过跨期消费最优化和报酬递增进一步拓展了 AK 模型。Lucas（1988）则在人力资本积累对知识进行生产和创造的基础上对 AK 模型进行了进一步拓展。AK 模型假定当企业进行资本积累时，干中学、知识外部性和溢出效应等将促进技术进步，提升资本的边际生产率。

AK 模型的社会生产函数为资本的线性函数（Rebelo，1991），即 $a=1$，不包括劳动力，可表达如下：

$$Y = AK \qquad (2-38)$$

其中，A 为技术参数；K 为资本，包括物质资本和人力资本等。技术进步由于干中学效应可以嵌入资本积累中，由此，新资本将比旧资本更具生产效率，例如计算机和人工智能等。将式（2-38）对 K 进行求导可得资本的边际产出：

$$\frac{\mathrm{d}Y}{\mathrm{d}K} = A \qquad (2-39)$$

由式（2-39）可知，资本的边际产出即为技术参数 A，$A>0$，克服了资本的边际报酬递减律。因此，连续的资本积累将因为干中学、报酬递增、知识外部性和溢出效应等特征促进技术进步和经济的长期可持续增长。

资本存量的演化律为：

$$\dot{K} = sY - \delta K \qquad (2-40)$$

其中，s 为不变的储蓄率，$0<s<1$；δ 为资本的折旧率，$0<\delta<1$。将式（2-38）代入式（2-40），可得：

$$\dot{K} = sAK - \delta K \qquad (2-41)$$

因此，资本的增长率 g_K 为：

$$g_K = \frac{\dot{K}}{K} = sA - \delta \qquad (2-42)$$

由式（2-42）可知，技术进步及经济增长速度依赖于储蓄率 s。随着资本积累的提升，产出也随之增长，因为技术进步将由于资本积累的干中学和知识溢出效应而自动提升。AK 模型表明技术进步和经济增长将随着储蓄率 s 的提升而可持续增长。

Romer（1986）在阿罗干中学的基础上发展了报酬递增增长模型。基于 Romer 的研究，社会总生产函数为：$Y = K^\alpha (AL)^{1-\alpha}$。技术进步被假定是资本存量的函数：$A = K^\phi$，其中，$\phi > 1$。市场是完全竞争的，在企业的微观水平上，每个企业把技术进步作为外生给定，产出分别按 α 和 $1-\alpha$ 的比例分配给资本和劳动。然而，在经济体的宏观水平上，由于技术进步是资本存量的函数，知识创造是资本积累的副产品，因此，社会生产函数转化为：$Y = K^\alpha (K^\phi L)^{1-\alpha} = K^{\alpha+\phi(1-\alpha)} L^{1-\alpha}$。

由上可知，社会生产函数表现为规模报酬递增型生产函数，资本积累具有外部性和溢出效应。[1] Lucas（1988）虽然通过人力资本外部性解释了生产函数的知识溢出效应，然而其本质仍是 AK 模型。

综上可知，虽然 AK 模型对技术进步进行了内生化处理，然而技术进步依赖于干中学、知识和技术的外部性，是资本积累的副产品，不是经济行为主体有目的研发的结果。因此，资本积累和技术进步在 AK 模型中不存在明显的区别。另外，AK 模型中的生产函数由资本唯一构成，不存在劳动力生产要素，显然不符合现实经济特征。有鉴于此，Romer（1990）和 Jones（1995）等在内生增长模型中开创性地把技术进步内生化，即技术进步是个体和研发部门在利润最大化驱动下研发和创新的结果，发展了内生和半内生技术变迁模型。由此，20 世纪 90 年代，经济增长理论得到了再次复兴。

三 内生技术变迁模型

Romer 也认为技术进步是经济增长的核心驱动力，他在索洛模型的

---

[1] Glaeser 等（1992）的实证研究验证了各产业间和产业内存在知识的外部性和溢出效应。

基础上构建了内生技术变迁模型。技术进步为物质资本积累提供了激励，物质资本积累和技术进步的正反馈机制为现代经济增长奠定了基础。

内生技术进步存在两个关键的假定。其一，技术进步是个体或组织在市场激励条件下有目的投资的结果，由此，技术进步是经济系统内生决定的，具有合理和坚实的微观基础。其二，知识本质上不同于其他商品，一旦知识或技术被个体或组织发现或开发，则可以被社会无附加成本地再次利用，即知识和技术是非竞争和部分排他的公共物品。知识和技术的非竞争性和部分排他性特征将导致生产函数的规模报酬递增，由此产生可持续增长（Jones et al.，2019）。Romer 内生技术变迁模型的基本结论为：技术进步是人力资本的函数，劳动力规模或人口规模并不是技术进步的充分条件。因此，人力资本存量低的国家技术进步的速度较慢。

Romer（1990）和 Lucas（1988）的技术进步模型本质上均强调了人力资本的重要性，只是侧重点有所不同，Romer 侧重于知识和技术的外部性和溢出效应，发展了知识生产函数，而 Lucas 强调人力资本的"干中学"效应。由于本书主要以 Romer 的内生技术变迁为理论基础，因此，下文将重点阐述 Romer 的内生技术变迁模型。

基于 Romer（1990）的研究，内生技术变迁模型可表述为：经济体使用物质资本、劳动、人力资本和技术进行生产和服务。其中，物质资本（K）以单位最终品进行衡量；劳动（L）以人口数量进行衡量；人力资本（H）是受教育群体或经历工作培训的个体；技术进步（A）包含创意、发明、设计和知识等，技术进步的增长无边界，即可以呈指数型增长。另外，该经济体包含研发部门、中间品部门和最终品部门三个生产部门。研发部门使用人力资本和初始知识存量生产新的知识和技术；中间品部门使用知识和物质资本生产作为最终品部门投入的中间品；最终品部门使用劳动、人力资本和中间品生产最终品，产出既可以消费也可以储蓄。

社会生产函数使用柯布—道格拉斯生产函数形式：

$$Y(H_Y, L, x) = H_Y^\alpha L^\beta \sum_{i=1}^{\infty} x_i^{1-\alpha-\beta} \qquad (2-43)$$

其中，H_Y 为生产最终品的人力资本投入，L 为劳动力投入，均固定为常数；x_i 为第 i 个企业的中间品投入，α 为人力资本的产出弹性，$0 < \alpha < 1$，β 为劳动力的产出弹性，$0 < \beta < 1$。

资本存量 K_t 的演化律如下：

$$\dot{K}_t = Y_t - C_t \tag{2-44}$$

其中，Y_t 为经济体在 t 期的社会总产出，C_t 为经济体在 t 期的消费总量。由于 μ 单位的中间品可以创造 1 单位的资本，故，$K = \mu \sum_{i=1}^{\infty} x_i = \mu \sum_{i=1}^{A} x_i$。

如果把中间品视为连续变量，则式（2-43）可以表达为：

$$Y(H_Y, L, x) = H_Y^{\alpha} L^{\beta} \int_{\infty}^{0} x(i)^{1-\alpha-\beta} di \tag{2-45}$$

研发部门是完全竞争的。由于知识是人力资本的函数，记每个研发人员 j 生产的知识存量为 $\delta H^j A^j$，其中，δ 为知识生产率参数，$0 < \delta < 1$。因此，知识总量的演化律为：

$$\dot{A} = \delta H_A A \tag{2-46}$$

其中，H_A 为研发部门雇佣的人力资本数量，$H_A + H_Y = L$。由式（2-46）可知，知识的增长主要由人力资本和初始知识存量决定。记知识产品价格为 P_A，则由式（2-46）可知，人力资本的工资 $w_H = P_A \delta A$。

中间品部门为垄断竞争部门，其产品价格记为 $P(i)$。当 H_Y 和 L 给定时，则中间品的需求函数可由下式得到：

$$\max_{x} \int_{0}^{\infty} \left[H_Y^{\alpha} L^{\beta} x(i)^{1-\alpha-\beta} - P(i)x(i) \right] di \tag{2-47}$$

将式（2-47）对 $x(i)$ 求导，可得中间品的需求函数：

$$P(i) = (1-\alpha-\beta)\left[H_Y^{\alpha} L^{\beta} x(i)^{1-\alpha-\beta} \right] \tag{2-48}$$

中间品部门的利润函数为：

$$\pi(x) = \max_{x} \left[P(x) - \eta\mu x \right] \tag{2-49}$$

其中，r 为物质资本的租金率。把式（2-48）代入式（2-49），可得：

$$\pi(x) = \max_{x} \left[H_Y^{\alpha} L^{\beta} x^{1-\alpha-\beta} - \eta\mu x \right] \tag{2-50}$$

中间品部门需要决定生产多少中间品。由于中间品部门生产中间品需要研发部门的产品作为投入要素，因此，它需要衡量利润的折现值和知识产品的价格。当其利润的折现值等于知识产品的价格时，中间品部门的生产决策达到均衡。因此，

$$\int_t^\infty e^{-\int_t r(s)ds} \pi(\tau) \, d\tau = P_A(t) \qquad (2-51)$$

其中，式（2-51）的左边为利润的折现值。假定 P_A 为常数，式（2-51）对时间 t 求导可得：

$$\pi(t) - r(t) \int_t^\infty e^{-\int_t r(s)ds} \pi(\tau) \, d\tau = 0 \qquad (2-52)$$

把式（2-51）代入式（2-52），可得：

$$\pi(t) = r(t) P_A(t) \qquad (2-53)$$

式（2-53）的经济学含义为：中间品部门生产 1 单位中间品的边际收入等于其边际成本（利息成本）。

由于知识存量 A 决定了中间品 x 的生产范围，而 μ 单位中间品将创造 1 单位的资本。因此，对于 $\bar{x}$，存在 $K = \mu A \bar{x}$。则式（2-45）的社会生产函数可以表达为：

$$Y(H_Y, L, x) = H_Y^\alpha L^\beta \int_0^\infty x(i)^{1-\alpha-\beta} di$$

$$= H_Y^\alpha L^\beta A \bar{x}^{1-\alpha-\beta} \qquad (2-54)$$

$$= H_Y^\alpha L^\beta A \left(\frac{K}{\mu A}\right)^{1-\alpha-\beta} \qquad (2-55)$$

$$= (H_Y A)^\alpha (LA)^\beta (K)^{1-\alpha-\beta} \mu^{\alpha+\beta-1} \qquad (2-56)$$

由式（2-56）可知，技术进步表现为劳动和人力资本增进型技术进步。

根据式（2-53），中间品部门利润的折现值等于知识产品的价格 P_A。则有：

$$P_A = \frac{1}{r} \pi \qquad (2-57)$$

根据式（2-50），对于 $\bar{P}$ 和 $\bar{x}$，中间品部门的利润流量为：

$$\pi = (\alpha + \beta) \bar{P} \bar{x} \qquad (2-58)$$

把式（2-48）和式（2-58）代入式（2-57）可得：

$$P_A = \frac{\alpha+\beta}{r} \bar{P} \bar{x} = \frac{\alpha+\beta}{r} (1-\alpha-\beta) \left[H_Y^\alpha L^\beta \bar{x}^{1-\alpha-\beta} \right] \qquad (2-59)$$

在最终品部门，人力资本的工资等于其边际产出；在研发部门，人力资本将接受所有研发部门的收入，即人力资本的工资为 $P_A\delta A$。由于劳动力市场完全竞争，劳动力市场均衡时，两部门人力资本的工资将相等，即：

$$w_H = P_A\delta A = \alpha H_Y^{\alpha-1} L^\beta \bar{A} x^{1-\alpha-\beta} \qquad (2-60)$$

把式（2-59）代入式（2-60）并进行简化可得：

$$H_Y = \frac{1}{\delta} \frac{\alpha}{(1-\alpha-\beta)(\alpha+\beta)} r \qquad (2-61)$$

该经济体达到均衡时存在一个平衡增长路径。通过模型的求解，可得该经济体的增长速度：

$$g = \frac{\dot{C}}{C} = \frac{\dot{Y}}{Y} = \frac{\dot{K}}{K} = \frac{\dot{A}}{A} = \delta H_A \qquad (2-62)$$

式（2-62）表明，该经济体的增长速度 g 等于消费、总产出、物质资本和技术进步的增长速度。因此，经济的可持续增长由技术进步决定，而技术进步是内生的，其增长速度由人力资本决定。

由于 $H_A = H - H_Y$，结合式（2-61），式（2-62）可改写为：

$$g = \delta H_A = \delta H - \frac{\alpha}{(1-\alpha-\beta)(\alpha+\beta)} r \qquad (2-63)$$

记 $\frac{\alpha}{(1-\alpha-\beta)(\alpha+\beta)} = \varphi$，则式（2-63）可以改写为：

$$g = \delta H_A = \delta H - \varphi r \qquad (2-64)$$

由式（2-64）可知，经济增长速度由人力资本和利息率共同决定。当人力资本积累提高时，经济增长速度加快，社会总产出增长；社会总产出增长将为物质资本积累提升奠定基础，即人力资本将会为物质资本积累提供激励。物质资本积累增加时，利息率将下降，人力资本和物质资本将形成正反馈机制，推动经济可持续增长。因此，Romer 的内生技术变迁模型预测，人力资本存量高的国家将经历较快的经济增长，人力资本存量低的国家将经历较慢的经济增长。

综上，Romer 的内生技术变迁模型对利息率非常敏感，因为研发部门的融资成本由利息率决定。其政策启示在于：第一，政府需要对研发部门进行补贴，降低其研发成本；第二，政府也需要加强人力资本积累投资，促进人力资本存量和流量的提升，促进创意、知识和技术的生产；第三，加强物质资本积累，降低利息率，减少研发部门的研发成本，提升技术进步的速率。

四　半内生增长模型

Romer 的内生技术变迁模型表明经济的可持续增长由技术进步速率决定，而技术进步由利润最大化的企业进行有目的的研发所推动。换言之，如果致力于研发的资源或人力资本增加一倍，经济增长也应该增加一倍，此种效应称为研发的"规模效应"（scale effects）。

Grossman-Helpman（1991a，1991b）的技术进步模型本质上与 Romer 的内生技术变迁模型相同，均强调了人力资本的重要性，可以统称为 Romer/Grossman-Helpman 模型。

在 Romer/Grossman-Helpman 模型中，社会总产出可表达为：

$$Y\ (K,\ L_Y)\ = K^{1-\alpha}\ (A\,L_Y)^{\alpha} \tag{2-65}$$

其中，Y 为社会总产出，K 为物质资本存量，L_Y 为生产最终品的劳动力投入，$1-\alpha$ 为物质资本的产出弹性，$0 < \alpha < 1$。

该经济体在稳态时的经济增长速度等于技术进步的增长速度 g：

$$g = \frac{\dot{A}}{A} = \delta H_A \tag{2-66}$$

其中，δ 为技术进步的生产效率，$0 < \delta < 1$；H_A 为研发部门的人力资本投入，$L = L_Y + H_A$。

由式（2-66）可知，技术进步及经济增长的速度由研发部门所雇佣的人力资本数量决定。然而 Jones（1995）认为内生技术变迁模型的预测结果与工业化国家的时间序列数据不吻合，他对 Romer 的知识生产函数进行了质疑。近几十年，西方国家的 R&D 投入和科学家数量已经大幅增长，但是经济增长速度却未发生大幅提高甚至出现衰退。因此，研发"规模效应"的预测与现实数据脱节较大，且未能被经验研究所证实。

基于式（2－66），可以对内生技术变迁模型进行改进：

$$g = \frac{\dot{A}}{A} = \delta \frac{H_A}{L} \qquad (2-67)$$

根据式（2－67），技术进步由人力资本在劳动力中所占比重决定。但是式（2－67）与经济学直觉不符，例如一个经济体仅存在 1 单位劳动和人力资本，其人力资本比重为 1，而另一经济体存在 100 万单位劳动力和人力资本，人力资本比重也为 1，该模型预测前者的技术进步速度与后者相同，显然不符合现实。

Jones（1995）在 Romer 内生技术变迁模型的基础上对内生经济增长模型进行了改进，认为技术进步由外生的人口增长速度决定，因为人口总量增多，人力资本存量才会增加。Jones 的半内生增长模型与索洛的新古典增长模型的区别在于：在 Jones 的半内生增长模型中，技术进步是利润最大化的研发部门有意识投资的结果，而索洛模型中的技术进步完全外生，因此，Jones 的增长模型称为半内生增长模型（semi-endogenous growth model）。

基于 Jones 的研究，半内生增长模型可表述如下。

知识存量的演化律可表达为：

$$\dot{A} = \delta L_A \qquad (2-68)$$

其中，δ 为科技人员的知识生产效率，它是知识存量的函数，因为知识和技术具有溢出效应。

$$\delta = \bar{\delta} A^{\phi} \qquad (2-69)$$

其中，如果 $\phi < 0$，说明知识和技术的生产遵循边际递减律；如果 $\phi > 0$，说明知识和技术的生产存在外部性和溢出效应；如果 $\phi = 0$，则知识和技术具有不变的规模报酬即无溢出效应和外部性。

假设 L_A^{γ} 而不是 L_A 进入知识生产方程，$0 < \gamma < 1$，结合式（2－68）和式（2－69），可知：

$$\dot{A} = \bar{\delta} A^{\phi} L_A l_A^{\gamma-1} \qquad (2-70)$$

其中，经济体在长期均衡时，存在 $l_A = L_A$，l_A 表示 R&D 过程的外部性。如果 $\phi = 1$ 和 $\gamma = 1$，式（2 - 70）则和 Romer 的内生技术变迁模型相同。在 Jones 的半内生增长模型中，$\phi < 1$。所以 Jones 的技术进步过程与 Romer 的不同，模型的其他部分基本与 Romer 的内生技术变迁模型相同。

根据式（2 - 70），可知技术进步的增长速度：

$$\frac{\dot{A}}{A} = \bar{\delta}\frac{L_A^{\gamma}}{A^{1-\phi}} \tag{2 - 71}$$

将式（2 - 71）两边对时间 t 求导，可得：

$$g = \frac{\gamma n}{1 - \phi} \tag{2 - 72}$$

经济体的平衡增长路径可表示为：

$$g_A = g_y = g_c = g_k = \frac{\gamma n}{1 - \phi} \tag{2 - 73}$$

如果 $\phi = 1$，则在经济体不存在平衡增长路径。因此，在 Jones 的半技术变迁模型中，$\phi < 1$。n 为外生的人口年度增长率，为常数。如此，该技术变迁模型消除了 Romer/Grossman-Helpman 模型中的规模效应，技术进步由外生的人口增长速度决定。

综上，Romer 的内生增长模型说明政府可以通过研发补贴、加强人力资本积累等政策措施促进技术进步和经济增长，即政府政策具有长期增长效应。然而 Jones 通过改进 Romer 的 R&D 生产函数构建了半内生增长模型，该模型认为政府的科技政策无效，因为技术进步和长期经济增长由外生的人口增长速度决定，开启了经济学家关于政府科技政策有效性的辩论。

五　创造性破坏机制

创造性破坏一词，最先由熊彼特（Schumpeter，1942）所提出。熊彼特认为新产品、新市场、新技术、新原料和新的管理方式等创新革新了经济结构，对原有的生产性结构进行了创造性破坏，创造性破坏是资本主义的本质特征。

创新包含不同类型，例如，产品创新（水平创新）、过程创新和产品质量创新（垂直创新）等。产品创新是指新产品的发明；过程创新是指减少已存在商品的生产成本，例如引进新的机器设备生产已有的商品；垂直创新是指对已存在商品的质量进行提升和改善。Romer（1990）和 Lucas（1988）通过在经济增长模型中引入知识和人力资本积累内生化了技术进步，知识和人力资本积累包括教育、培训、基础性科研活动、干中学、产品创新和过程创新等。在 Romer 的内生和 Jones 的半内生增长模型中，创新本质上属于过程创新和产品创新。而 Grossman 和 Helpman（1991a，1991b）、Aghion 和 Howitt（1992）集中于可以提升产品质量的竞争性创新机制内生化了技术进步，此种创新本质上为垂直的产品质量创新。Aghion 和 Howitt（1992）将其创新的内在机制称为创造性破坏机制（creative destruction mechanism）。由于 Grossman 和 Helpman（1991a，1991b）、Aghion 和 Howitt（1992）均集中于垂直创新，两者模型存在相同之处，本章将主要介绍 Aghion 和 Howitt（1992）的创造性破坏机制。

基于熊彼特的创造性破坏思想，Aghion 和 Howitt（1992）认为个体创新对经济发展具有重要影响。创新是一个连续性的浪潮，每期可以定义为两个连续性创新型浪潮的时间间隔，每期的时间长度是随机的，因为创新过程具有随机性。然而连续的两个创新型浪潮中的研发数量可以模型化。

由于两种效应，这一期的研发数量将与下一期的研发数量负相关。第一种效应即创造性破坏机制。每一期的研发存在垄断性租金，垄断性租金将持久存在，直到下一期创新的产生。因此，下一期垄断性创新租金的期望值越高，将越不鼓励上一期的创新和研发活动。第二种效应为技能型劳动（研发部门和制造业部门等）工资的一般均衡效应。基于劳动力市场均衡条件，下一期创新数量的期望值越高，则对技能型劳动的需求越高，将导致技能型劳动力的工资期望值升高，更高的技能型劳动力工资将减少研发部门的垄断性租金。因此，下一期创新的期望值越高，当期的创新和研发数量将越少，两者负相关。

Aghion 和 Howitt（1992）的创造性破坏模型可以表述如下。

存在一个连续时间（$\tau \geq 0$）的经济体，$t = 0, 1, \cdots, \infty$，表示第 t 期和 $t+1$ 期创新浪潮之间的时间间隔，每期之间的间隔是随机的，每一期创新的数量和价格设定为常数。在该经济体中存在劳动力、消费品和中间品三种可交换商品。代表性个体同质，时间偏好因子 $r > 0$；消费的边际效应设定为常数，则 r 也可以理解为利率。劳动力分为：无技能劳动力（M）、技能劳动力（N）和专业型劳动力（R）。无技能劳动力仅作为最终品的生产要素；技能劳动力既可以作为研发的生产要素，也可以作为中间品的生产要素；专业型劳动力仅作为研发的投入。消费品和劳动力市场完全竞争，但中间品部门垄断竞争。

最终品使用固定数量的无技能劳动力（M）进行生产，则其生产函数可表述如下：

$$y = AF(x) \qquad (2-74)$$

其中，y 为人均产出，x 为中间品投入，A 为中间品投入生产时的生产效率，即技术参数。

中间品由于仅使用技能劳动力（N）进行生产，假设其函数形式为线性，则

$$x = L \qquad (2-75)$$

其中，L 为技能劳动力的投入流量。

知识和技术的生产遵循创新的随机过程，该经济体创新的泊松到达率为 $\lambda\phi(n, R)$，n 表示技能劳动力的投入流量，λ 为常数，ϕ 为规模报酬不变的凹函数。可知创新的泊松到达率仅与当期的研发投入有关；另外，$\lambda\phi(0, R) = 0$，说明技能型劳动力是研发的必要投入。若该经济体在第 t 期的技能劳动力投入为 n_t，则两期创新之间的创新时间长度遵循 $\lambda\phi(n_t, R)$ 到达率。

创新是由一系列的中间品的发明组成，当最终品使用新中间品进行生产时，不仅最终品的产品质量将得到改进和提升，即垂直的产品质量创新，而且还将推动技术参数 A 的提升。则技术参数可表达为

$$A_t = A_0 \gamma^t \qquad (2-76)$$

其中，A_0 为技术存量的初始值，γ 为参数，$\gamma > 1$。

当竞争性企业成功地进行创新，则可以进行专利化，从而获得垄断性的创新租金，但是下一期创新到达时，将破坏当期的垄断性创新租金。

中间品部门的目标是最大化当期垄断租金的期望现值。记 x_t 为垄断竞争企业在 t 期所生产的中间品流量。由式（2-75）可知，x_t 等于中间品部门的技能劳动力投入数量。由此，垄断竞争性企业面临的需求曲线可表示为：

$$p_t = A_t \frac{\mathrm{d}F\ (x_t)}{\mathrm{d}x_t} \qquad (2-77)$$

其中，p_t 为中间品的价格。则垄断性竞争企业的利润函数为：

$$\max_{x_t} \left[A_t \frac{\mathrm{d}F\ (x_t)}{\mathrm{d}x_t} - w_t \right] x_t \qquad (2-78)$$

其中，w_t 为技能劳动力的工资，A_t 和 w_t 给定。垄断竞争性企业通过选择 x_t 最大化其利润函数式（2-78）。

研发部门通过选择 z 和 s 最大化研发的期望利润：

$$\max_{(z,s)} \left[\lambda \phi\ (z,\ s)\ V_{t+1} - w_t z - w_t^s s \right] \qquad (2-79)$$

其中，V_{t+1} 为第 $t+1$ 期创新的期望现值，w_t^s 为专业型劳动力的工资。需要注意的是，垄断性的竞争性厂商将不存在激励机制使其进行下一期的创新和研发活动，因为其 $t+1$ 期创新所得 $V_{t+1} - V_t$ 将低于外部企业的创新所得 V_{t+1}。其中 V_{t+1} 可表示如下：

$$V_{t+1} = \frac{\pi_{t+1}}{r + \lambda \phi\ (n_{t+1})} \qquad (2-80)$$

其中，π_{t+1} 为 $t+1$ 期创新的垄断利润。

根据以上模型，每一期的创新和研发均是在垄断性创新租金的激励下产生的结果，每一期创新均对上一期创新构成了创造性破坏，减少甚至耗竭当期垄断企业的垄断性创新租金，但却提高了最终品的产品质量，并通过式（2-76）提升技术进步参数。

Aghion 和 Howitt（1992）的创造性破坏模型具有如下若干启示：第一，若利率下降，将增加未来一期垄断性创新租金，进而促进创新和研发活动的增加，推动技术进步。第二，如果创新和研发的泊松到达参数

λ 增加，一方面将降低下一期垄断性创新租金的现值，但是另一方面也减少了进行创新和研发活动的边际成本，因为在给定专业型劳动力条件下，创新和研发的效率提升了。由于后者效应高于前者，因此，λ 上升将促进创新和研发活动的增加，形成新一轮熊彼特创新浪潮。第三，技能劳动力和专业型劳动力的增加将降低其工资，减少研发和创新活动的边际成本并增加其边际收益，因此将促进技术进步。第四，经济体处于稳态均衡条件，如果研发部门可以选择创新和研发的频率和规模，则在自由放任的市场经济中，创新的规模和频率将低于最优规模，因此，政府需要加强对研发部门的激励，出台部分鼓励创新研发的政策，使创新达到社会最优规模。

综上，Aghion 和 Howitt（1992）基于熊彼特的创造性破坏思想，构造了研发的创造性破坏模型。他们认为经济增长的源头在于技术进步，而技术进步的源头在于生产创新的研发型企业之间的垄断竞争，因为创新可以通过专利化进而获得垄断性创新租金，研发型企业将为垄断性创新租金而竞争。每一个创新均由一组新的中间品构成，作为最终品的生产要素，新的中间品比上一期的中间品更具有效率，质量更高，对上一期的中间品进行了创造性破坏进而推动了技术进步。然而当期创新和研发活动的垄断性创新租金将被下一期创新和研发活动的垄断性创新租金破坏或摧毁，由此，未来一期的创新数量与当期的创新数量负相关，其机制在于未来一期的创新浪潮威胁了当期垄断性创新租金，即创造性破坏机制。

因此，Aghion 和 Howitt（1992）的创造性破坏机制主要由竞争性的研发型企业所推动，其本质在于垂直创新，技术进步和长期经济增长是创新规模和技能劳动力的递增函数。

创造性破坏机制不同于 Romer 的内生增长模型。其一，Romer 内生增长模型中的创新实质上为产品创新，而创造性破坏模型中的创新为产品质量创新。其二，在 Romer 的内生增长模型中，作为新产品引进的创新一旦引入经济体，则发明者成为永久的生产者，没有考虑研发企业的竞争、进入和退出机制，而创造性破坏模型重点研究了研发企业之间的竞争、进入和退出机制对创新的影响。

在内生技术变迁模型、半内生增长模型和创造性破坏机制中，知识生产函数被表达为一种简约形式，其中一些要素投入（例如人力资本或研发资本）将自动转化为创新。然而，关于知识生产函数更为细致的研究却鲜有涉及。有鉴于此，部分学者对知识和创新的生产过程进行了详细的研究，并试图了解创新的步骤。他们发现至少需要两个步骤来创建一个实用的创新。首先，大学、公共研究实验室和私人公司投资于以理论为导向和抽象的"基础研究"，以理论和方程式的形式产生基本而又必要的背景知识。其次，追求利润的创新者和公司投资于更熟悉的、面向数据的或面向最终产品的"应用研究"，以产生实用和可申请专利的研究结果。此后，知识和创新的内部生产过程得到了更为细致而深入的研究。

第四节　偏向型技术变迁理论

技术进步发生时，它可以平等地增加资本和劳动等生产要素的生产率，或者，它也可以偏向一个特定的生产要素。一般来说，技术进步可分为希克斯中性技术进步（Hicks-neutral technological change）和偏向型技术变迁（directed technological change）。希克斯中性技术进步表明生产要素投入增加一倍，则产出将会成比例地增加，即资本与劳动的边际产出之比不变。偏向型技术变迁又可分为要素增进型和要素节省型（替代型）技术进步，要素增进型技术进步表明技术进步增加了某一要素的生产效率（Acemoglu，2008）。要素节省型技术进步表明技术进步降低了某一要素的生产效率，对其形成了替代，例如，资本节省型技术进步允许生产者使用更少的资本生产相同的产量；劳动节省型技术进步允许生产者使用更少的劳动生产相同的产量。

在索洛模型中，生产函数为柯布—道格拉斯形式，技术进步呈现劳动增进型技术进步；而前文阐述的内生技术变迁模型和创造性破坏机制，主要分析了加总的技术进步，仅分析了技术进步的一种类型，即中性技术进步。但在现实世界中，技术进步并不总是中性的，存在偏向型技术变迁。

Hicks（1932）、Drandakis 和 Phelps（1966）认为生产要素的相对稀缺性将会改变生产要素的相对价格，进而产生诱导性创新（induced innovation）。在诱导性创新思想的基础上，Acemoglu（2002，2003，2007，2010）发展了偏向型技术变迁模型。人口老龄化无疑将减少劳动力供给进而改变生产要素的相对稀缺性和价格，促进偏向型技术变迁。为此，有必要深入梳理偏向型技术变迁模型的起源和发展，总结其主要特征。

一 偏向型技术变迁的内涵

基于 Acemoglu（2002）的研究，假设社会总生产函数如下：

$$Y_t = F\ (L_t,\ H_t,\ A_t) \tag{2-81}$$

其中，L_t 为该经济体在 t 期的劳动力总量；H_t 为生产函数中的另一种生产要素，例如物质资本、技能劳动、土地或中间品等；A_t 代表技术指数，$\dfrac{\partial F}{\partial A} > 0$，$A_t$ 的上升，说明技术进步加速。

基于式（2-81），劳动增进型技术进步（L-augmenting）可以定义如下：

$$\frac{\partial F\ (L,\ H,\ A)}{\partial A} \equiv \frac{L}{A} \frac{\partial F\ (L,\ H,\ A)}{\partial L} \tag{2-82}$$

其对应的特定生产函数为 $Y = F\ (AL,\ H)$，L 为劳动，H 为资本。此种技术进步又可称为哈罗德中性技术进步（Harrod-neutral technological change）。

同理，H 增进型技术进步（H-augmenting）可以定义如下：

$$\frac{\partial F\ (L,\ H,\ A)}{\partial A} \equiv \frac{H}{A} \frac{\partial F\ (L,\ H,\ A)}{\partial H} \tag{2-83}$$

其对应的特定生产函数为 $Y = F\ (L,\ AH)$。劳动增进型技术进步和 H 增进型技术进步分别又可称为劳动补充型（L-complementary）技术进步和 H 补充型（H-complementary）技术进步。例如，假设 H 为技能劳动力，技能增进型技术进步将增加对技能劳动力的需求，如果 H/L 给定，即技能劳动力的供给给定，技能劳动力的工资将上升，产生技能溢价。

为了更进一步阐明偏向型技术变迁的分类，假设社会总生产函数为不变替代弹性（constant elasticity of substitution，CES）生产函数，如下所示：

$$Y_t = \left[\gamma A_t^L \left(L_t \right)^{\frac{\sigma-1}{\sigma}} + \left(1 - \gamma \right) A_t^H \left(H_t \right)^{\frac{\sigma-1}{\sigma}} \right]^{\frac{\sigma}{\sigma-1}} \qquad (2-84)$$

其中，A_t^L 和 A_t^H 分别为两种不同的技术参数；γ 为分布参数，决定了两种生产要素在生产函数中的相对重要性，$0 < \gamma < 1$；σ 为两种生产要素的替代弹性，$\sigma \in (0, \infty)$。当 $\sigma = \infty$ 时，两种要素完全替代；当 $\sigma = 1$ 时，该生产函数转化为柯布—道格拉斯生产函数；当 $\sigma = 0$ 时，两种生产要素不存在替代关系，该生产函数转化为里昂惕夫生产函数；当 $\sigma > 1$ 时，两种要素将存在总替代关系；当 $\sigma < 1$ 时，两种要素将存在总补充关系。由上式可知，A_t^L 为劳动增进型技术进步，A_t^H 为 H 增进型技术进步。

技术进步如何偏向依赖于两种要素之间的替代弹性。为此，两种要素的相对边际产出为：

$$\frac{MP_H}{MP_L} = \frac{1 - \gamma}{\gamma} \left(\frac{A_t^H}{A_t^L} \right)^{\frac{\sigma-1}{\sigma}} \left(\frac{H_t}{L_t} \right)^{-\frac{1}{\sigma}} \qquad (2-85)$$

可知，H 要素的相对边际产出随着 $\frac{H_t}{L_t}$ 的上升呈递减趋势。这是因为替代效应导致了要素供给和边际产出、价格之间负相关。A_t^H 对 H 要素相对边际产出的影响依赖于 σ 的大小。若 $\sigma > 1$，则 A_t^H 相对于 A_t^L 的上升，将增加 H 要素的相对边际产出；若 $\sigma < 1$，则 A_t^H 相对于 A_t^L 的上升，将降低 H 要素的相对边际产出。因此，当两种生产要素相互替代时，H 增进型（补充型）技术进步也是 H 偏向型技术变迁；当两种生产要素相互补充时，H 增进型技术进步转化为 L 偏向型技术变迁。当 $\sigma = 0$ 时，生产函数为柯布—道格拉斯生产函数，A_t^H 和 A_t^L 不偏向于任何一种生产要素（袁礼、欧阳峣，2018）。

由于 σ 是两种生产要素的替代弹性，则存在：

$$\sigma = - \left[\frac{\mathrm{dlog}\left(\frac{MP_H}{MP_L}\right)}{\mathrm{dlog}\left(\frac{H}{L}\right)} \right]^{-1} \qquad (2-86)$$

当 $\sigma < 1$ 时，H 增进型技术进步表现为劳动偏向型技术变迁。这是因为，两种生产要素相互补充，随着 H 要素生产率的增加，将增加对 L 的需求并且将高于对其自身 H 的需求。因此，劳动的边际产出通过 H 要素边际产出的增加而上升。当 $\sigma > 1$ 时，H 增进型技术进步表现为 H 偏向型技术变迁，这种技术进步也可以理解为劳动节省型技术进步。这是因为，由于两种生产要素相互替代，随着 H 要素生产率的增加，将降低对劳动的需求，减少劳动的边际产出。

二 偏向型技术变迁模型

假设在一个经济体中，L 和 H 供给为常数；代表性家庭的效用函数为标准的 CRRA（constant relative risk aversion）效用函数：

$$\int_0^\infty \exp(-\rho t) \frac{C_t^{1-\theta} - 1}{1-\theta} \mathrm{dt} \qquad (2-87)$$

其中，ρ 为时间偏好因子，$\rho > 0$；C_t 为经济体在 t 期的总消费。θ 为边际效应的跨期替代弹性，当 $\theta = 0$ 时，该效用函数将转化为线性效用函数，代表家庭风险中性；当 $\theta \to 1$ 时，该效用函数将转化为对数形式。

社会总生产函数如下：

$$Y_t = \left[\gamma \left(Y_t^L\right)^{\frac{\varepsilon-1}{\varepsilon}} + (1-\gamma)\left(Y_t^H\right)^{\frac{\varepsilon-1}{\varepsilon}} \right]^{\frac{\varepsilon}{\varepsilon-1}} \qquad (2-88)$$

其中，Y_t^L 和 Y_t^H 为两种中间品，分别代表 L 密集型和 H 密集型产品。γ 为分布参数，决定了两种中间品在生产函数中的相对重要性，$0 < \gamma < 1$；ε 为两种中间品的替代弹性，$0 \leqslant \varepsilon < \infty$。

该经济体在 t 期的资源约束为：

$$C_t + X_t + Z_t \leqslant Y_t \equiv \left[\gamma \left(Y_t^L\right)^{\frac{\varepsilon-1}{\varepsilon}} + (1-\gamma)\left(Y_t^H\right)^{\frac{\varepsilon-1}{\varepsilon}} \right]^{\frac{\varepsilon}{\varepsilon-1}} \qquad (2-89)$$

其中，X_t 为在购置机器等设备方面的总支出；Z_t 为在 R&D 方面的总支出。

两种中间品市场完全竞争，其生产函数分别如下：

$$Y_t^L = \frac{1}{1-\beta}\Big[\int_0^{N_t^L}(x_{(v,t)}^L)^{1-\beta}dv\Big]L^\beta \qquad (2-90)$$

$$Y_t^H = \frac{1}{1-\beta}\Big[\int_0^{N_t^H}(x_{(v,t)}^H)^{1-\beta}dv\Big]H^\beta \qquad (2-91)$$

其中，$x_{(v,t)}^L$ 和 $x_{(v,t)}^H$ 分别为该经济体在 t 期投入的两种不同种类机器的数量；N_t^H 和 N_t^H 分别为这两种机器补充 L 和 H 的幅度和范围，即创新可能性边界；对于 $x_{(v,t)}^L$ 来说，$v \in [0, N_t^L]$，N_t^L 的上升说明劳动增进型技术进步；对于 $x_{(v,t)}^H$ 来说，$v \in [0, N_t^H]$，N_t^H 的上升说明 H 增进型技术进步。另外，$0 < \beta < 1$。

假设这些机器由垄断研发企业生产并且机器被专利化，垄断研发企业致力于新技术的发展。垄断研发企业设定机器价格向市场供应，其价格分别设定为 $p_{v,t}^L$ 和 $p_{v,t}^H$，机器发明后按中间品的固定比例 φ 进行生产，$\varphi \equiv 1-\beta$。所有机器在使用后将完全贬值。

因此，在 t 期，机器方面的总支出为：

$$X_t = (1-\beta)\Big[\int_0^{N_t^L}(x_{(v,t)}^L)^{1-\beta}dv + \int_0^{N_t^H}(x_{(v,t)}^H)^{1-\beta}dv\Big] \qquad (2-92)$$

创新可能性边界采用如下线性函数形式：

$$\dot{N}_t^L = \eta Z_t^L \qquad (2-93)$$

$$\dot{N}_t^H = \eta Z_t^H \qquad (2-94)$$

其中，Z_t^L 为投入在发明劳动增进型机器方面的 R&D 支出；Z_t^H 为投入在发明 H 增进型机器方面的 R&D 支出。

垄断研发企业发明机器的利润现值为：

$$V_{(v,t)}^f = \int_0^\infty \exp\Big(-\int_t^s r_{s'}d\,s'\Big)\big[p_{(v,t)}^f x_{(v,t)}^f - \varphi x_{(v,t)}^f\big]ds \qquad (2-95)$$

其中，f 代表 L 或 H，r_t 为市场利率水平。

将其转换为 Hamilton – Jacobi – Bellman 形式的价值函数：

$$r_t V_{(v,t)}^f - \dot{V}_{(v,t)}^f = p_{(v,t)}^f x_{(v,t)}^f - \varphi x_{(v,t)}^f = \pi^f \qquad (2-96)$$

其中，$\dot{V}_{(v,t)}^f$ 表明未来利润可能因为价格的变化与当前利润不等。π^f 为垄断研发企业的利润流量。

将最终品价格标准化为 1，则两种中间品的理想价格指数也为 1，即存在：

$$\left[\gamma^{\varepsilon} \ (p_t^L)^{1-\varepsilon} + (1-\gamma)^{\varepsilon} \ (p_t^H)^{1-\varepsilon}\right]^{\frac{1}{1-\varepsilon}} = 1 \qquad (2-97)$$

其中，p_t^L 和 p_t^H 分别为 Y_t^L 和 Y_t^H 的价格指数。

至此，该经济体的均衡系统满足以下条件：垄断研发企业选择机器价格和机器数量 $\{p_{v,t}^f, \ x_{(v,t)}^f\}$ 最大化其自身利润；机器的类型和范围 $\{N_t^L, \ N_t^H\}$ 由垄断研发企业的自由进出所决定；存在一组生产要素价格 $\{r_t, \ w_t^L, \ w_t^H\}$ 使得各市场出清；总消费、机器总支出和 R&D 总支出的时间路径 $\{C_t, \ X_t, \ Z_t\}$ 与消费者最优化相一致。

为了达到该经济体的均衡体系，中间品部门需最大化如下利润函数：

$$\max_{L, x_{(v,t)}^L} p_t^L Y_t^L - w_t^L L - \int_0^{N_t^L} p_{(v,t)}^L \ x_{(v,t)}^L \, dv \qquad (2-98)$$

$$\max_{H, x_{(v,t)}^H} p_t^H Y_t^H - w_t^H H - \int_0^{N_t^H} p_{(v,t)}^H \ x_{(v,t)}^H \, dv \qquad (2-99)$$

其中，w_t^L 和 w_t^H 分别为两种生产要素的价格。

基于以上两式的一阶条件，可知两种机器的需求函数为：

$$x_{(v,t)}^L = \left[\frac{p_t^L}{p_{(v,t)}^L}\right]^{\frac{1}{\beta}} L \qquad (2-100)$$

$$x_{(v,t)}^H = \left[\frac{p_t^H}{p_{(v,t)}^H}\right]^{\frac{1}{\beta}} H \qquad (2-101)$$

由式（2-100）和式（2-101）可知，机器的需求数量随着中间品价格的增加而增加，随着中间品部门生产要素数量的增加而增加，但随着机器价格的增加而减少。

由于每个垄断研发企业最大化其利润的现值，例如，第 j 个生产劳动密集型产品企业的利润函数为：

$$\pi_j^L = \ (p_j^L - \varphi) \ x_j^L \qquad (2-102)$$

由于垄断研发企业面临向下倾斜的需求曲线，如式（2-100），利润最大化时，该企业应将其生产的机器价格设定为一个常数，即 $p_j^L = \frac{\varphi}{1-\beta}$。为了简化，设定边际成本 $\varphi = 1-\beta$。这表明，该经济体处于均衡时，所有机器价格均存在如下表达式：

$$p^L_{(v,\,t)} = p^H_{(v,\,t)} = 1 \qquad (2-103)$$

将其代入式（2-100）和式（2-101），可得：

$$x^L_{(v,\,t)} = \left(p^L_t \right)^{\frac{1}{\beta}} L \qquad (2-104)$$

$$x^H_{(v,\,t)} = \left(p^H_t \right)^{\frac{1}{\beta}} H \qquad (2-105)$$

如此，则存在：

$$\pi^L_t = \beta \left(p^L_t \right)^{\frac{1}{\beta}} L \qquad (2-106)$$

$$\pi^H_t = \beta \left(p^H_t \right)^{\frac{1}{\beta}} H \qquad (2-107)$$

由式（2-106）和式（2-107）可知，垄断研发企业的利润现值仅依赖于要素投入数量和价格。

将式（2-104）和式（2-105）分别代入式（2-90）和式（2-91）可得中间品产出的生产函数：

$$Y^L_t = \frac{1}{1-\beta} \left(p^L_t \right)^{\frac{1-\beta}{\beta}} N^L_t L \qquad (2-108)$$

$$Y^H_t = \frac{1}{1-\beta} \left(p^H_t \right)^{\frac{1-\beta}{\beta}} N^H_t H \qquad (2-109)$$

基于式（2-108）和式（2-109），结合式（2-88），加之中间品市场完全竞争，根据最终品的边际产出条件，即式（2-88）对 Y^L_t 和 Y^H_t 进行一阶导，可知两种中间品的价格满足如下条件：

$$p_t = \frac{p^H_t}{p^L_t} = \frac{\gamma}{1-\gamma} \left(\frac{Y^H_t}{Y^L_t} \right)^{-\frac{1}{e}} \qquad (2-110)$$

将式（2-108）和式（2-109）代入式（2-110）并进行简化，可得：

$$p_t = \left(\frac{\gamma}{1-\gamma} \right)^{\frac{\sigma}{\sigma}} \left(\frac{N^H_t H}{N^L_t L} \right)^{-\frac{\beta}{\sigma}} \qquad (2-111)$$

由式（2-110）可知，如果 Y^H_t 大于 Y^L_t，则其相对价格越低；相对价格对其相对供给的反应还依赖于两种中间品的替代弹性。根据式（2-111），可得两种生产要素的相对价格：

$$\omega_t = \frac{w^H_t}{w^L_t} = \left(p_t \right)^{\frac{1}{\beta}} \frac{N^H_t}{N^L_t}$$

$$= \left(\frac{\gamma}{1-\gamma} \right)^{\frac{\varepsilon}{\sigma}} \left(\frac{N_t^H}{N_t^L} \right)^{\frac{\sigma-1}{\sigma}} \left(\frac{H}{L} \right)^{-\frac{1}{\sigma}} \tag{2-112}$$

其中，$\sigma \equiv \varepsilon - (\varepsilon-1)(1-\beta)$，为两种生产要素之间的替代弹性。

经济体在稳态均衡时，存在 $V_{(v,t)}^f = 0$。则结合式（2-106）、式（2-107）式（2-96）可得：

$$V^L = \frac{\beta (p^L)^{\frac{1}{\beta}} L}{r^*} \tag{2-113}$$

$$V^H = \frac{\beta (p^H)^{\frac{1}{\beta}} H}{r^*} \tag{2-114}$$

其中，V^L 和 V^H 分别为该经济体平衡增长路径中两部门创新所获利润的贴现值；r^* 为该经济体平衡增长路径中的稳态利率；p^L 和 p^H 分别为平衡增长路径中两种中间品的价格。

将式（2-114）除以式（2-113），可得：

$$\frac{V^H}{V^L} = \left(\frac{p^H}{p^L} \right)^{\frac{1}{\beta}} \frac{H}{L} \tag{2-115}$$

由式（2-115）可知，当 V^H 大于 V^L 时，该经济体将激励企业发明 H 增进型机器，技术进步偏向于 H 增进型技术进步；反之，则偏向于 L 增进型技术进步。这是因为：第一，价格效应（price effect），p_t^L 和 p_t^H 分别为中间品 Y_t^L 和 Y_t^H 的价格指数，若 p^H 相对高于 p^L，则 V^H 大于 V^L，相对价格的激励效应使得发明 H 增进型机器获得的利润现值更高，价格效应鼓励技术偏向于更为稀缺的要素，因此，技术进步表现为 H 增进型或补充型技术进步。第二，市场规模效应（market size effect），市场规模的扩大将引致更多的创新，因为市场是由使用其技术的劳动者组成，即 $\frac{H}{L}$ 的上升将导致 $\frac{V^H}{V^L}$ 的提高，市场规模效应将鼓励技术偏向于更富余的生产要素。因此，$\frac{H}{L}$ 的增大将引发价格和市场规模两种相反的效应，$\frac{H}{L}$ 的提升将减小其相对价格 $\frac{p^H}{p^L}$。均衡时，其技术进步的偏向取决于两种效应的大小。

为了更为具体地分析两种效应的大小，将式（2–111）代入式（2–115），可得：

$$\frac{V^H}{V^L} = \left(\frac{\gamma}{1-\gamma}\right)^{\frac{\varepsilon}{\sigma}} \left(\frac{N_t^H}{N_t^L}\right)^{-\frac{1}{\sigma}} \left(\frac{H}{L}\right)^{\frac{\sigma-1}{\sigma}} \qquad (2-116)$$

由式（2–116）可知，当 $\sigma > 1$，即两种生产要素相互替代时，$\frac{H}{L}$ 的上升将提升 $\frac{V^H}{V^L}$，技术进步偏向于 H 增进型，即偏向于富余生产要素；当 $\sigma < 1$，即两种生产要素相互补充时，$\frac{H}{L}$ 的上升将降低 $\frac{V^H}{V^L}$，技术进步偏向于 L 增进型，即偏向于稀缺生产要素。

综上，偏向型技术变迁模型明显不同于内生技术变迁模型和创造性破坏机制，因为该模型内生了技术进步的偏向。偏向型技术变迁模型为本书探究人口老龄化对偏向型技术变迁的影响，特别是人口老龄化对人工智能和自动化的影响奠定了理论基础。

人口老龄化无疑将减少劳动力供给，使得 $\frac{H}{L}$ 提高，如果把 H 视为人工智能和自动化等生产要素，则 H 和 L 相互替代，技术进步将偏向于 H 增进型，即劳动节省型技术进步。

第五节　本章小结

迄今，人类社会的经济发展历经马尔萨斯、后马尔萨斯和现代经济增长等三个阶段。在现代经济增长阶段，人口零增长甚至负增长，进入老龄化时代。人口老龄化主要由生育率和死亡率的下降所推动。有鉴于此，人口转型与经济发展存在重要的联系，而 OLG 模型是研究人口转型和人口老龄化宏观经济效应的重要理论基础。本书主旨在于研究人口老龄化对技术进步的影响。因此有必要系统梳理技术进步的相关理论。

技术进步理论经历了外生技术进步、内生技术进步、创造性破坏机制和偏向型技术变迁等多个阶段。

　　索洛模型说明长期经济增长由外生技术进步决定，然而并未说明技术进步的来源。内生技术进步理论和创造性破坏机制说明技术进步是人口规模或人口增长速度的线性函数。具而言之，Romer 的内生技术变迁理论、Aghion 和 Howitt 的创造性破坏机制均预测技术进步是人口规模的线性函数，然而其理论结论和预测并未得到经验数据的支持。而 Jones 的半内生增长模型说明技术进步和长期经济增长是人口增长速度的线性函数，很好地拟合了 20 世纪 50 年代以前的经济发展经验。然而，20 世纪 50 年代后的经验数据并不支持 Jones 的半内生增长模型。20 世纪后期，发达经济体均经历了人口衰退过程，部分国家人口老龄化程度不断加深，例如美国、德国和日本，然而其技术进步并未停滞并保持着稳定的增长速度。部分理论和经验研究表明人口增长与技术进步负相关（Dalgaard 和 Kreiner，2001；Strulik，2005；Strulik et al.，2013），不同的模型设定可能得到完全相反的结论。有鉴于此，人口老龄化和技术进步的关系需要更加深入地研究。此外，偏向型技术变迁理论说明生产要素相对稀缺性和价格的改变将引发偏向型技术变迁。毋庸置疑，人口老龄化将改变生产要素的相对稀缺性和价格，进而引致偏向型技术变迁。

　　综上，人口老龄化影响技术进步存在不同的路径，本书的目标即在于基于内生技术变迁和偏向型技术变迁理论，使用 OLG 模型，从多维视角对人口老龄化和技术进步的关系进行深入研究。

第三章 中国人口老龄化的制度背景、时空演化和跨国比较

第一节 引言

随着经济的快速发展和医疗水平的提高,人均寿命不断延长,死亡率大幅降低;另外由于严格的计划生育政策和家庭生育意愿的降低,生育率也大幅下滑,导致了中国人口自然增长率的不断下降,已由 2000 年的 7.6‰降至 2022 年的 -0.6‰,更加剧了中国的人口老龄化进程。2000 年以来,中国 65 岁及以上老年人口占总人口比重已超过 7%,其后这一比例逐年上升,2016 年高达 10.8%(张卫,2019);老年抚养比也与日俱增,2016 年已高达 14.96%,人口老龄化进程不断加深。与此同时,劳动参与率也由 2000 年的 82.4%降至 2014 年的 77.59%。由此可见,中国的人口转型已逐渐向现代经济体收敛,面临着全新的人口态势,人口红利逐渐消失,老龄化将成为中国经济转型和可持续发展面临的重要挑战。

人口老龄化的时空分布一般与经济发展密切相关。袁俊等(2007)对中国农村人口老龄化的时空分布进行了分析,研究表明东部沿海地区率先进入人口老龄化阶段,中西部地区农村人口老龄化进程将逐渐加快。王录仓等(2016)基于 2000 年和 2010 年的人口普查数据,从县域视角出发,使用地理探测器等方法研究了 10 余年间中国 2283 个县域人

口老龄化的空间分布、区域差异及其影响因素。吴连霞和吴开亚（2018）基于剩余预期寿命、实际老龄依赖比等指标，使用聚类分析法研究了1990—2010 年中国人口老龄化的主要空间分布特征，研究发现人口老龄化呈现北高南低、东高西低的分布格局。郭远智等（2019）基于2000年和2010 年人口普查数据分析了中国农村人口老龄化的发展演化，分析表明，2000—2010 年，农村老龄人口主要分布在胡焕庸线东南一侧，在空间分布上保持"东北—西南"格局。

由上述可知，部分学者已开始研究人口老龄化的空间分布特征并取得了丰硕的成果，然而学界对人口老龄化制度根源的探讨及其时空演化特征的研究仍然较为缺乏，并且跨国比较分析也较为不足，未能分析中国人口老龄化的一般性和异质性特征，人口老龄化的全景式分布在现有研究中仍然较为模糊。有鉴于此，本章将基于历史纵向和国际横向视角，全面分析中国人口老龄化加深的制度背景及其时空演化特征并进行跨国比较，为中国积极应对人口老龄化的挑战提供现实基础。

第二节　中国人口老龄化的制度背景

中国人口老龄化的主要原因在于生育率的降低和预期寿命的延长，但生育率的降低是其主要因素。计划生育政策可以降低生育率已经得到众多研究的支持（Sinha，2005；Joshi & Schultz，2013；Miller & Babiarz，2016）。具体到中国情境，大量文献均确认了中国的计划生育政策直接导致了生育率的下降。因此，计划生育政策构成了中国人口老龄化的制度背景。本节将以时间脉络为主线梳理计划生育政策的演变逻辑，即"一孩"政策向"三孩"政策的演变及其内在逻辑，同时也简要评估计划生育政策对人口转型的双重影响效应，即生育率的衰退和人均人力资本水平的提升（万春林、张卫、邓翔，2020）。

一　计划生育政策的演变逻辑

从全球经验来看，大部分国家的人口政策是自愿型的家庭计划政策。而当代中国的人口政策使用生育数量上限严格限制家庭的生育决策，其执行力度也最为严格。为众多学者所熟知和研究的莫过于"一孩"政策，然而"一孩"政策并不是中国的第一次生育控制政策，计划生育政策的含义远比"一孩"政策更为广泛和复杂。本节将以政策的时间线为刻度，对当代中国人口政策的演化逻辑进行阐释和解读。

1949 年新中国成立后，百废待兴，1950 年中国人口出现大幅增长。面对此种情形，1957 年著名经济学家和人口学家马寅初在其新著《新人口论》中提出控制人口过快增长、注重人口质量发展等政策建议。虽然政府提出并制定了一些控制人口的常规措施，但完整的计划生育政策体系尚未真正建立。1962 年后，由于居民生育率出现大幅反弹，中央政府开始认真研究计划生育政策的可行性，并颁布了一些管理性文件（Wang et al.，2017），标志着中国计划生育政策的开端。此后，地方政府开始积极宣传计划生育的知识和技术，也设定了一定的生育数量限额，但各地政策差异较大且并未严格执行。基本上来说，地方政府不鼓励每个家庭生育超过 3 个子女，且生育政策目标集中于主要城市，农村和少数民族地区并未严格执行。

20 世纪 70 年代初期，由于人口的过快增长，国家开始提倡"晚婚、晚育、少生、优生"和"要有计划生育"等，[①] 计划生育政策逐渐趋于严格，中央政府于第四个五年计划时期（1971—1975 年）开始制定正式的生育计划目标，旨在抑制人口的快速增长。在地方政府执行方面，1970—1979 年，地方政府开始贯彻中央政府控制生育率的总体方针并设立计划生育办公室等机构。虽然"晚婚、晚育、少生、优生"政策在技术上是自愿性的，但是地方政府官员在包含计划生育执行情况的官员晋升考核体系下，存在较强激励推动计划生育政策的实施。在此十年间，家庭生育数量限额由 3 个逐渐降为 2 个，实施范围也逐渐向所有城市和农村地区扩散。由此，中国人口的总和生育率（妇女生育子女的平均数，Total fertility rate）大幅下降，总和生育率从 6 降至 2.75 左右，下降

---

① 该计划生育政策又被称为"晚稀少"政策，其中"晚"是指男 25 周岁、女 23 周岁才结婚；"稀"指拉长生育间隔，两胎要间隔 4 年左右；"少"是指只生两个孩子。

幅度超过 50%（Babiarz et al.，2018）。

1978 年改革开放后，虽然各项改革日益向市场经济体制收敛，然而严格的计划生育政策也开始逐步展开。为了控制日益增多的人口数量，提升人均收入水平，"国家提倡和推行计划生育"等表述被载入《中华人民共和国宪法》，计划生育政策得到法律的保障。1980 年，《中华人民共和国婚姻法》规定"夫妻双方都有实行计划生育的义务"。为了在全国严格地开展计划生育政策，1981 年，国家计划生育委员会成立，计划生育政策开始正式实施。其中规定一对夫妇只允许生育一个子女，即"一孩"政策，家庭若生育子女数量超出限额将受到金钱、职业或政治等惩罚。由于具体条件的差异，计划生育政策在执行过程中因为职业、地域（城市、农村和省份）和民族等条件有所不同。公职人员和城市居民的计划生育政策最为严厉，由于中央政府对农村的控制力低于城市，因此，农村的计划生育政策因地方政府的实施程度而存在差异。

1982 年计划生育政策作为基本国策在全国大力推行。为了激励和约束地方政府严格推行计划生育政策，政府官员的职位晋升开始与计划生育政策的执行力度挂钩，未能有效地执行该政策的官员甚至可能被开除公职或党籍。因此，地方政府开始积极推进计划生育政策的实施。然而，在农村地区，受养儿防老等传统观念影响，众多农村家庭对其进行了抵制，计划生育政策在农村实施的阻力日益增大。为此，1984—1985 年，中央政府对农村的计划生育政策进行了某种程度上的放宽，"开小口，堵大口"，例如独女农村家庭可放宽生育二胎。因此，在 1984—1986 年，家庭生育率有所反弹。1986—1990 年，中央政府再次对计划生育政策进行收紧。及至 1990 年后，中国的计划生育政策逐渐趋于稳定（Zhang，2017）。

虽然中国的"一孩"政策仅允许生育一个子女，但由于城乡、职业、惩罚力度和控制力等方面的差别，事实上形成了两种政策，即城市众多家庭仅能生育一个子女，但农村家庭可生育两个子女，特别是第一胎为女孩的家庭。无论如何，中国的计划生育政策有效地控制了中国人口的快速增长，导致家庭生育率的下降。有学者估计，中国计划生育政策的实施至少减少了四亿潜在新生人口（Whyte et al.，2015）。

2000 年以来，随着人均生活水平和医疗卫生技术的提高，居民预期寿命也不断提升，生育率的降低直接导致了中国人口老龄化程度的加深。政府日益认识到人口老龄化的严重性，开始对计划生育政策进行微调。2002 年，《中华人民共和国人口与计划生育法》规定，父母双方均为独生子女的家庭（双独家庭）可生育第二个子女。为了有效应对日益加深的人口老龄化，各地陆续推行双独子女家庭可生育二胎，即"双独二孩"政策；2011 年，中国各地全面实施"双独二孩"政策。2013 年，为了进一步提升生育率，缓解人口老龄化不断加深的趋势，党的十八届三中全会在《中共中央关于全面深化改革若干重大问题的决定》中规定，要开始实施"单独二孩"政策，即政府允许一方是独生子女的夫妻生育二胎；单独二孩政策于 2014 年正式实施。2015年，为了积极开展应对人口老龄化行动，党的十八届五中全会提出实施全面二孩政策。《中国共产党第十八届中央委员会第五次全体会议公报》指出：促进人口均衡发展，坚持计划生育的基本国策，完善人口发展战略，全面实施一对夫妇可生育两个孩子政策，积极开展应对人口老龄化行动。自 2016 年 1 月 1 日起，每个家庭均可生育二胎。至此，约束中国家庭生育行为的"一孩"政策演变为"三孩"政策（2021年 7 月 20 日，《中共中央国务院关于优化生育政策促进人口长期均衡发展的决定》发布，作出了实施三孩生育政策及配套支持措施的重大决策）。

综上，通过对当代中国计划生育政策的存续与变迁进行梳理与阐释，其演变逻辑可以简要总结为零星人口控制政策→计划生育政策开端→"晚婚、晚育、少生、优生"政策→"一孩"政策→"双独二孩"政策→"单独二孩"政策→"全面二孩"政策→"三孩"政策（见图3 - 1）。简而言之，人口政策由最初的宽松逐渐转向严格，近年来又逐步放宽了对人口增长的控制，未来有望趋于常态化。

二 计划生育政策的双重影响效应

虽然中国的计划生育政策日益松动，但随着养育子女时间、金钱和

图 3 - 1 中国计划生育政策的演变逻辑

资料来源：笔者根据相关资料整理而得。

机会成本的上升，生育率并未出现大幅反弹。说明中国已逐渐完成现代人口转型进程，进入低生育率和低死亡率的现代人口增长阶段。现代人口增长阶段是西方发达国家现在所处位置，大部分发展中国家正在经历这一现代人口转型。因此，人口老龄化在全球已是不可避免的趋势。

毋庸置疑，实施了近 50 年的计划生育政策将不可避免地影响中国居民的再生产活动和社会经济运行状况，包括家庭和人口规模、生育率、性别比和教育等。本节主要从人口的数量—质量替代理论出发，分析计划生育政策对当代中国的人口转型存在双重效应，一是引致了中国居民总和生育率的降低；二是提升了中国居民的平均人力资本水平。众多学者对此种效应进行了研究，他们均认为中国的总和生育率出现下降趋势，人均受教育水平不断提高（Rosenzweig & Zhang，2009；Miller & Babiarz，2016，Wei et al.，2016；Guo et al.，2016；Qin et al.，2017；Li & Zhang，2017）。

目前中国家庭已经更加注重子女的质量（教育、人力资本和健康等）而不是子女的数量，子女数量—质量替代理论在中国的人口转型进程中已经发挥了重要作用，影响着中国的长期经济增长。

从生育率水平来看，目前，工业化国家的生育率均存在下降趋势，为了与工业化国家的总和生育率、预期寿命进行比较，图 3 - 2 分别报告了1960—2016 年中国和 OECD 成员国的总和生育率、预期寿命的变化趋势。

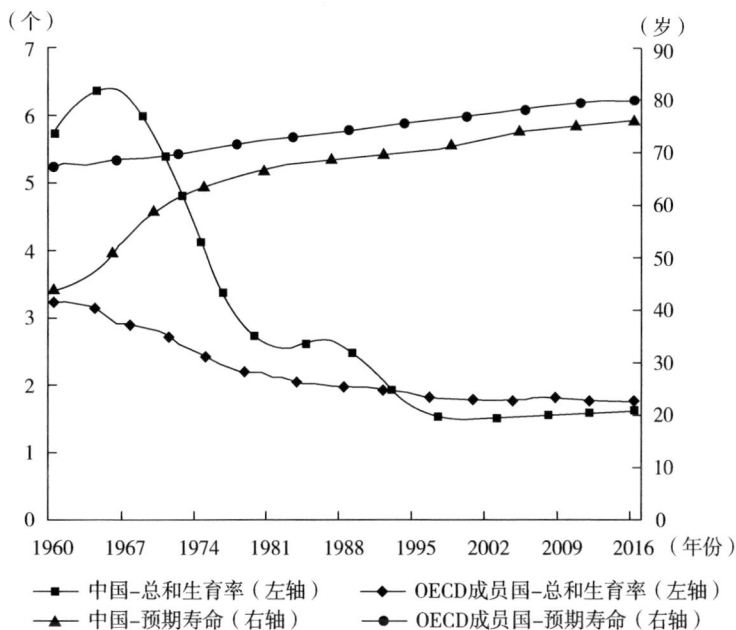

图 3－2　中国和 OECD 成员国的总和生育率、预期寿命：1960—2016 年

资料来源：世界银行数据库。

从总和生育率来看，在 20 世纪 60 年代，中国每个妇女平均生育 6 个子女，在 20 世纪 70—80 年代，"晚婚、晚育、少生、优生"政策开始实施，总和生育率大幅下降。1980 年后，"一孩"政策开始实施，总和生育率继续出现衰退趋势。虽然生育率的降低早于"一孩"政策的实施，但中国"一孩"政策的实施也有效降低了总和生育率。

随着计划生育政策的出台和严格执行，从 1992 年开始，中国的总和生育率已经低于 OECD 成员国的总和生育率；1995 年以后，中国和 OECD 成员国的总和生育率均趋于稳定，2016 年中国和 OECD 成员国总和生育率分别为 1.624 和 1.726。从预期寿命来看，中国居民的预期寿命不断提高并向 OECD 成员国收敛，2016 年高达 76.25 岁，但仍低于 OECD 成员国平均水平（80.12 岁）。

从人力资本水平来看，据世界银行数据，自 1984 年开始，中国高等院校入学率出现上升趋势，从 1984 年的 2% 上升至 2015 年的 45.35%。

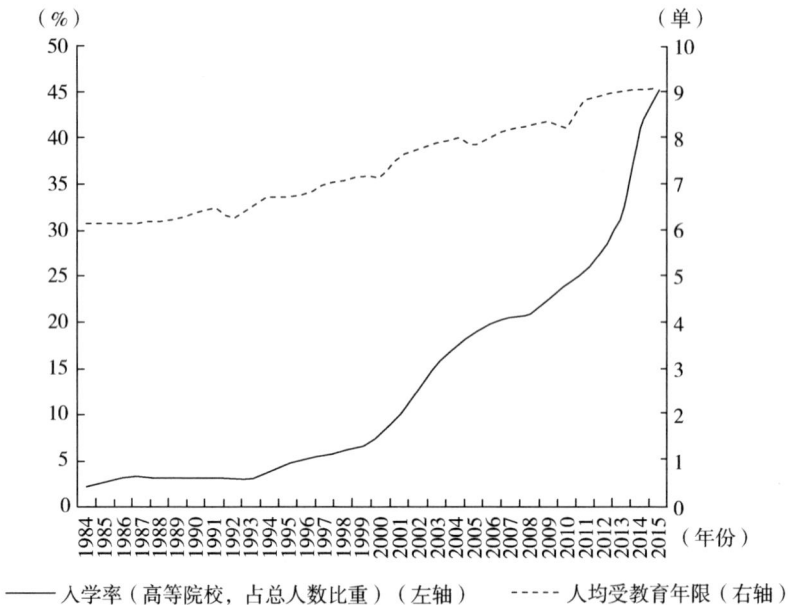

图 3 - 3 中国 1984—2015 年入学率和人均受教育年限

资料来源：世界银行数据库和历年《中国统计年鉴》。

从人均受教育年限来看，按照学术界常用做法，文盲半文盲赋值为 0
年，小学文化程度赋值为 6 年，初中文化程度赋值为 9 年，高中文化程
度赋值为 12 年，大学专科文化程度赋值为 16 年，大学本科文化程度赋
值为 16 年，研究生文化程度赋值为 20 年，计算全国人均受教育年限。
图 3 - 3 表明，中国人均受教育年限自 1984 年始一直存在提高趋势，
2015 年升至 9.1 年。因此，中国的计划生育政策虽然导致居民总和生育
率的降低，却也带来了人均受教育水平的提高，对中国人口的现代转型
存在双重效应。

综上，计划生育政策的实施加速了中国居民总和生育率的降低，伴
随而来的是人均收入水平和受教育水平的提高，使得中国的人口老龄化
进程加快（Zhang，2017）。中国的人口转型与发达国家的转型历程较为
相似，已经逐渐向现代经济增长阶段转变。

第三节 中国人口老龄化的时变特征

由人口转型理论可知，以低生育率和低死亡率为主要特征的人口老龄化是人口转型的自然发展规律。人口老龄化已成为当今众多发达国家面临的重要挑战，例如日本、韩国、德国和美国等。然而与其他国家不同的是，中国的人口老龄化速度较快且人口基数较大（王广州，2019）。加之，中国目前是发展中国家，人口老龄化程度的加深使中国进入"未富先老"的可能性大为增加，应对人口老龄化的任务更加艰巨（Bloom et al.，2010）。由此，在中国进入老龄化社会近 20 年之际，有必要回望人口老龄化的演进历程，总结其主要特征事实，并对未来进行展望，进而为应对人口老龄化提供现实基础。为此，本节将从中国居民的年龄结构、老年抚养比、老龄化系数、老年人口总量、劳动力人口总量、总和生育率和人口自然增长率等多维视角探寻中国人口老龄化的演进历程和未来演化趋势，以期全面勾画人口老龄化的"来时之路"与"未来走向"。

一 来时之路

衡量人口老龄化的重要指标分别是老年抚养比和老龄化系数，前者指的是 65 岁及以上人口占 15—64 岁人口的比重，后者指的是 65 岁及以上人口占总人口的比重。中国的人口老龄化近年来呈现不断加重趋势，其主要原因在于生育率的降低。

图 3 - 4 报告了 1995—2016 年中国人口年龄结构演化趋势。从少儿抚养比数据来看，少儿抚养比由 1995 年的 40.16% 逐渐降至 2016 年的 22.95%，反映了中国居民生育率的下降趋势。中国居民总和生育率的下降，一方面是计划生育的结果，一方面是育儿成本和人口数量—质量理论发生作用的结果。而从老年抚养比数据来看，老年抚养比由 1995 年的 10.6% 不断升至 2016 年的 14.96%，反映了我国老年人口比重逐渐增加的趋势。从 65 岁及以上人口占总人口比重（老龄化系数）来看，

2000年我国正式进入老龄化社会，老龄化系数达到7%，2016年高达10.8%，人口老龄化趋势不断加重。

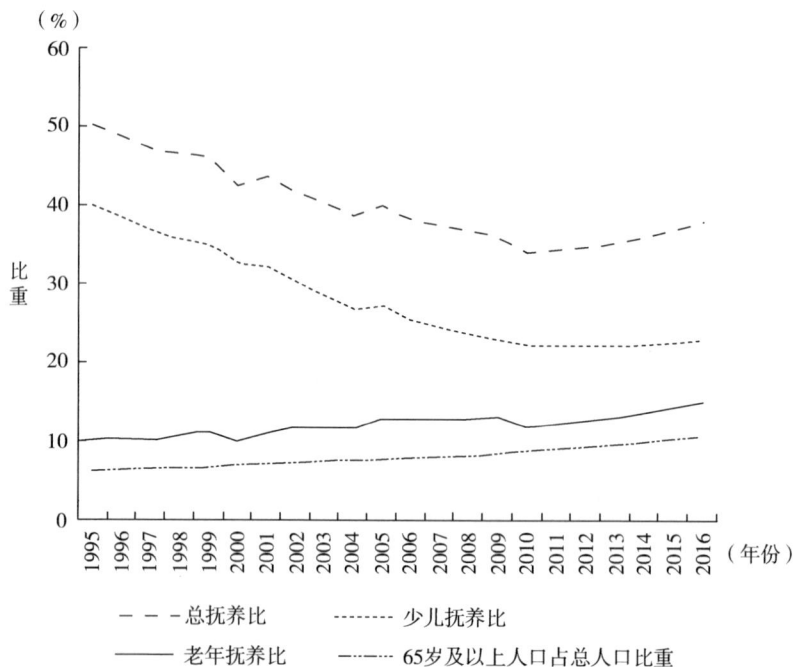

图3-4　中国1995—2016年人口年龄结构演化趋势

资料来源：历年《中国统计年鉴》。

从65岁及以上老年人口总量来看，1978年其总量为0.426亿人，随后不断上涨，2016年升至1.4亿人，2017年高达1.48亿人，老年人口基数甚为庞大，且有望在未来继续增加；而从其增长速度来看，2009年后其增长速度开始加快，说明中国的人口老龄化加重。中国的劳动力人口一直以来处于全球前列，但近年来劳动力人口增长速度已逐渐放缓，甚至出现了下降趋势。从15—64岁劳动年龄人口总量来看，虽然1978年以来，劳动年龄人口有上涨趋势，但是增幅逐渐减小，2014年达到顶峰9.96亿人，2014年后劳动年龄人口有微弱下降趋势，未来有望继续保持回落状态（见图3-5），从侧面反映了人口老龄化的加深已经使得我国劳动力供给总量出现逐渐减少趋势。

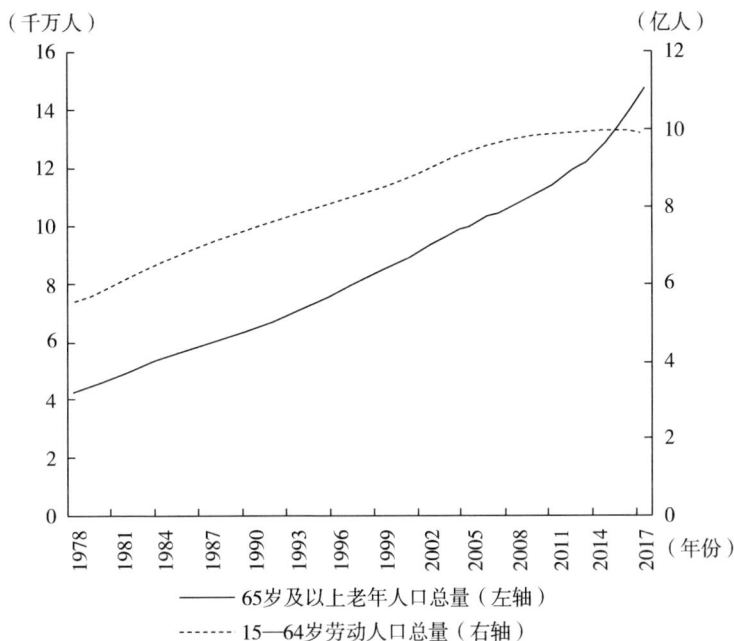

图 3 - 5 中国 1978—2017 年 65 岁及以上、15—64 岁人口总量演化趋势

资料来源：历年《中国统计年鉴》。

从总和生育率来看，在 20 世纪 70 年代之前，中国的生育率一直居高不下，平均每名妇女生育 5 个孩子以上。及至 20 世纪 70 年代，中国总和生育率急速下降，1970 年总和生育率为 5.65，到 1978 年，总和生育率下降至 2.938。由于计划生育政策的实施和人民生活水平的提高，中国居民的总和生育率自 1979 年起不断下降，1979 年，总和生育率为 2.753。在整个 20 世纪 80 年代，总和生育率保持在 2.5 左右。自 1992 年以来，总和生育率下降至世代更替水平（2.1）以下，2000 年则降至 1.494，随后稳定在 1.6 左右。根据总和生育率数据，20 世纪 70 年代早期是中国生育转型发生的起点。

从人口年度增长率来看，由于生育率的下降，人口年度增长率从 1978 年以来也呈现不断下降趋势，从 1978 年的 1.34% 不断降至 2015 年的 0.51%。2016 年"全面二孩"政策实施后，总和生育率和人口年度增长率均有所回升，总和生育率由 2001 年的 1.508 升至 2016 年的 1.624，人口年度增长率在 2017 年小幅升至 0.56%（见图 3 – 6），但是尚不能从根本上扭转人口年度增长率不断下降的趋势，未来人口老龄化程度有望继续加深。

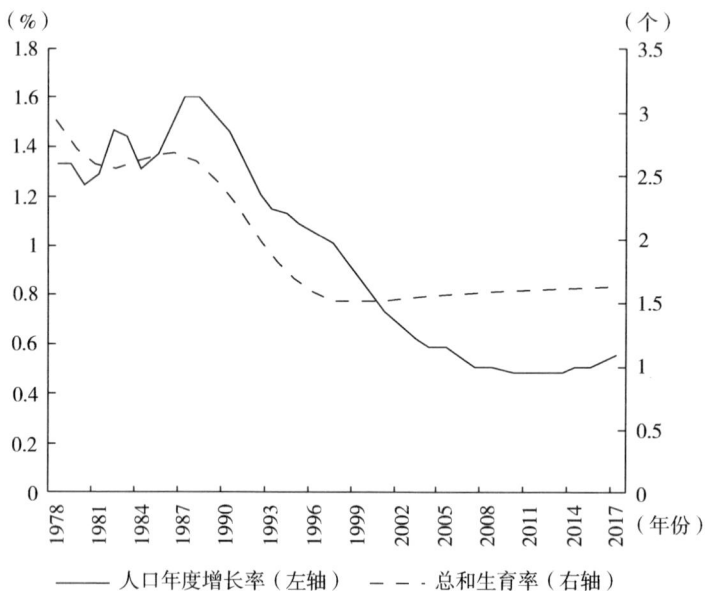

图 3 – 6　1978—2017 年中国人口年度增长率、总和生育率演化趋势

资料来源：历年《中国统计年鉴》和联合国人口司《世界人口展望（2017 年修订版)》。

综上，本节从年龄结构、老年抚养比、老龄化系数、老年人口总量、劳动力人口总量、总和生育率和人口年度增长率等方面全面而深入地勾勒了中国人口老龄化的时间演变图景。可知，中国的人口年龄结构逐渐老化，老年抚养比和老龄化系数逐年上升，老年人口总量不断提高，劳动力人口总量却不断下降，总和生育率不断衰退，人口年度增长率也存在下降趋势。概而言之，中国的老龄人口基数众多，来势迅猛，人口老龄化将成为未来中国的"新常态"（胡湛、彭希哲，2018）。人口老龄化的加深将使"人口数量红利"趋于消失，未来中国需要进一步提升"人口质量红利"以应对人口老龄化对经济增长的负面影响。

二　未来展望

联合国人口司发布的《世界人口展望（2017 年修订版）》对中国的人口老龄化趋势进行了各种方案的预测，本节将以《世界人口展望（2017 年修订版）》发布的数据为基础深入描述中国人口老龄化的未来演化趋势，以期对未来中国人口转型进行展望。

首先，从中国的总和生育率来看，《世界人口展望（2017 年修订版）》设计了三个方案，即低方案、中方案和高方案。由图 3 - 7 可知，如果房价继续高企、育儿成本继续上涨，居民生育观念无甚大变，则中国的总和生育率将可能为低方案，2015—2020 年，总和生育率为 1. 3848，2095—2100 年，总和生育率下降到 1. 3022。然而，近年来，中国政府已经意识到中国人口老龄化的严峻形势，实行了"全面二孩"政策，并实行教育补贴等一系列政策。本章认为未来中国的总和生育率将高于世界人口展望的低方案预测。从中方案来看，2015—2020 年，总

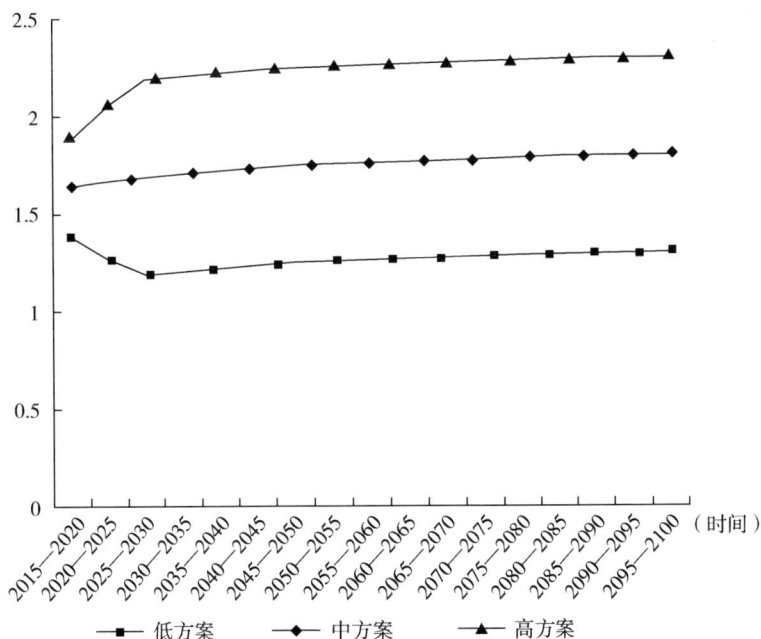

图 3 - 7　2015—2100 年中国总和生育率预测

资料来源：联合国人口司：《世界人口展望（2017 年修订版）》。

和生育率为 1.6348，2095—2100 年，总和生育率上升到 1.8022。从高方案来看，2015—2020 年，总和生育率为 1.8848，2095—2100 年，总和生育率上升为 2.3022，高于世代更替水平。高方案将是中国需要努力的目标，政府需要实施一系列生育补贴政策才有可能达到高方案，但从目前政府的政策措施来看，中方案较为现实。综上，中国的总和生育率未来不会出现大幅下降和大幅上升趋势，极有可能存在一个稳定趋势。

其次，从人口预期寿命来看，据《世界人口展望（2017 年修订版）》，2015—2020 年中国男性预期寿命为 75.01 岁，女性预期寿命为 78.08 岁，平均预期寿命为 76.482 岁，在 2095—2100 年，男性预期寿命将达到 86.71 岁，女性预期寿命将高达 88.18 岁，平均预期寿命为 87.399 岁（见图 3 - 8）。随着生活水平的提高和医疗技术的进步，死亡率将继续下降，居民预期寿命将不断上升，而生育率未能出现大幅攀升，中国的人口老龄化已呈必然趋势。

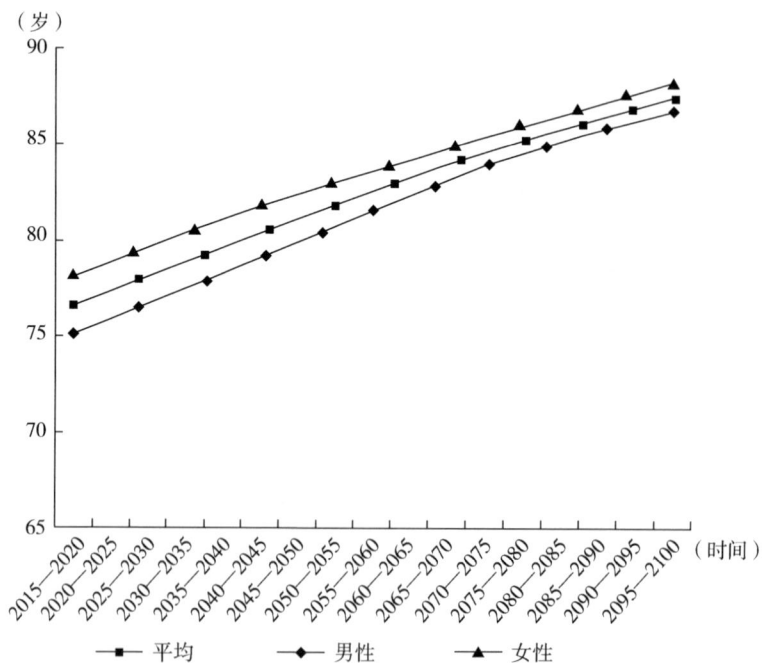

图 3 - 8　2015—2100 年中国人口平均预期寿命预测

资料来源：联合国人口司《世界人口展望（2017 年修订版）》。

再次，从中国的老年抚养比来看，与生育率预测相对应，《世界人口展望（2017 年修订版）》也分成了低方案、中方案和高方案。图 3 – 9 表明，低方案预测 2025 年老年抚养比达 20.4587%，2100 年达 87.9515%。中方案预测，2025 年老年抚养比达 20.4587%，2100 年达 58.3038%；高方案预测，2025 年老年抚养比达 20.4587%，2100 年达 42.5267%。按中方案预测，中国的人口老龄化形势也较为严峻。

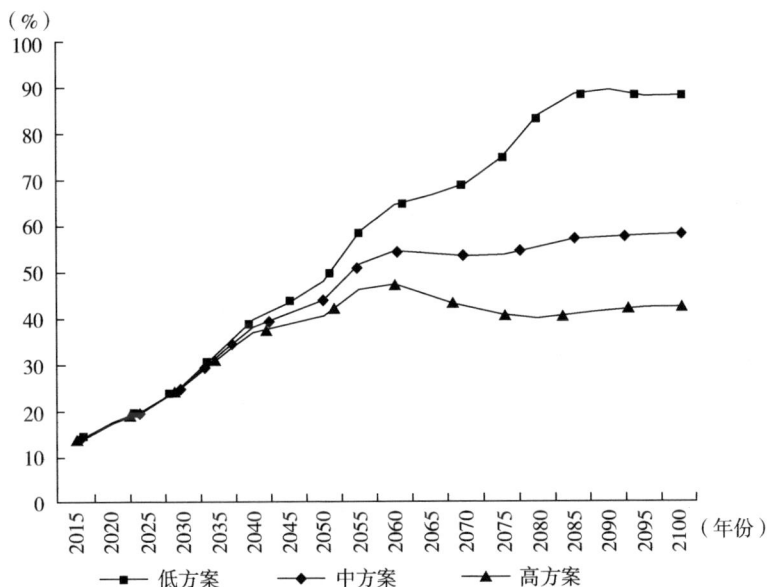

图 3 – 9　2015—2100 年中国人口老年抚养比预测

资料来源：联合国人口司《世界人口展望（2017 年修订版）》。

最后，从中国的总人口来看，与生育率预测相对应，《世界人口展望（2017 年修订版）》数据也分成了低方案、中方案和高方案。图 3 – 10 表明，低方案预测 2025 年中国总人口达 14.088 亿人，2100 年降至 6.1670 亿人，存在大幅下降趋势。中方案预测，2025 年总人口达 14.388 亿人，2100 年降至 10.207 亿人，存在小幅下降趋势。高方案预测，2025 年总人口达 14.688 亿人，2100 年降至 15.863 亿人，存在小幅上涨趋势。与总和生育率相似，中方案较为现实。

（亿人）

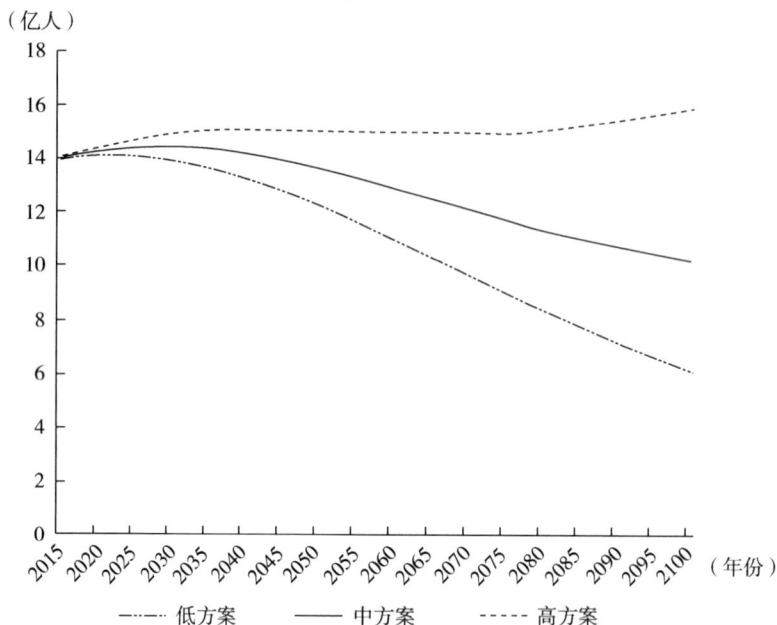

图 3 - 10　2015—2100 年中国总人口预测

资料来源：联合国人口司：《世界人口展望（2017 年修订版）》。

综上，但本章基于翔实数据和统计分析，中国人口未来不会出现国内部分学者认为的"断崖式"衰落，而是呈缓慢下降趋势并逐渐趋于稳定。

第四节　中国人口老龄化的空间演化

中国的人口老龄化不仅在总量上呈现高速增长态势，在空间分布上也呈现出结构性失衡特征，即区域分化和城乡倒置。本节将详细探究人口老龄化的区域分化和城乡倒置特征及其背后的动力机制。

一　区域分化

按经济发展水平将中国 31 个省份划分为东部地区、中部地区和西部地区。其中，东部地区包括北京、天津、河北、辽宁、上海、江苏、浙江、福建、山东、广东和海南共 11 个省份；中部地区包括山西、吉林、黑龙江、安徽、江西、河南、湖北和湖南共 8 个省份；西部地区包括内蒙古、广西、重庆、四川、贵州、云南、西藏、陕西、甘肃、青海、宁夏和新疆共 12 个省份（吴鹏等，2018）。进而对中国各区域的人口老龄化状况进行比较，从而探寻人口老龄化空间分布的异质性特征。

从老年抚养比演化趋势来看，图 3 - 11 表明，自 1995 年始，各地区老年抚养比均不断攀升，2010 年后，人口老龄化速度加快。其中，东部地区在 2009 年之前其老年抚养比高于中部地区和西部地区，但 2009 年之后，中部地区反超东部地区，其上升速度最快。这可能是因为，2008 年国际金融危机后，中国城镇化水平加速，中西部地区的青年和壮年劳动力逐渐从中西部地区向东部地区迁移以寻求更高的收入水平，稀释了东部地区的人口老龄化程度。因此，目前中国的人口老龄化总体均呈现加速状态，但中部地区势头更为迅速，而西部地区人口老龄化增速低于中部地区和东部地区，而且与东部地区和中部地区呈现分化趋势。

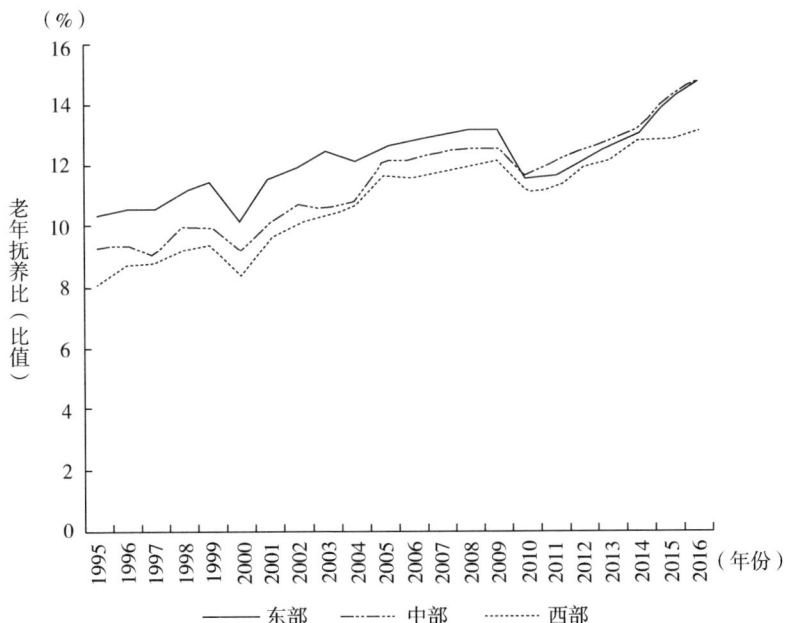

图 3 - 11　中国 1995—2016 年老年抚养比的区域分布

资料来源：历年《中国统计年鉴》。

从老龄化系数来看，图3-12表明，自1995年以来，全国各地区的老龄化系数均呈现上升趋势。其中，与老年抚养比相似，从2010年开始，中部地区老龄化系数开始高于东部地区，随后，东部地区开始高于中部地区，并一直保持高位；而西部地区低于东部地区和中部地区。全国各地区老龄化系数在2009年后均呈现加速态势，说明中国的老年人口比重开始迅速增加。

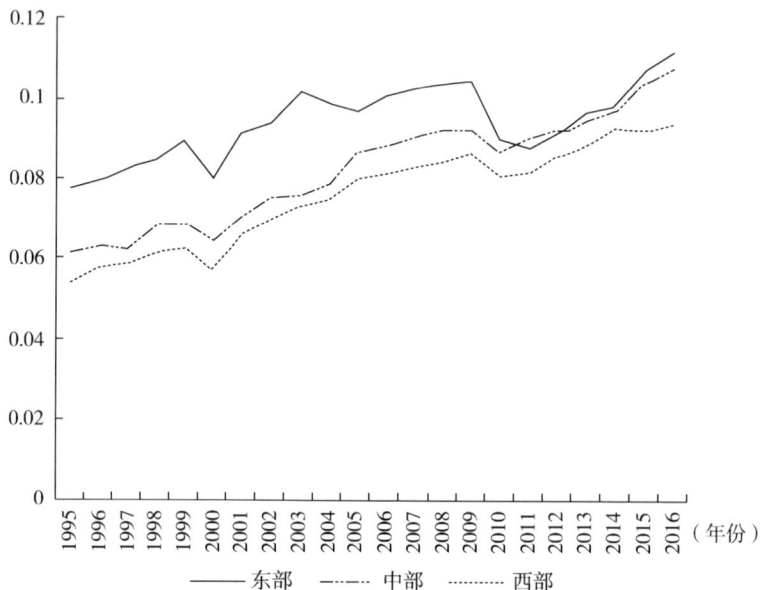

图3-12　中国1995—2016年老龄化系数区域分布

资料来源：历年《中国统计年鉴》。

从人口老龄化的空间分布格局来看，全国各地老龄化程度均存在上升趋势，但北京、河北、辽宁、黑龙江、山东、江苏、上海、安徽、湖北、湖南、重庆和四川老龄化程度上升较快，呈现出东南部老龄化程度较高，而西北部较低的格局。此种格局与"胡焕庸线"① 基本吻合，即老龄化程度较高区域主要分布在"胡焕庸线"东南部分，老龄

———————————

① 胡焕庸是中国地理学家胡焕庸于1935年提出的划分我国人口密度的对比线，最初称瑷珲—腾冲线，现称黑河—腾冲线。

化程度较低区域主要分布在"胡焕庸线"西北部分。

综上，中国人口老龄化程度地区差异较大。此种差异与各地区的地理位置、经济发展水平紧密相关。东部地区和中部地区人口的老年抚养比、老龄化系数均处于高位，西部地区比重低于全国其他地区且呈现分化趋势。另外，人口老龄化的分界线基本遵循"胡焕庸线"分布规律。尽管空间差异明显，然而近年来全国各地区老年抚养比和老龄化系数增长速度均存在加速趋势。

二　城乡倒置

由于户籍制度等制度性和历史性原因，中国长期存在"二元经济结构"，城市与农村二元并存，两者在经济发展水平、人口结构、医疗设施、社会保障等方面存在明显差异，城乡二元结构是中国较为独特的经济现象。

从生育率来看，由于计划生育政策的实施，城镇地区多为国有企业、事业单位和政府部门所在地，因此计划生育执行力度更为严格。尽管二孩政策逐步放开，但是由于城市物价、房价、教育成本和育儿成本均大幅上涨，加之生活水平的提高和生育理念的现代化，城镇的生育率长期处于低水平状态。相反，农村地区虽然也执行了计划生育政策，但相比于城镇地区较为宽松，大部分地区可生育二孩，因此，农村地区的生育率水平高于城镇地区。从预期寿命来看，由于城镇经济发展水平较高，人民生活水平存在持续提高趋势，加之现代医疗设施齐全，社会保障体系也较为健全，城镇居民的预期寿命高于农村地区。

综合以上分析可知，城镇居民生育率较低，预期寿命较长；农村地区生育率高于城镇地区，预期寿命低于城镇地区。一般而言，城市的人口老龄化程度应高于农村地区。然而，根据人口普查数据，农村地区的老龄化程度反而高于城镇地区，呈现城乡倒置格局。为了探究其内在原因，本节将根据 2000 年和 2010 年全国人口普查数据探寻人口老龄化的城乡倒置之谜。

目前中国的人口普查每十年进行一次，本章选取 2000 年（五普）

和 2010 年（六普）两次人口普查数据作为研究样本。表 3 - 1 报告了 2000 年和 2010 年中国城乡人口老龄化差异。

表 3 - 1　　　　　　　　2000 年、2010 年中国城乡人口老龄化情况

年份	城乡	人口（万）	占全国人口比重（%）	老龄人口（万）	老龄化系数（%）
2000	城镇	45877.10	36.91	2946.52	6.4226
	农村	78384.12	63.09	5880.88	7.5026
2010	城镇	67000.55	50.27	5225.42	7.7991
	农村	66280.53	49.73	6667.29	10.0589

注：老龄人口指 65 岁及以上老年人口。
资料来源：根据 2000 年、2010 年全国人口普查分县资料和王录仓等（2016）整理而得。

从总人口数据来看，2000 年，农村人口高达 78384.12 万人，城镇人口为 45877.10 万人，农村人口大幅高于城镇人口，城镇化率仅为 36.91%。及至 2010 年，城镇人口达 67000.55 万人，农村人口为 66280.53 万人，城镇人口高于农村人口，城镇化率上升为 50.27%，说明中国的城镇化速度较快，但仍存在巨大发展空间。从老龄人口总量和老龄化系数来看，2000 年，城镇老龄人口总量和老龄化系数均低于农村地区，农村老龄化程度高于城镇 1.1 个百分点。2010 年，城乡老龄化人口差距逐渐缩小，但老龄化系数差距拉大，农村老龄化程度严重，农村人口老龄化程度高于城镇 2.26 个百分点，说明农村"空巢老人"现象较为普遍。

图 3 - 13 更直观地反映了中国城乡人口结构的演变。中国农村人口及其占比呈下降趋势，2017 年，农村人口下降至 5.8284 亿人，农村人口占比下降至 42.04%；与此同时，城镇人口和城镇化水平不断上升，于 2011 年首次超过农村人口和农村人口占比，2017 年城镇人口升至 8.0355 亿人，城镇化水平升至 57.96%，城镇化进程不断加速。另外，从城乡人口年度增长率也可以看出，虽然城乡人口年度增长率均存在下降趋势，但农村人口年度增长率下降趋势更为明显，已是负增长，2017 年城镇人口年度增长率为 2.6935%，农村人口年度增长率已下降为 -2.3108%，两者分化趋势明显，城镇化进程呈现加速趋势（图 3 - 14）。

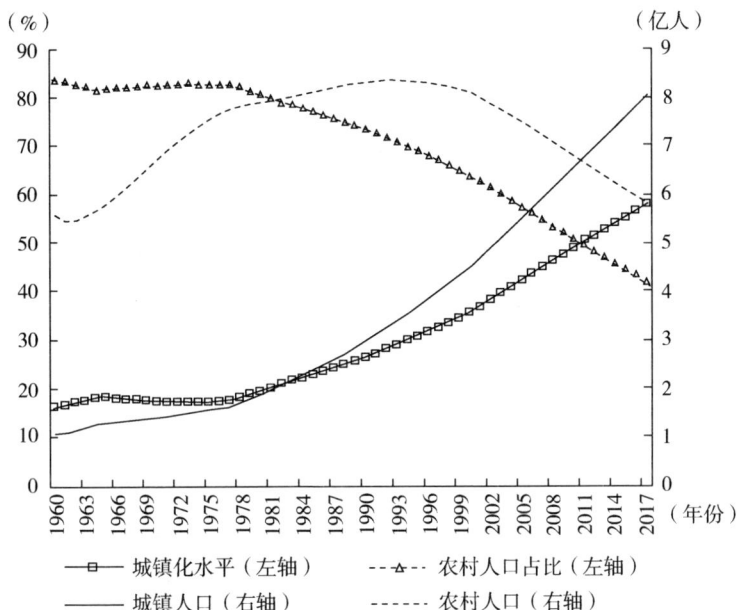

图 3 - 13　1960—2017 年中国城乡人口结构

资料来源：世界银行数据库。

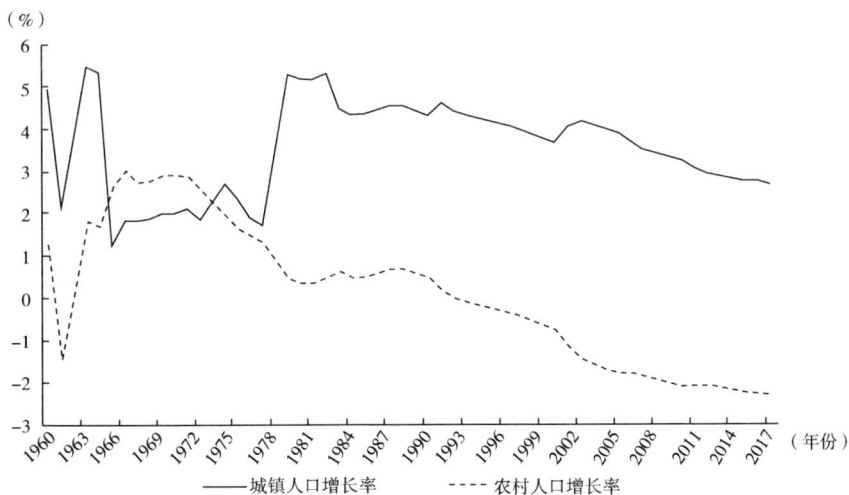

图 3 - 14　1960—2017 年中国城乡人口年度增长率

资料来源：世界银行数据库。

综上所述，之所以农村老龄化程度高于城镇，是因为，中国的城镇化速度较快，众多年轻人口逐渐向城市迁移，稀释了城镇的老龄化人口，使得城镇老龄化程度有所下降。而农村由于青壮年劳动力的离开，老年人口比重逐渐增加，农村老龄化程度较为严重。因此，城乡人口老龄化倒置之谜的根本原因在于城乡的二元经济结构和迅速的城镇化进程。本章的研究结论与 Wang 等（2017）的结论较为一致。而根据 Song 等（2015）的研究，中国众多农村青年人口向城市流动降低了城市老龄化比重，由于城市生产率较高，此种人口流动将减缓人口老龄化对经济的负面效应，这是中国较为独特的经济现象。

第五节　中国人口老龄化的跨国比较

过去几十年西方发达国家均经历了史无前例的生育率衰退，各国的总和生育率均低于世代更替水平（2.1），人口老龄化不断加深，例如日本、韩国、德国和美国等，人口老龄化已成为全球人口转型的必然趋势。

联合国人口司编著的《世界人口展望（2017 年修订版）》展现了世界各国人口老龄化的详细情况和人口的未来演化趋势，为研究人口老龄化问题提供了丰富的数据来源。本节将基于《世界人口展望（2017 年修订版）》数据，从生育率、死亡率和预期寿命等方面与美国①进行横向比较，不仅可以分析中美两国人口转型的一般性特征，也将显示中国人口老龄化所独具的异质性特征。

一　生育率对比

从人口的粗出生率来看，由于"大跃进"时期的影响，1960 年和 1961 年中国人口的粗出生率低于美国同期水平，而 1962 年，相对于美

---

①　选取美国作为比较样本，主要是因为美国是全球第一大经济体，且为创新型国家。与此同时，目前中美贸易摩擦不断，因此深入分析美国的人口老龄化态势并与中国进行比较，有利于中国全面理解美国未来发展走势。

国的每千人中有 22.4 人出生而言，中国的每千人中有 37 人出生。此后，中国和美国的粗出生率都呈下降趋势，但中国的下降幅度更大。从 2000 年起，美国人口的粗出生率开始反超中国，分别为 14.4‰ 和 14.0‰（见图 3 - 15）。

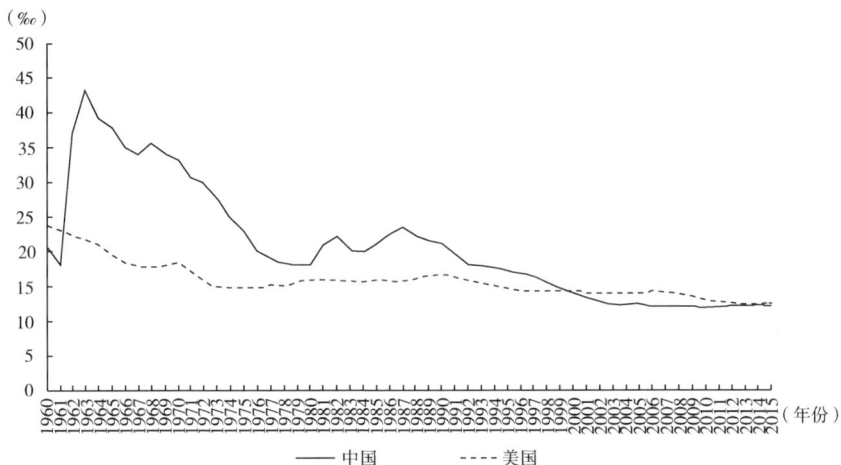

图 3 - 15　1960—2015 年中国和美国人口粗出生率演化趋势

资料来源：联合国人口司：《世界人口展望（2017 年修订版）》。

从总和生育率来看，中国的总和生育率在 1971 年之前高于 5，而美国在 1971 年则为 2.27，接近世代更替的水平。此后，中国总和生育率呈快速下降趋势，而美国则是呈现平稳状态。自 1992 年始，美国总和生育率开始高于中国，分别为 2.05（美国）和 2.02（中国），到 2016 年则分别变为 1.8（美国）和 1.62（中国）（见图 3 - 16）。由此可知，中国的粗出生率和总和生育率均逐渐低于美国，未来人口老龄化形势将更为严峻。

二　死亡率对比

从死亡率数据来看，在总死亡人数中，1950—1955 年，中国 0—4 岁儿童组、5—49 岁组以及 50 岁及以上组的死亡百分比分别为 36.9%、25.4% 和 37.7%，而同期美国则分别为 8.9%、18.5% 和 76.9%。此时

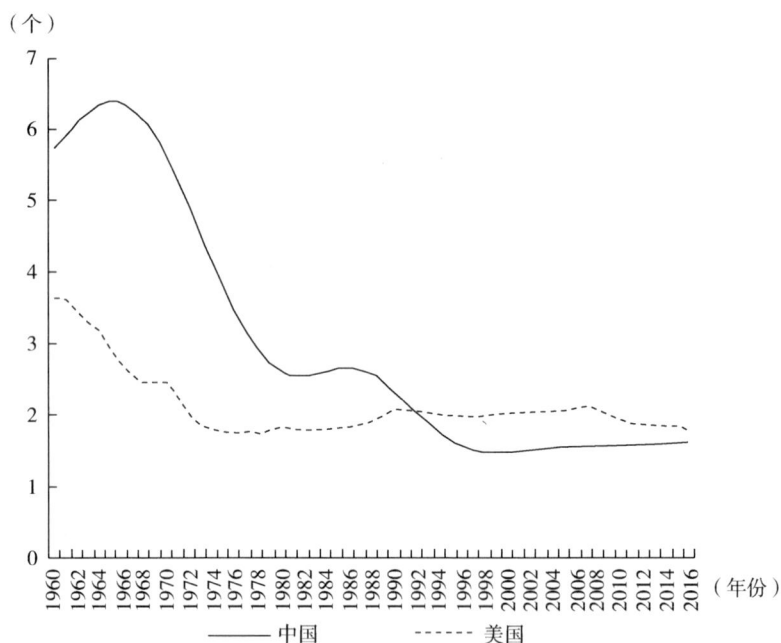

图 3 - 16　1960—2016 年中国和美国人口总和生育率演化趋势

资料来源：联合国人口司：《世界人口展望（2017 年修订版）》。

中国 2/3 的人口都没能活到 50 岁，而美国则是 3/4 以上的人口可以活到
50 岁。中国在 20 世纪 70 年代后期一半以上的人口能活到 50 岁，此后
中国的 50 岁以下人口存活率迅速提高。到 2010—2015 年，已经有近 9
成人口可以活到 50 岁，达到了美国 20 世纪 90 年代的水平，5—49 岁组
的死亡率已经低于美国同期水平；0—4 岁儿童组的死亡率虽然只达到美
国 20 世纪 80 年代的水平，但下降趋势明显（见表 3 - 2）。总而言之，
中国居民的死亡率已经出现大幅下降趋势，逐渐向美国情境收敛。

表 3 - 2　　　　　　　　　中美不同年龄段占全部死亡人数比例　　　　　　单位：%

时间	中国			美国		
	0—4 岁	5—49 岁	50 岁及以上	0—4 岁	5—49 岁	50 岁及以上
1950—1955 年	36.9	25.4	37.7	8.9	18.5	76.9
1955—1960 年	35.8	24.5	39.7	8.0	16.0	79.3

续表

时间	中国			美国		
	0—4 岁	5—49 岁	50 岁及以上	0—4 岁	5—49 岁	50 岁及以上
1960—1965 年	39.6	24.5	35.9	6.6	15.0	81.2
1965—1970 年	42.6	20.2	37.2	4.9	15.1	82.7
1970—1975 年	35.1	16.6	48.3	3.6	14.4	84.3
1975—1980 年	24.3	16.7	59.0	2.9	13.0	86.0
1980—1985 年	18.7	15.7	65.6	2.4	11.6	87.5
1985—1990 年	19.5	14.2	66.3	2.2	12.0	87.4
1990—1995 年	14.2	13.9	71.9	1.9	12.9	86.9
1995—2000 年	9.1	13.8	77.2	1.5	11.6	88.3
2000—2005 年	6.1	12.5	81.4	1.4	11.2	88.7
2005—2010 年	3.8	11.1	85.0	1.4	10.7	89.1
2010—2015 年	2.5	9.1	88.4	1.1	9.3	90.5

资料来源：联合国人口司：《世界人口展望（2017 年修订版）》。

三 年龄结构对比

从人口年龄结构的横向比较来看，1960 年，中国人口的预期寿命为 43.7 岁，同期美国人口的预期寿命为 69.8 岁，美国比中国高 26.1 岁。在此之后，两国预期寿命差距逐渐缩小。1995 年，中国人口的预期寿命首次超过 70 岁，两国差距也缩小至 5.4 岁。及至 2016 年，中国人口的预期寿命提高到 76.3 岁，同期美国人口的预期寿命为 78.7 岁，两国间的差距逐渐缩小至 2.4 岁（见图 3 - 17）。

从中国与美国人口年龄中位数图可以看出（见图 3 - 18），中国在 20 世纪 70 年代人口年龄中位数处于相对最低水平，只有 19.3 岁，恰好美国这一时期人口年龄中位数也是处于相对最低水平，为 28.4 岁，与中国相差 9.1 岁。此后，美国人口年龄中位数逐步上升，而中国上升幅度更快。到 2015 年，中国和美国的人口年龄中位数相差无几，分别为 37.0 岁和 37.6 岁。35 年时间，中国人口年龄中位数上升了 17.7 岁，而同期美国则只上升了 9.2 岁。

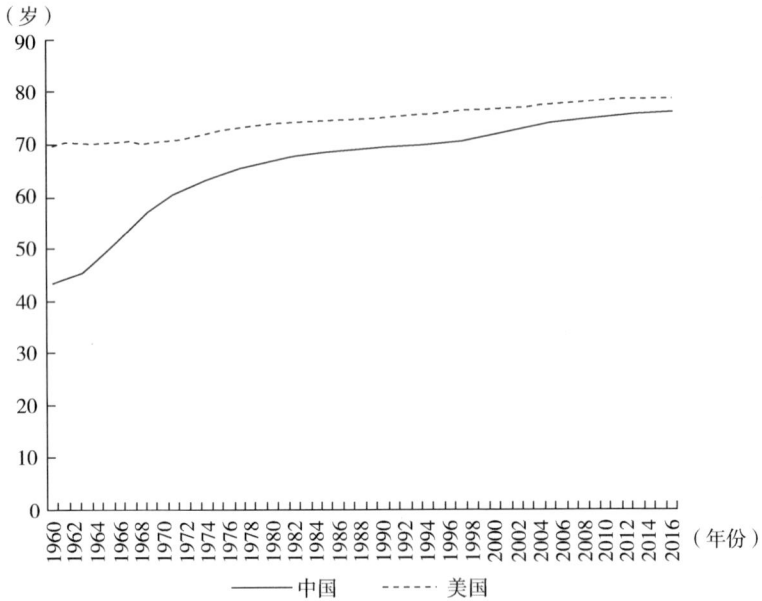

图 3 – 17 1960—2016 年中国和美国人口预期寿命

资料来源：联合国人口司：《世界人口展望（2017 年修订版）》。

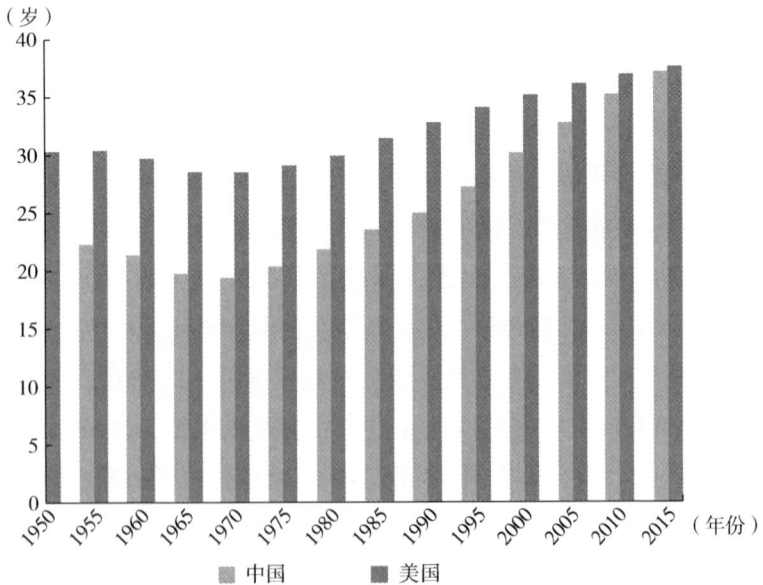

图 3 – 18 1950—2015 年中国和美国人口年龄中位数

资料来源：联合国人口司：《世界人口展望（2017 年修订版）》。

四 总人口抚养比对比

从总人口抚养比数据来看，中国的总人口抚养比在 1965 年左右达到峰值，为 80.1%。20 世纪 70 年代开始缓慢下降，从 20 世纪 80 年代开始迅速下降，1990 年下降至 52.5%。1990 年之前，中国的总人口抚养比一直高于同期的美国，从 1995 年开始，美国的总人口抚养比超过中国的总人口抚养比，分别为 53.1% 和 50.5%。此后，中国的总人口抚养比进一步下降，2010 年只有 35.6%，2015 年则高于 2010 年，达 37.7%。美国从 20 世纪 80 年代起，总人口抚养比基本稳定在 50% 附近（图 3 – 19）。

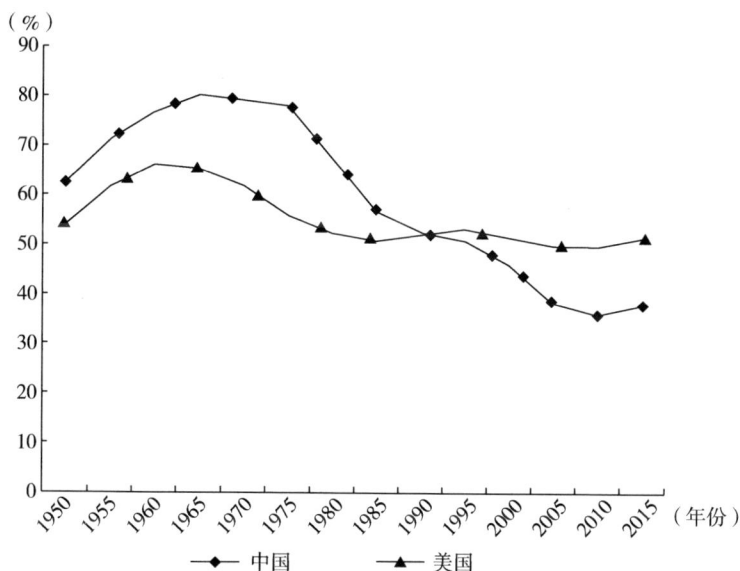

图 3 – 19　1950—2015 年中国和美国总人口抚养比

资料来源：联合国人口司：《世界人口展望（2017 年修订版）》。

将总人口抚养比分为少儿抚养比和老年抚养比，可知中国在 1965 年少儿抚养比达到一个相对高点，为 73.9%，在同年老年抚养比达到相对低点，为 6.2%，而美国同期分别为 49.7% 和 15.7%。此时，中国老年抚养比不到美国的一半，但少儿抚养比却高出 24.2%。此后，中国和美国少儿抚养比逐渐下降，而老年抚养比则逐渐提高。2015 年，中国少儿抚养比下降至24.3%，甚至低于同期美国5个百分点，说明中国儿童相对数量大幅下降；老年抚养比上升到13.3%，是20世纪60年代的两倍，但仍低于美国的22.1%。由于当前少儿抚养比的降低，显然，在未来的几十年中，中国的老年抚养比将迅速上升（见表3–3）。

表3–3　　　　　中国和美国少儿抚养比与老年抚养比　　　　单位：%

年份	少儿抚养比		老年抚养比	
	中国	美国	中国	美国
1950	55.3	41.3	7.2	12.6
1955	64.1	47.5	6.9	14.2
1960	69.8	51.0	6.5	15.2
1965	73.9	49.7	6.2	15.7
1970	72.2	45.5	6.7	16.3
1975	70.9	38.9	7.3	16.7
1980	59.9	34.5	7.9	17.6
1985	48.0	32.6	8.3	18.3
1990	43.9	33.0	8.6	19.2
1995	41.3	33.7	9.3	19.4
2000	36.0	32.9	10.1	18.7
2005	27.5	31.2	10.6	18.4
2010	24.2	30.2	11.4	19.4
2015	24.3	29.0	13.3	22.1

资料来源：联合国人口司：《世界人口展望（2017年修订版）》。

综上所述，中国不仅具有美国人口老龄化的一般性特征，即生育率不断衰退，死亡率不断下降，预期寿命稳步提升，人口老龄化进一步加深，还具有自身的异质性特征。具体言之，相比于美国，中国的老年人口总量庞大，老龄化速度更快，生育率也低于美国，呈现出高基数、高增速和低生育特征。老龄化程度逐渐向美国情境收敛，且存在赶超美国之势，逐渐走向"未富先老"。总之，未来中国的人口老龄化形势将更为严峻。

第六节　本章小结

目前中国已经处于一个重要的转折点和十字路口，未来的经济增长亟须向创新驱动转型。随着中国人口老龄化的加剧，必然对中国创新型发展道路产生重要影响。为了应对人口老龄化和实施"积极老龄化"战略，有必要全面、客观而准确地分析中国人口老龄化的制度背景和时空演化特征并进行跨国比较。

鉴于此，本章首先探寻了中国人口老龄化加速的制度背景，也即中国的计划生育政策。生育率的持续衰退是中国人口老龄化加深的最重要因素，众多文献认为计划生育政策导致了生育率的降低，由于计划生育政策在农村和城市的执行力度存在差异，所以城镇居民的总和生育率下降更为严重。中国政府已经逐渐意识到计划生育政策的不利方面，开始实施"全面二孩"政策。

其次，本章重点阐述了中国人口老龄化的时空演化特征，包括时变特征和空间演化特征。从时变特征来看，中国居民年龄结构逐渐上移，老年抚养比和老龄化系数均存在上升趋势，老年人口总量逐渐增多，劳动力人口总量逐渐下降，总和生育率持续衰退，人口年度增长率逐渐降落，中国人口老龄化程度不断加深，速度呈加速态势。从空间分布特征来看，中国人口老龄化在地域分布、城乡结构上存在明显差异。地域分布上东部地区和中部地区人口的老年抚养比、老龄化系数均处于高位，西部地区比重低于全国其他地区且呈现分化趋势。另外，人口老龄化基本以"胡焕庸线"为分界标志。尽管空间差异明显，然而近年来全国各地老年抚养比和老龄化系数增长速度均存在加速趋势。城乡结构上，城乡人口老龄化出现倒置格局，即农村人口老龄化程度高于城镇，这主要是因为城乡二元经济结构和快速的城镇化所致。进一步地，本章还从生育率、死亡率和预期寿命等视角对中美两国人口老龄化的特征进行了跨国比较。中国与美国的人口老龄化相比，老年人数总量更大，老龄化速度更快；生育率也低于美国居民生育率；老龄化程度逐渐向美国情境收敛，且存在赶超美国之势。

最后，在人口老龄化不断加深的背景下，人口年龄结构的现代转型必然与现存的社会经济体制产生矛盾与冲突（胡湛、彭希哲，2018），进而影响中国的创新型发展。为此，中国有必要学习发达国家的应对策略，出台相关措施，例如教育、生育补贴和延迟退休等一系列配套措施，进一步提升居民生育意愿，缓解人口老龄化不断加深的趋势。与此同时，政府应不断完善社会保障体系，缓解养老金可持续性压力，积极应对人口老龄化的挑战。此外，政府需要完善现有的治理模式和老龄政策体系，以制度重构主动适应人口的现代化转型，实施"积极老龄化"战略，① 以实现经济的可持续发展。

---

① 为了应对人口老龄化的挑战，2002 年，世界卫生组织在《积极老龄化：一个政策框架》报告中提出了"积极老龄化"战略，以促进健康老龄化和积极老龄化。

第四章 人口老龄化、物质资本和技术进步

第一节 引言

人口老龄化无疑将影响一个国家或地区的劳动力供给、劳动生产率、资本积累、产业结构等诸多方面，而本章主要关注人口老龄化对技术进步的影响。理论和经验告诉我们，技术进步（technological progress）是影响一个国家或地区经济持续增长的重要因素，而人口老龄化必然会影响一个国家或地区的技术创新水平和方向，进而对经济增长的速度和方向产生重要影响。在人口老龄化不断加深的背景下，中国经济逐渐步入新常态，进入转型升级的艰难期，经济增长速度由高速转为中高速，研发投入不断增多，技术变迁模式正由模仿向创新转型。

如果以专利授权量代表一个国家的技术创新能力（Wei et al.，2017），由图 4 - 1 可知，1985 年以来，中国的居民和非居民专利授权量均不断上涨，2017 年居民和非居民专利授权量分别为 326970 和 93174 件，技术创新能力存在不断上升趋势。有鉴于此，研究人口老龄化与技术进步的关系对于我国转变经济发展方式及未来的可持续发展具有重要的理论价值与现实意义（张卫，2019）。

学界对人口老龄化与技术进步、经济增长的关系进行了不懈的探索，然而并没有达成共识。部分学者认为人口老龄化抑制了技术进步和

（万件）

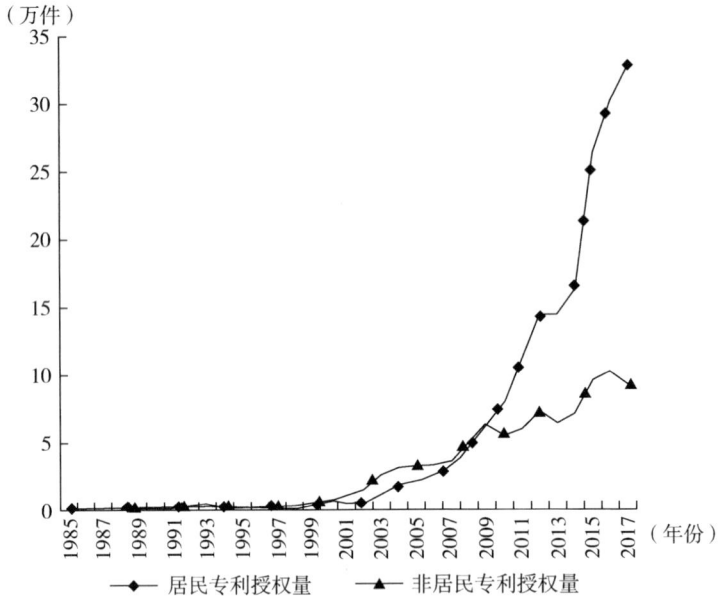

图 4 - 1　中国 1985—2017 年专利申请量演化趋势

资料来源：*World Intellectual Property Organization*，2018。

经济增长，部分学者认为人口老龄化有利于技术进步和经济增长。

人口老龄化阻碍技术进步和经济增长的研究多基于创新和人力资本存量视角。Noda 通过把人口老龄化纳入内生增长模型，发现人口老龄化将阻碍创新进而对技术进步产生抑制效应（Noda，2010）。Jones 等通过经验研究发现科学家创造力峰值的年龄分布于 40—45 岁，因此，人口老龄化不利于科学家创新精神和创造力的发挥进而将阻碍技术进步（Jones et al.，2014）。另外人口老龄化也将减少人力资本存量（姚东旻等，2017），阻碍以创新与创业为核心的企业家精神的成长，进而对技术进步产生负面影响（郭凯明等，2016）。因为一方面只有大量的人口才能有更多的科学家和企业家进行技术创新与创业（Kremer，1993），即创新与创业的概率与人口总量成正比，然而人口老龄化却减少了创新与创业的潜在人口总量，减少了人力资本存量，降低了技术创新与创业的概率；另一方面由于年轻人养老负担加重，冒险精神与风险承担能力将下降，抑制创新与创业的企业家精神的涌现，进而对技术进步产生负面效应。

人口老龄化有利于技术进步和经济增长的研究多基于人口理论的数量—质量替代理论和"干中学"、公共教育投资、诱导性创新等视角。首先，根据人口理论的数量—质量替代理论（Becker & Lewis，1973），随着经济发展水平的提高，居民的生育意愿趋于下降，预期寿命逐渐提高，为了提高未来的收入水平，将使家庭更注重子女及自身的教育和人力资本投资，提高未来一代的劳动生产率及技术进步（Kalemli-Ozcan et al.，2000；Zhang et al.，2001；Zhang & Zhang，2005；Boucekkine et al.，2002；Turan，2009；王笳旭等，2017）。其次，随着老龄化程度的加深，年轻人口的养老负担和预期寿命都在不断提升，由于居民具有理性预期，行为将发生变迁以适应人口老龄化，适龄劳动力人口的储蓄率将上升从而促进物质资本积累。（刘永平、陆铭，2008；胡翠、许召元，2014）根据卢卡斯的"干中学"理论，（Lucas，1988）此时，投资与生产将增加，"干中学"效应将促进技术进步。

再次，政府在面临人口老龄化现象时可以通过增加研发投入与公共教育投资促进技术进步，为技术进步提供不竭动力（Fougère 和 Mérette，1999；Day 和 Dowrick，2004）。

最后，人口老龄化引起的劳动力成本上涨也会诱导企业加大技术创新的投入，使用资本与技术替代劳动，促进偏向型技术变迁（Acemoglu，2010；Acemoglu 和 Restrepo，2017）。

综上，众多文献从创新、人力资本、"干中学"、教育投资、诱导性创新等视角深化了人口老龄化与技术进步及经济增长的研究，但是关于人口老龄化与技术进步的关系，却是仁者见仁、智者见智，而且也未能从知识的外部性和溢出效应出发对人口老龄化与技术进步的关系进行探讨。鉴于此，本章试图在以下两方面取得突破：一是借鉴 Romer（1990）、Jones（1995）和 Prettner（2013）等，将人口老龄化和研发部门的知识溢出效应纳入内生技术变迁模型，探究人口老龄化对技术进步的影响；二是基于中国省际动态面板数据对理论假设与结论进行实证检验，完善人口老龄化与技术进步关系的实证研究。

第二节   理论模型

基于 Romer（1990）、Jones（1995）和 Prettner（2013）等，本章把低生育率和低死亡率为特征的人口老龄化纳入内生技术变迁模型，旨在研究人口老龄化的技术进步效应。

一   基本经济环境

经济体包括最终品、中间品和研发三个生产部门，使用资本（K）、劳动（L）两种要素，生产最终品（Y）、中间品（X）和知识（A）三种产品；政府部门对家庭进行转移支付、对研发部门支付研发补贴，并通过税收平衡收支。其中，最终品部门使用劳动和中间品生产最终品，市场完全竞争。中间品部门使用资本和知识生产中间品，市场垄断竞争。研发部门为了利润最大化进行有目的的创新投资，在竞争性的劳动市场上与最终品部门竞争劳动力，利用劳动生产知识，推动技术进步。知识是一种非竞争（non-rival）、部分排他（non-excludable）的公共物品（public good），具有外部性和溢出效应，可以拓展其他企业生产与技术可能性边界。

为了刻画人口的动态转型，考虑在一个连续时间 $t \in R^+$ 内，经济体由不同的年龄组构成。t_0 代表每个人的出生日期，$N(t_0, t)$ 代表每一个年龄组的人口规模，且 $t > t_0$，θ 代表个体每单位时间内的死亡概率。为了分析方便，假设所有年龄组的死亡概率 θ 都较低且为常数，则个体的预期寿命为 $1/\theta$。μ 为生育率，假定经济体的总人口为常数 N（人口规模保持不变），则 $\mu = \theta$。近年来我国总人口增长较为缓慢，基本符合以上假设。

由上可知，一个出生于 t_0 期的特定年龄组的人口规模在 t 期为：

$$N(t_0, t) = \theta N(t_0) e^{-\theta(t-t_0)} = \theta N(0) e^{\theta t_0} \qquad (4-1)$$

$N(0)$ 为初始人口规模。由此，一个特定年龄组人口规模占总人口比例为：

$$\phi = \frac{N(t_0, t)}{N(t)} = \frac{\mu N(0) e^{\theta t_0} e^{-\theta t}}{N(0) e^{(\mu-\theta)t}} = \theta e^{-\theta(t-t_0)} \qquad (4-2)$$

对 μ 进行一阶求导，可得：

$$\frac{\partial \phi}{\partial \mu} = e^{-\theta(t-t_0)} - \theta e^{-\theta(t-t_0)} (t-t_0) = e^{-\theta(t-t_0)} [1 - \theta(t-t_0)]$$

$$(4-3)$$

由上可知，老年人群（$t-t_0$ 足够大，使得 $\frac{\partial \phi}{\partial \mu} < 0$）占总人口的比重将随着死亡率的下降而上升。因此生育率和死亡率的下降将直接导致人口老龄化。

二 家庭部门

为分析方便，家庭效用函数采取对数形式，则家庭的贴现效用之和为：

$$\cup_i = \int_{t_0}^{\infty} e^{-(\rho+\theta)(z-t_0)} [\log(c) + \varepsilon \log(\mu)] \, dz \qquad (4-4)$$

其中，i 代表每一个家庭，c 代表家庭对最终品的总消费，μ 为生育率，ε 为家庭的生育率选择。由于每个家庭将子女视为消费品，因此将 $\varepsilon \log(\mu)$ 记入家庭效用函数。ρ 为主观时间贴现因子，衡量家庭对不同时期消费的偏好，$e^{-\theta(z-t_0)}$ 为个体在 z 期存活的概率。

个体的资本积累遵循如下家庭预算约束：

$$\dot{k} = (r+\theta-\delta) k + \hat{w} - (1+\varphi\mu) c - t + g_t \qquad (4-5)$$

$$k(t_0) = 0 \qquad (4-6)$$

k 为家庭的资本存量，个体出生时不存在资本；δ 为资本折旧率，r 为市场利率，$\hat{w}$ 为家庭初始财富，φ 为家庭抚养孩子占原有家庭消费的比例，t 为家庭向政府缴纳的一次性总量税，g_t 是政府对单个家庭的转移支付。

在式（4-5）和式（4-6）预算约束下对式（4-4）中的家庭生育率 μ 进行一阶求导，可得：

$$\mu = \varepsilon / (1-\varepsilon) \varphi \qquad (4-7)$$

对家庭消费 c 进行一阶求导，可得消费的欧拉方程：

$$\dot{c} = (r-\delta-\rho) c \qquad (4-8)$$

由于经济体由不同年龄组构成，老年人有更多时间积累资本，故需对消费和资本进行加总。根据 Romer（1990），在 t 期，存活的各年龄组人群的资本和消费总量分别为：

$$K(t) \equiv \int_{-\infty}^{t} k(t_0, t) N(t_0, t) \, dt_0 = \theta N(0) \int_{-\infty}^{t} k(t_0, t) \, e^{-\theta(t-t_0)} dt_0$$

$$(4-9)$$

$$C(t) \equiv \int_{-\infty}^{t} c(t_0, t) N(t_0, t) \, dt_0 = \theta N(0) \int_{-\infty}^{t} c(t_0, t) \, e^{-\theta(t-t_0)} dt_0$$

$$(4-10)$$

由式（4-9）可知，由于所有年龄群体都面临着较低的死亡率，人均寿命在延长，劳动年龄群体将增加储蓄以应对未来的不确定性。当社会进入老龄化时，老年人群总数趋于上升，老年人积累的资本高于年轻个体，因此整个社会的资本存量将上升。

三　生产部门

1. 最终品部门

最终品部门的生产函数为柯布—道格拉斯形式，根据 Jones（1995），可知：

$$Y(L_Y, x) = L_Y^{1-\beta} \int_0^A x_i^{\beta} di, \beta \in (0, 1) \qquad (4-11)$$

Y 代表总产出，即经济体的 GDP，L_Y 代表劳动力投入，A 为知识和技术前沿，x_i 代表生产不同种类的最终品的中间品投入数量，β 为中间品的投入份额。由企业的利润最大化可知每种要素获得相当于自己边际生产率的工资：

$$w_Y = (1-\beta) \frac{Y}{L_Y} \qquad (4-12)$$

$$p_i = \beta L_Y^{1-\beta} x_i^{\beta-1} \qquad (4-13)$$

其中，w_Y 为最终品部门的劳动工资率，p_i 为中间品的价格。

2. 中间品部门

中间品部门是垄断竞争的，它从研发部门购买知识作为固定投入，然后购买资本生产不同种类的中间品；知识成本代表了每个垄断竞争企业的固定成本，垄断竞争市场的自由进出确保了垄断竞争企业获得相当于固定成本的运行利润。由此，其正常利润为 0。我们假定使用 1 单位资本生产 1 单位中间品，故 $k_i = x_i$。则该企业利润函数为：

$$\pi_i = p_i k_i - r k_i \qquad (4-14)$$

$$= \beta L_Y^{1-\beta} k_i^{\beta} - r k_i \qquad (4-15)$$

对 k 进行一阶求导可得中间品的价格：

$$p_i = \frac{r}{\beta} \qquad (4-16)$$

其中，$1/\beta$ 为高于边际成本的成本加价，对式（4-11）和式（4-13）进行整理可得，$r = \beta^2 Y / K$。对以上企业进行加总可知资本存量等于中间品部门生产的中间产品数量，$K = \int_0^A x_i di$，即 $K = Ax$，把其代入式（4-11），则最终品部门生产函数可表达如下：

$$Y(L_Y, x) = (A L_Y)^{1-\beta} K^{\beta} \qquad (4-17)$$

3. 研发部门

研发部门使用科学家或研发人员 H_A 和已有的知识存量生产知识，例如设计、专利等。H_A 与劳动力市场上的其他劳动力 L_Y 并没有本质的不同，因为 H_A 同样可以无成本地利用已有知识存量 A 进入研发部门；研发人员的生产率为 λ，$\lambda > 0$ 且为常数。综上，研发人员 j 生产的知识数量为 $\lambda A H_A^j$。对所有研发人员生产的知识进行加总后，知识总量的演化遵循以下公式：

$$\dot{A} = \lambda A H_A + A(G_S) \qquad (4-18)$$

由式（4-18）式可知，知识生产函数为线性函数；生产率 λ、知识存量 A 和研发人员数量 H_A 的上升都将提高知识生产总量。$A(G_S)$ 为政府研发补贴对知识生产的影响。一般情况下，政府研发补贴将激励企业雇用研发人员从而扩大知识生产，即 $A(\cdot)$ 为递增函数。

研发部门的利润函数为：

$$\max_{H_A} \pi_A = p_A \left[\lambda A H_A + A(G_S) \right] - w_A H_A \qquad (4-19)$$

其中，p_A 为知识的价格。对 H_A 进行一阶求导，可得研发人员的工资：

$$w_A = p_A \lambda A \qquad (4-20)$$

四　政府部门

政府在本经济体中的角色主要是为家庭提供转移支付，为企业部门提供研发补贴，并收取税收以平衡收支。我们假定政府每一期保持预算约束平衡，则政府预算方程如下：

$$G_s + G_t + G = T \qquad (4-21)$$

其中，G_s 代表政府对研发部门的补贴，G_t 代表政府部门对家庭的转移支付，G 代表政府的其他消费支出，为总产出 Y 的一个不变比例，即 $G = \bar{g}Y$；T 代表政府的税收收入。

五　市场出清与比较静态

该理论模型中有最终品、劳动、知识、中间品和资本五个市场。最终品市场上，家庭和政府在给定价格下消费一定数量最终品，使得最终品的供给等于需求，即 $C + G = Y$。研发部门需要在竞争性的劳动力市场上与最终品部门竞争劳动力，因此劳动力市场均衡时 $w_A = w_Y$，即

$$(1-\beta)\frac{Y}{L_Y} = p_A \lambda A \qquad (4-22)$$

在知识市场上，由于中间品部门的自由进出，研发部门可向中间品部门索取相当于其利润的知识价格，即 $p_A = \int_t^\infty e^{-R(z)} \pi dz$ ，其中 $R(z) = \int_t^z (r(s) - \delta) ds$ ，代表市场利率的贴现率，则有：

$$p_A = \pi / (r - \delta) \qquad (4-23)$$

即知识为中间品部门的利润除以市场利率与折旧率之差。把式（4-23）代入式（4-19）可得均衡时研发部门的利润为：

$$\pi_A = [\pi / (r-\delta)][\lambda A H_A + A(G_S)] - w_A H_A \qquad (4-24)$$

通过式（4-15），可得中间品部门的利润函数：

$$\pi = (1-\beta)\beta\frac{Y}{A} \qquad (4-25)$$

将式（4-25）代入式（4-23）可得：

$$p_A = \frac{(1-\beta)}{(r-\delta)} \frac{\beta Y}{A} \qquad (4-26)$$

劳动力市场出清时，$L = N = H_A + L_Y$，将式（4-26）代入式（4-22），由此可知均衡时，最终品部门和研发部门雇用的劳动力数量分别为：

$$L_Y = \frac{(r-\delta)}{\beta\lambda} \qquad (4-27)$$

$$H_A = L - \frac{(r-\delta)}{\beta\lambda} \qquad (4-28)$$

由式（4-27）和式（4-28）可知，当市场利率 r 下降时，L_Y 将下降，H_A 将上升，即研发部门雇用的研发人员在上升；研发人员的生产率 λ 上升时，H_A 将上升；β 上升时，H_A 也将上升。

在资本市场上，家庭的资本存量在给定的市场利率下将等于最终品部门所需资本量。由式（4-9）可知，家庭的资本存量为：

$$K(t) \equiv \int_{-\infty}^{t} k(t_0, t) N(t_0, t) \, dt_0 = \theta N \int_{-\infty}^{t} k(t_0, t) e^{-\theta(t-t_0)} dt_0$$

对 θ 进行一阶求导，可知：

$$\frac{\partial K(t)}{\partial \theta} < 0 \qquad (4-29)$$

由式（4-29）可知，当死亡率 θ 下降时，资本存量将上升，由 $r = \beta^2 Y/K$ 可知，资本的边际生产力即市场利率将下降。其经济含义是：每个年龄组的死亡率都较低，因此每个人都预期自身寿命将延长。个体在劳动年龄时会增加储蓄使得整个社会的资本存量提高，进而促使利率下降。这与我国储蓄率较高的现状也较为吻合。另据刘生龙等（2012）的研究，中国居民预期寿命的延长是中国家庭高储蓄的一个重要原因。

综上，人口老龄化将引起市场利率下降。根据 Fujita 和 Fujiwara（2016）的研究，1980—2000 年，日本的实际利率存在下降趋势，一个重要原因就是人口的老龄化。张倩、杨真（2019）的研究表明，随着我国进入中等收入国家，人口老龄化对储蓄的年龄结构效应将主导行为效应，我国将逐渐收获"第二次人口红利"，也即物质资本红利。

在知识产品市场，将式（4-28）代入式（4-18）可得：

$$\dot{A} = \max\left\{\lambda A\left[L - \frac{(r-\delta)}{\beta\lambda}\right] + A\left(G_S\right),\ 0\right\} \qquad (4-30)$$

市场利率的下降将使得研发部门知识生产总量增加。其经济含义是：市场利率的下降一方面大幅降低了研发部门的融资成本（即使是政府部门资助的研发部门），从而企业会雇用更多的研发人员。另一方面，由式（4-24）可知，利率的下降将提升研发部门的未来利润。综上，以生育率和死亡率下降为特征的人口老龄化存在技术进步效应。

第三节　计量模型与数据描述

一　基准模型设定

为了实证检验人口老龄化对技术进步的影响，基于以上理论模型，本章构建如下计量模型：

$$\ln rd_{it} = \alpha_0 + \alpha_1\ln aging_{it} + \alpha_n\ln Control_{it}^n + \gamma_i + \mu_t + \varepsilon_{it} \qquad (4-31)$$

其中，i 表示地区，t 表示时间；rd_{it} 为研发经费投入强度，代表技术进步水平，为本章的被解释变量；$aging_{it}$ 为核心解释变量即人口老龄化；$Control_{it}^n$ 为一组其他控制变量；γ_i 为不随时间变化的地区固定效应；μ_t 为时间固定效应；α_0 为常数项，α_1 和 α_n 是估计系数，ε_{it} 为服从独立同分布的随机误差项。技术进步是一个动态变迁的发展过程，受到前期技术进步水平的制约。因此，本章使用动态面板模型对人口老龄化与技术进步的关系进行广义矩估计（GMM）。广义矩估计分为差分广义矩估计（Diff-GMM）和系统广义矩估计（Sys-GMM），由于系统广义矩估计比差分广义矩估计更为精确，因此，本章统一使用系统广义矩估计方法。为了控制模型中可能存在的异方差，各变量均取对数形式。实证分析主要关注 α_1 的符号及显著性。根据理论模型，我们预期 α_1 显著为正。

二　变量说明

在基准模型中，根据现存文献，设研发经费投入强度（研发经费投入占 GDP 比重，*rd*）为因变量，使用老年抚养比衡量人口老龄化（*aging*）。老年抚养比上升说明人口老龄化加重。

为了控制其他影响技术进步的因素，本章还选取了一系列控制变量，包括人均 GDP（*y*）、固定资产投资增长率（*inv*）、产业结构水平（*industry*）、城镇化水平（*urban*）、政府规模（*gov*）、外商直接投资（*fdi*）、对外开放水平（*open*）、人力资本（*hc*）。经济发展水平是技术进步的重要驱动因素，因此我们控制了实际人均 GDP。固定资产投资代表了一个经济体的整体活力，也将影响到研发投入和技术进步的情况，因此，本章选取固定资产投资增长率这一指标以控制投资对技术进步的影响。本章使用第二产业占 GDP 比重以控制产业结构对技术进步的影响。中国正在加速推进城镇化，将促进高素质人才向城市流动从而推动技术进步，为此使用地区常住人口占总人口比重衡量城镇化水平从而捕捉城镇化水平对技术进步的影响程度。中国政府在技术进步中扮演了重要角色，其中多以财政支出为主要作用机制，使用地方政府财政支出占 GDP 比重这一指标衡量政府规模在技术进步中发挥的作用。另外，外商直接投资和对外开放水平对技术进步也具有重要溢出效应，使用 FDI（使用历年汇率中间价将 FDI 折算为人民币计价）占 GDP 比重和进出口总额占 GDP 比重对二者进行衡量。目前，人力资本对技术进步的影响正逐步加强，通过大专及以上学历人口占比对人力资本进行测度以控制其对技术进步的作用。

三　数据描述

考虑数据可得性与可信性，本章选取的研究样本为中国 30 个省份自治区（西藏、香港、澳门、台湾除外）2000—2014 年的面板数据。其中样本区间的选择基于两点原因：一是 2000 年是我国进入老龄化时代的开端；二是 2001 年我国加入 WTO，吸收外国资本与先进技术的步伐加快，促使企业积极开展研发活动，该时段可以更好地反映人口老龄化在全球化与信息化时代对技术进步的影响。本章数据均来源于相关年份《中国统计年鉴》《中国劳动统计年鉴》《中国科技统计年鉴》和各省统计年鉴，名义变量均以 1990 年为基期进行实际调整。

图 4 - 2 报告了不同年份人口老龄化的核密度估计，可知，我国人口老龄化程度不断加深，且分布不均衡，部分地区老龄化水平较高。为了初步判断人口老龄化与技术进步的关系，图 4 - 3 报告了 65 岁以上人口占比与研发经费投入强度的散点图。

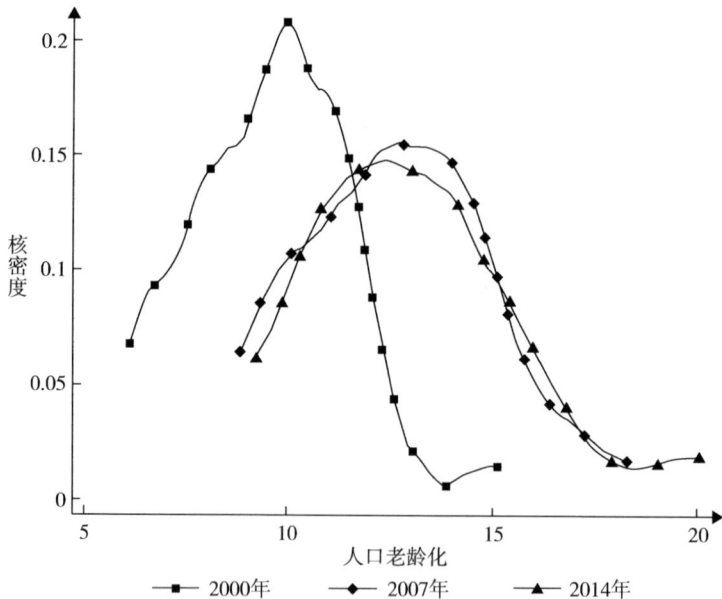

图 4 - 2　不同年份人口老龄化的核密度估计

由图 4 - 3 可知，人口老龄化与技术进步的拟合斜率为正，人口老龄化与技术进步正相关，也即人口老龄化很可能具有技术进步效应，与前文理论模型一致。但是相关关系并不代表因果关系，散点图分析未能控制其他变量对技术进步的影响，控制其他变量后，人口老龄化是否仍具有技术进步效应有待进一步验证。另外，表 4 - 1 报告了各变量的描述性统计结果。

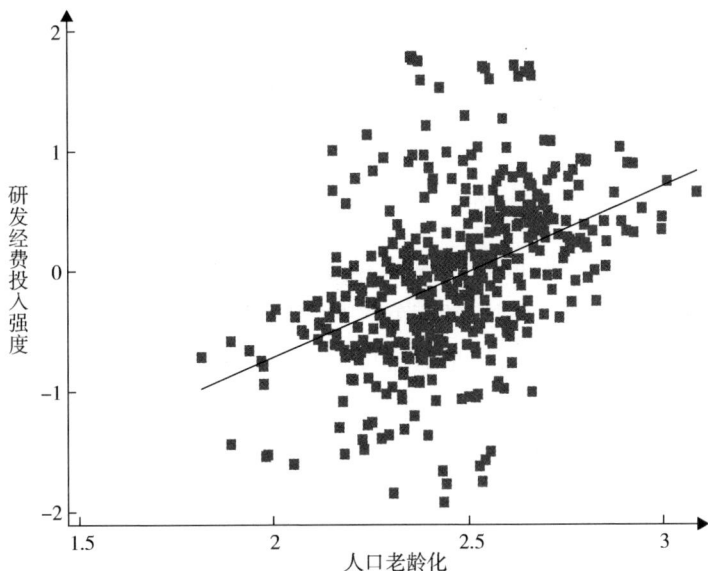

图4-3　人口老龄化与技术进步散点图

注：图4-2中的核密度估计使用了伊潘科尼可夫核函数（Epanechnikov kernel），人口老龄化指标未取对数形式；图4-3中的人口老龄化指标进行了对数化处理。

表4-1　　　　　　　　　　　各变量的描述性统计

变量	样本（个）	均值	标准差	最小值	最大值
研发经费投入强度（rd）	450	1.21	1.01	0.15	5.99
老龄化（aging）	450	11.99	2.50	6.15	21.89
人均GDP（y）	450	10870	7619	1598	40514
固定资产投资增长率（inv）	450	22.20	10.30	0.73	65.90
产业结构水平（industry）	450	46.28	7.87	19.74	60.25
城镇化水平（urban）	450	48.07	14.93	23.20	89.60
政府规模（gov）	450	18.56	8.43	6.91	61.21
外商直接投资（fdi）	450	2.69	2.36	0.07	14.65
对外开放水平（open）	450	32.51	40.41	3.57	172.10
人力资本（hc）	450	10.41	7.71	1.95	55.87

第四节 实证结果与分析

一 基准回归结果

为了进行参照和对比，本章首先对人口老龄化与技术进步的关系进行混合回归（Pooled OLS）和差分广义矩估计（Diff-GMM）。表4-2的第（1）列报告了不带因变量滞后项的混合回归结果。另外，技术进步可能存在路径依赖特征，产生动态变化效应。鉴于此，第（2）列报告了带有因变量滞后项的混合回归结果，第（3）列报告了差分广义矩估计结果。

表4-2 人口老龄化对技术进步的影响

变量	（1） 无滞后项的 Pooled OLS	（2） 有滞后项的 Pooled OLS	（3） 有滞后项的 Diff-GMM	（4） 有滞后项的 Sys-GMM
L. lnrd		0.955 *** (141.14)	0.421 ** (2.19)	0.851 *** (9.47)
ln$aging$	1.080 *** (3.04)	0.016 (0.84)	0.089 (0.88)	0.304 *** (2.77)
ln$y$	−0.321 (−0.95)	0.016 (0.78)	0.192 (1.63)	0.069 (0.69)
lninv	−0.055 (−1.01)	0.003 (0.37)	0.024 * (1.90)	0.023 (1.11)
ln$industry$	0.567 (0.68)	0.035 (1.30)	0.035 (0.21)	−0.287 ** (−2.26)
ln$urban$	0.691 (1.48)	0.055 (1.52)	0.576 (1.34)	0.309 (0.69)
lnfdi	0.000 (0.01)	0.001 (0.26)	−0.000 (−0.00)	0.002 (0.05)
ln$open$	0.165 (1.17)	0.011 * (1.71)	−0.136 *** (−3.32)	−0.109 *** (−2.71)
lnhc	0.431 (1.44)	−0.024 * (−1.70)	−0.074 (−1.52)	−0.086 ** (−2.39)

续表

变量	（1）无滞后项的 Pooled OLS	（2）有滞后项的 Pooled OLS	（3）有滞后项的 Diff-GMM	（4）有滞后项的 Sys-GMM
Cons	− 6.081 (− 1.90)	− 0.494 *** (− 3.38)	− 3.689 *** (− 3.54)	− 0.894 (− 0.72)
R²	0.544	0.981		
时间 FE	Yes	Yes		
Abond test for AR （1）			− 2.024 [0.043]	− 2.887 [0.004]
Abond test for AR （2）			1.590 [0.112]	1.685 [0.092]
Sargan test			22.740 [0.535]	24.025 [0.951]
样本量	450	420	390	420

注：＊＊＊、＊＊和＊分别表示在1%、5%和10%水平下显著；混合回归估计方法使用稳健标准误，并控制时间趋势，圆括号内为 t 统计量；动态面板回归模型均为 two-step，圆括号内为 z 统计值，中括号内为 p 值。

从表4-2的第（1）—第（3）列可知，在不带有因变量滞后项的混合回归中，人口老龄化对技术进步的影响具有显著的正向促进作用，而在带有因变量滞后项的混合回归和差分广义矩估计中，人口老龄化的估计系数依然为正，人口老龄化对技术进步的影响为正向，虽然未通过显著性检验。

表4-2的第（4）列报告了本章的系统广义矩估计（Sys-GMM）结果，从中可知，人口老龄化对技术进步产生了显著的正向效应，这与本章的理论模型分析一致，说明人口老龄化降低了研发部门的融资成本、增加了其预期利润，从而引起了研发部门投入增加，促进了技术进步。此外，在广义矩估计中，因变量的滞后项估计系数显著为正，说明技术进步具有惯性，存在动态变迁特征；Abond 自相关检验说明残差项存在一阶自相关，但不存在二阶自相关；Sargan 检验说明不存在弱工具变量问题。由此，本章使用动态面板数据模型的广义矩估计具有合理性。

通过对比可知，混合回归、差分广义矩与系统广义矩估计结果具有一定差距。这是因为，混合回归未能控制个体固定效应导致估计存在偏误，而差分广义矩在有限样本中估计结果较差，尤其是随机扰动项与一阶差分项存在弱相关时，容易出现弱工具变量问题，导致估计存在一定偏差。而系统广义矩由于将差分广义矩和水平广义矩进行了有效结合，因此估计的效率更高，估计结果也更为准确。

在控制变量方面，人均 GDP 和固定资产投资增长率对技术进步的影响不显著。产业结构水平对技术进步具有负向影响，这可能是因为工业的技术进步能力在减弱。城镇化水平对技术进步的影响为正但并不显著，这是因为我国正处在城镇化进程之中，城镇化的技术进步效应还未充分发挥。外商直接投资对技术进步的影响也不显著，而对外开放水平对技术进步的影响为负。对于这一结果，我们的解释是对外开放水平的提高加剧了我国的技术模仿进程，而对于自主技术进步具有抑制作用。人力资本对技术进步的影响为负，这可能是因为我国的人力资本在技术进步进程中尚未发挥其应有的作用。

二　稳健性检验

首先，技术进步将会提高人民收入和医疗技术水平进而引起人口老龄化，因此，人口老龄化与技术进步可能存在反向因果关系（姚雪松、王志勇，2014）；另外，人口老龄化对技术进步的影响也可能存在滞后效应，为了减轻此种效应对估计结果的干扰，本章使用人口老龄化的滞后项（滞后一期、二期和三期）作为工具变量进行 2SLS 回归。

其次，技术进步不仅体现在研发经费的投入上，也体现在研发人员的投入及专利数量上。为了更加准确地衡量技术进步程度，本章分别使用各地区研发人员投入强度、专利申请受理数和专利申请授权数作为技术进步的代理指标进行稳健性估计。

最后，虽然已经控制了人均 GDP 对技术进步的影响，但是为了减轻遗漏变量导致的估计偏误，本章加入人均 GDP 增长率以控制经济增长对技术进步的影响。结果见表 4 - 3，其中，第（1）—第（3）列是 2SLS 回归，第（4）—第（6）列为替换被解释变量的系统广义矩估计结果，被解释变量分别为研发人员投入强度、专利申请受理数和专利申请授权数，第（7）列为加入了人均 GDP 增长率作为控制变量的系统广义矩估计结果，被解释变量仍为研发经费投入强度。

表 4 – 3　　　　　　　　　　　　　稳健性检验

变量	（1）	（2）	（3）	（4）	（5）	（6）	（7）
	2SLS	2SLS	2SLS	Sys-GMM	Sys-GMM	Sys-GMM	Sys-GMM
L. lnrd				0.702 *** (7.37)	0.880 *** (7.07)	0.876 *** (10.95)	0.719 *** (7.00)
lnaging	1.202 *** (8.40)	1.251 *** (7.72)	1.262 *** (7.38)	0.247 ** (2.02)	1.184 *** (2.60)	1.039 * (1.72)	0.282 *** (2.77)
lny	−0.346 *** (−2.90)	−0.340 *** (−2.76)	−0.339 *** (−2.74)	0.167 (0.90)	−0.284 (−0.60)	0.035 (0.10)	−0.185 (−0.87)
lnpgrowth							−0.100 *** (−2.64)
lninv	−0.106 ** (−1.97)	−0.130 ** (−2.30)	−0.138 ** (−2.38)	−0.000 (−0.03)	−0.131 ** (−2.22)	0.075 (1.31)	0.031 ** (2.04)
lnindustry	0.582 ** (2.57)	0.574 ** (2.51)	0.596 *** (2.58)	0.488 * (1.80)	2.183 *** (3.31)	1.570 ** (2.21)	−0.102 (−0.79)
lnurban	0.878 *** (4.28)	1.016 *** (4.74)	1.015 *** (4.60)	0.272 (0.52)	0.371 (0.44)	0.093 (0.15)	1.398 (1.53)
lnfdi	−0.023 (−0.66)	−0.038 (−1.14)	−0.038 (−1.13)	−0.065 (−1.16)	−0.038 (−0.50)	−0.051 (−0.80)	0.017 (0.40)
lnopen	0.158 *** (3.56)	0.156 *** (3.49)	0.167 *** (3.63)	−0.042 (−0.71)	−0.117 (−1.05)	−0.164 (−1.54)	−0.133 *** (−3.42)
lnhc	0.388 *** (4.00)	0.331 *** (3.29)	0.345 *** (3.37)	−0.015 (−0.36)	0.232 ** (2.53)	0.140 (0.83)	−0.065 * (−1.68)
Cons	−6.903 *** (−6.32)	−7.491 *** (−6.66)	−7.692 *** (−6.62)	−6.828 *** (−4.88)	−9.241 *** (−4.43)	−7.725 ** (−3.21)	−3.148 * (−1.82)
R²	0.552	0.561	0.582				
时间 FE	Yes	Yes	Yes				
地区 FE	Yes	Yes	Yes				

续表

变量	(1)	(2)	(3)	(4)	(5)	(6)	(7)
	2SLS	2SLS	2SLS	Sys-GMM	Sys-GMM	Sys-GMM	Sys-GMM
Abond test for AR (1)				−3.300 [0.001]	−3.190 [0.001]	−2.960 [0.003]	−2.470 [0.014]
Abond test for AR (2)				0.320 [0.752]	−0.370 [0.712]	0.250 [0.801]	1.560 [0.119]
Sargan/Ha				24.030	24.640	28.680	18.400
nsen test				[1.000]	[0.904]	[0.802]	[0.996]
样本量	420	390	360	420	420	420	420

注：***、**和*分别表示在1%、5%和10%水平下显著。2SLS模型中的括号内为t统计量。动态面板回归模型均为two-step，圆括号内为z统计值，中括号内为p值。

由表4－3可知，人口老龄化无论是滞后一期、滞后二期还是滞后三期，其对技术进步的影响均为正，且通过了显著性检验；替换被解释变量后，人口老龄化对技术进步的影响依然显著；而加入了人均GDP增长率作为控制变量后，与基准回归模型相比，估计系数变化较小，且依然显著。因此，人口老龄化对技术进步确实具有正向促进效应。

以上回归均为参数估计法，由于参数估计法假设总体服从未知参数的某一具体分布，可能存在较大的设定误差，因此估计结果也可能存在一定偏误。而非参数估计法不要求对估计模型进行任何先验的假定，因此估计结果可能更为稳健。有鉴于此，我们使用非参数局部多项式估计法（Nonparametric local polynomial estimation）再次对人口老龄化与技术进步的关系进行实证检验。估计结果见图4－4。

图4－4分别报告了人口老龄化与研发经费投入强度、研发人员投入强度、专利申请受理数和专利申请授权数的非参数局部多项式估计结果。由图可知，人口老龄化与各变量之间的关系基本上呈单调递增趋势，人口老龄化存在显著的技术进步效应，与上文的参数估计结果一致。由此，本章的实证结果具有稳健性。

三　分时段回归分析

为了更准确地刻画人口老龄化对技术进步的动态效应，本章把2000—

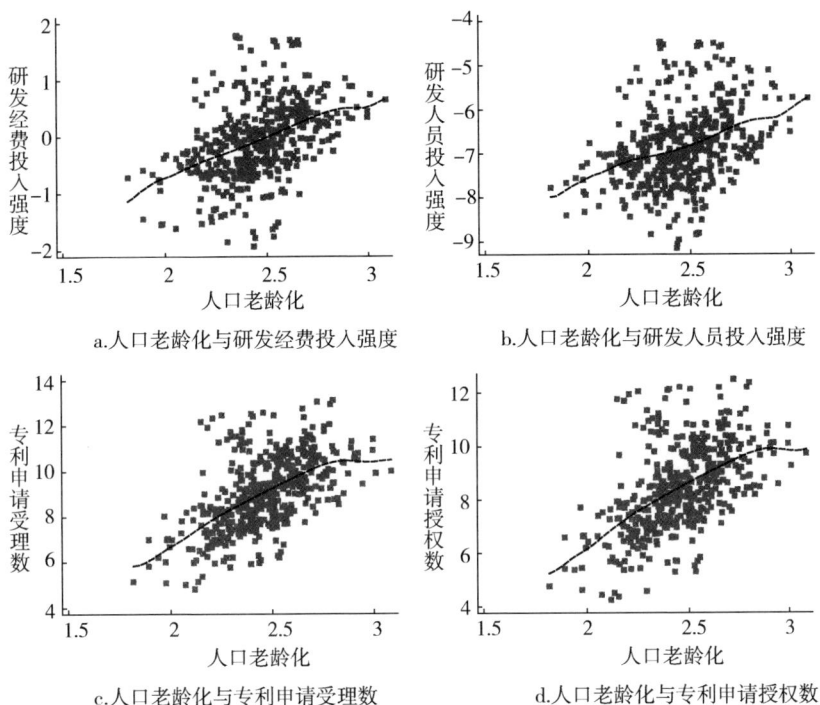

a.人口老龄化与研发经费投入强度

b.人口老龄化与研发人员投入强度

c.人口老龄化与专利申请受理数

d.人口老龄化与专利申请授权数

图 4 - 4 人口老龄化与技术进步非参数检验

注：非参数局部多项式回归使用伊潘科尼可夫核函数（Epanechnikov kernel），各指标均取对数形式。图 a 至图 d 基于简单拇指法则带宽估计法（rule-of-thumb bandwidth estimation）估计的最优带宽（optimal bandwidth）分别为 0.17、0.15、0.15、0.17。

2014 年以 5 年为界分为三个时段，进一步进行分时段估计，仍使用系统广义矩估计方法，结果见表 4 - 4。表 4 - 4 中的第（1）—第（3）列分别是前五年、中间五年和后五年的回归结果。由表 4 - 4 可知，虽然人口老龄化对技术进步的正向影响在 2000—2004、2005—2009 年并不显著，但是 2009 年以后老龄化对技术进步有显著促进效应。

表 4 - 4 　　　　　　　　　分时段系统广义矩估计结果

变量	（1）	（2）	（3）
	2000—2004 年	2005—2009 年	2010—2014 年
L. lnrd	0.319 (0.77)	0.792 *** (5.18)	0.708 *** (3.41)

续表

变量	（1） 2000—2004 年	（2） 2005—2009 年	（3） 2010—2014 年
ln*aging*	0. 084 （0. 52）	0. 055 （0. 30）	0. 265 ** （2. 11）
ln*y*	0. 725 * （1. 67）	0. 120 （0. 92）	0. 115 （0. 36）
ln*inv*	− 0. 055 （ − 1. 44）	0. 017 （0. 54）	0. 017 （1. 00）
ln*industry*	− 0. 093 （ − 0. 37）	0. 099 （0. 52）	− 0. 421 （ − 1. 40）
ln*urban*	0. 351 （0. 50）	0. 265 （0. 60）	0. 084 （0. 08）
ln*fdi*	0. 026 （0. 38）	− 0. 047 （ − 1. 00）	0. 070 ** （2. 01）
ln*open*	− 0. 138 （ − 0. 78）	− 0. 181 *** （ − 4. 13）	0. 017 （0. 21）
ln*hc*	− 0. 063 （ − 0. 86）	− 0. 037 （ − 0. 66）	− 0. 106 （ − 1. 16）
Cons	− 7. 161 *** （ − 2. 58）	− 1. 868 ** （ − 2. 01）	− 0. 164 （ − 0. 10）
Abond test for AR （1）	− 1. 306 ［0. 192］	− 2. 462 ［0. 014］	− 1. 785 ［0. 074］
Abond test for AR （2）	0. 838 ［0. 402］	− 0. 328 ［0. 743］	− 1. 172 ［0. 241］
Sargan Test	8. 825 ［0. 266］	12. 657 ［0. 554］	28. 422 ［0. 243］
样本量	120	150	150

注：***、**和*分别表示在1%、5%和10%水平下显著；动态面板回归模型均为 two-step，圆括号内为 z 统计量，中括号内为 p 值。

由理论模型可知，人口老龄化影响技术进步的中间渠道是利率的降低，而随着中国利率市场化改革的推进，利率逐渐反映了资本市场的真实情况。随着时间的推移，人口老龄化引起了资本存量的增加，利率逐渐下降，由此研发部门融资成本趋于下降，而预期利润逐渐增加，因此研发部门加大了研发投入，推动了技术进步。

图 4 - 5 更直观地报告了表 4 - 4 中不同时段人口老龄化对技术进步

的影响系数变化趋势及其95%置信区间。由图4-5可知，随着中国人口老龄化程度的加深，人口老龄化对技术进步的影响越发显著。

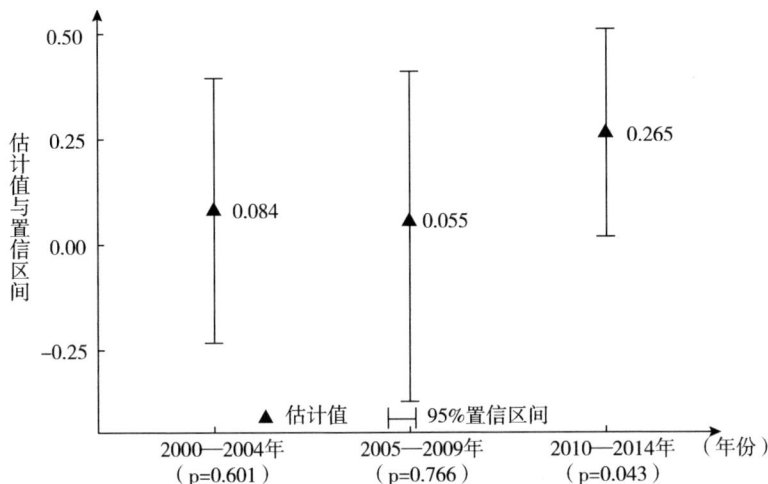

图4-5　人口老龄化对技术进步的动态效应

第五节　本章小结

　　人口老龄化和技术进步是现代经济最显著的特征，研究二者之间的关系具有重要的理论价值与现实意义。

　　本章通过把生育率和死亡率纳入内生技术变迁模型，探讨了人口规模不变条件下人口老龄化对技术进步的影响。理论研究表明，当人口规模保持不变时，人口老龄化对技术进步具有正向效应。随后，本章基于中国省际动态面板数据模型，使用系统广义矩估计方法对人口老龄化与技术进步的关系进行了实证检验，并通过2SLS、替换被解释变量、增加控制变量和非参数局部多项式回归等方法进行了稳健性检验，实证结果稳健地支持了理论结论。进一步实证分析发现，人口老龄化的技术进步效应呈动态变化过程，随着时间的推移，人口老龄化对技术进步的正向效应愈加显著。

　　目前，中国正在进行供给侧结构性改革，不断优化经济结构和转变经济发展方式，实现经济可持续发展。技术进步无疑是实现经济可持续发展的重要动力，而人口老龄化将为中国经济转型提供一个巨大的机会窗口。就本章的研究结论而言，政府应进一步增加研发投入及对企业的研发补贴以促进技术进步，并通过减少研发部门的融资成本以提高其技术创新的意愿和动力，最终提升中国的技术创新水平，成功实现经济发展方式的转变（邓翔、张卫，2018）。

第五章 人口老龄化、人力资本和技术进步

第一节 引言

第二次世界大战后，发达国家居民的生育率和死亡率均存在下降趋势，人口老龄化进程不断加剧。目前，人口老龄化在全球已成为普遍趋势。2000 年，中国亦开始进入老龄化社会，中国人口老龄化的加深主要归因于预期寿命的提高和生育率的下降，而生育率的下降是最重要的因素。以生育率降低为主要特征的人口老龄化无疑将对社会经济产生重要影响，例如，物质资本积累和人力资本积累、技术进步和长期经济增长等（张秀武、赵昕东，2018）。

以生育率降低为主要特征的人口老龄化和技术进步是目前发达国家和部分发展中国家经济增长过程中最引人注目的两个方面。部分学者认为人口老龄化将会阻碍技术进步和长期经济增长，进而成为 21 世纪众多国家面临的重要挑战。

然而根据贝克尔的子女数量—质量替代理论，随着人均收入和受教育水平的提高，居民的生育率存在下降趋势，但将提升子女受教育程度进而促进人力资本积累。因此，虽然人口老龄化降低了劳动力数量，但却提高了人力资本水平，因此，社会总人力资本存量和技术进步不一定存在下降趋势。例如，Elgin 和 Tumen（2010）、Strulik 和 Prettner（2013）均认为衰退的人口增长和经济增长完全可以并存。Ashraf（2013）基于现实的参数校准，通过数值模拟表明发展中国家的生育率降低有利于经济发展。Kotschy 和 Sunde（2018）基于跨国面板数据的经验研究发现人力资本积累可以补偿人口老龄化对经济增长的负面效应，但不同国家的教育补偿效应存在异质性。Hsu 等（2018）在包含生育率、教育决策和要素积累的一般均衡世代交叠模型框架下，研究了生育率衰退和人口老龄化对经济增长的影响，研究表明预期寿命延长将会提升物质资本积累和人力资本积累，因此，人口老龄化不一定阻碍技术进步和长期经济增长。

具体到中国情境，图 5 - 1 和图 5 - 2 分别报告了 2010 年全国分县、2000—2015 年全国分省的人口老龄化与平均受教育年限之间的关系，可知，人口老龄化与平均受教育年限正相关。

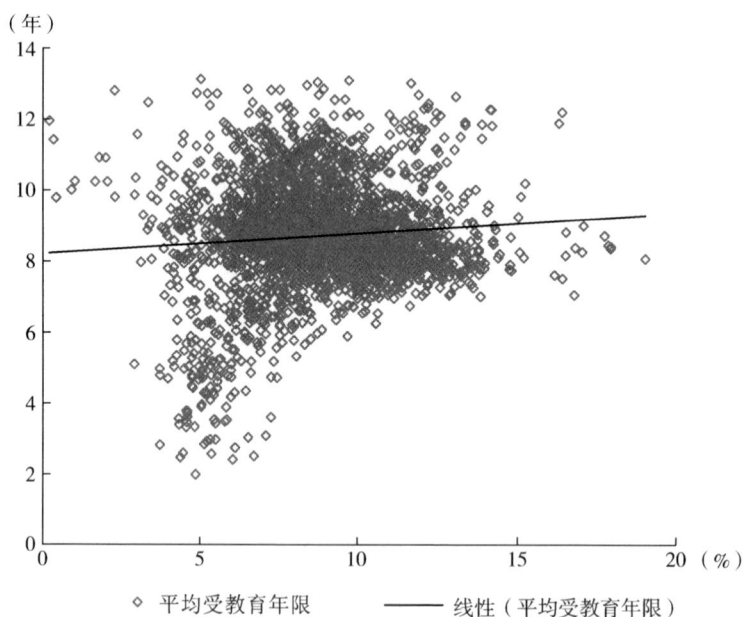

图 5 - 1　2010 年全国分县人口老龄化和平均受教育年限散点图
资料来源：2010 年全国人口普查分县资料。

Nelson 和 Phelps（1966）认为人力资本和技术进步存在高度互补性，人力资本积累将促进技术进步，可以推动经济体向创新驱动型社会

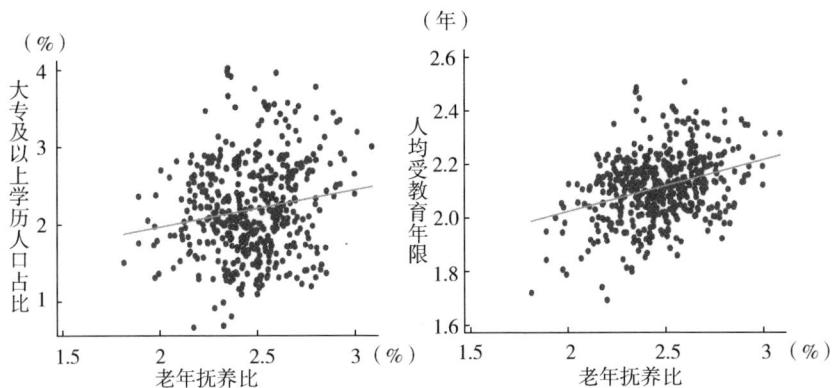

图 5-2　中国分省 2000—2015 年人口老龄化和人力资本散点图

注：左图为老年抚养比和大专及以上学历人口占比散点图；右图为老年抚养比和人均受教育年限散点图，各变量均取对数形式。

资料来源：历年《中国统计年鉴》和笔者计算所得。

转型。由于人力资本和技术进步是长期经济增长的重要驱动力量（Nelson 和 Phelps，1966；Romer，1990；Jones，1995），因此，人口老龄化和人力资本积累、技术进步之间的内在关系值得深入研究（邓翔、张卫，2018）。

大量文献在世代交叠模型的基础上研究了生育率和教育投资之间的关系，即子女的数量—质量替代（quantity-quality trade-off）理论（Becker et al.，1990；Galor & Weil，1999；Galor & Weil，2000；Hirazawa & Yakita，2017；Tournemaine & Luangaram，2012；Chu et al.，2013；Werner & Prettner，2014；Hashimoto & Tabata，2016；Hirazawa & Yakita，2017），并取得了丰硕的成果。在子女数量—质量替代模型中，随着收入水平的提高，居民将减少生育子女数量，增加子女教育投资，因为抚养子女的机会成本和教育成本较高。因此，他们认为生育率的降低将会提升子女的受教育水平进而提升人力资本积累、促进长期经济增长。

部分文献也探讨了预期寿命延长对教育决策、人力资本和技术进步的关系（Gehringer & Prettner，2017；Futagami & Konishi，2018），他们一般认为预期寿命的提升将减少生育率，提升子女教育和自身教育投资，增加物质资本积累和人力资本积累，进而提升技术进步。例如，Gehringera 和 Prettner（2017）在 Jones 的半内生增长理论基础上构建了 OLG 模型，研究了预期寿命延长影响 R&D 投资和长期经济增长的微观机制，他们认为预期寿命延长提升了家庭对物质资本和 R&D 投资的激励，将对技术进步和经济增长产生正向影响。Futagami 和 Konishi（2018）构造了包含生育率、死亡率和 R&D 投资的世代交叠模型，研究了人口增长和技术进步的关系，他们认为在现代经济增长阶段，人口增长和技术进步负相关。

综上所述，众多文献从生育率、预期寿命等视角研究其本身对人力资本和经济增长的影响，然而研究人口老龄化、人力资本和技术进步之间关系的文献较为缺乏。Strulik（2005）将人力资本积累纳入内生增长模型，研究了人口增长、技术进步和经济增长之间的关系，分析认为由于资本积累机制，长期经济增长和稳定的人口增长存在兼容性。Prettner（2013）在统一增长理论、半内生增长和世代交叠模型的基础上研究了人口增长和技术进步之间的关系，他们认为在经济体向现代经济增长阶段转型前，人口增长和经济增长正相关，因为人口增长提升了人力资本存量；进入现代经济增长阶段后，生育率降低虽然降低了劳动力数量，人力资本水平却存在上升趋势。因此，生育率降低并未降低经济增长速度。然而他们并未深入研究人口老龄化、人力资本积累和技术进步之间的内在关系。另外，本章并不尝试在统一增长框架下研究经济体的转型过程。Ludwig 和 Vogel（2010）在两期 OLG 框架下研究了人口结构、物质资本积累和教育投资之间的关系，认为人口老龄化虽然将降低劳动力增长率，但却提升了人力资本相对于物质资本的报酬，进而提升人力资本积累。然而他们并未在半内生增长模型的基础上探讨人口老龄化和技术进步之间的关系。

有鉴于此，本章将重点研究现代经济增长阶段人口老龄化、人力资本积累和技术进步之间的内在关系，即人口老龄化影响技术进步的人力资本机制，其微观机制在于家庭在子女数量和质量之间的最优决策（Becker、Murphy and Tamura，1990）。本章将在包含生育率、死亡率、教育决策和人力资本积累的三期世代交叠模型（OLG）的基础上，把以生育率和死亡率降低为主要特征的人口老龄化纳入半内生增长模型，研究人口老龄化对人力资本和技术进步的影响。

第二节　中国人力资本积累的总体态势

本节将主要从高等教育事业发展、平均受教育年限和人力资本指数三方面阐释中国人力资本积累的总体态势。

一　高等教育事业发展

前文分析了计划生育政策的双重效应，该政策不仅有效降低了生育率，还提升了人力资本积累。中国人力资本积累迅速发展的另一个原因是中国的高考制度和大学的扩招政策。

1977 年中国恢复高等教育招生考试制度，中国的高考制度为广大民众通过教育提升人力资本积累提供了巨大机会，促进了中国高等教育的迅速发展。1978 年，普通高等院校招生 40.2 万人，在校生人数 85.6 万人，毕业生人数 16.5 万人，高等教育发展明显滞后。随着高考制度的正常有序推行，中国的高等教育取得了长足发展，1998 年招生人数升至 108 万人，在校生人数升至 341 万人，毕业生人数升至 82.98 万人。1999 年，教育部颁布《面向 21 世纪教育振兴行动计划》，进行扩招改革，扩大了高等院校的招生规模，高校录取人数不断增长，增长速度不断上升。2015 年，中国的高等院校入学人数高达 700 万人，其中三分之一攻读科学和工程专业，而在海外学习的学生人数高达 50 万人，平均每年增长 13.9%（Zilibotti，2017）。截至 2017 年，普通高等院校招生人数升至 761.4893 万人，在校生人数 2753.5869 万人，毕业生人数高达 735.8287 万人（图 5-3）。

从研究生招生和毕业情况来看，2000 年研究生招生人数仅为 12.8484 万人，在校生人数 30.1239 万人，毕业生人数仅为 5.8767 万人。此后，

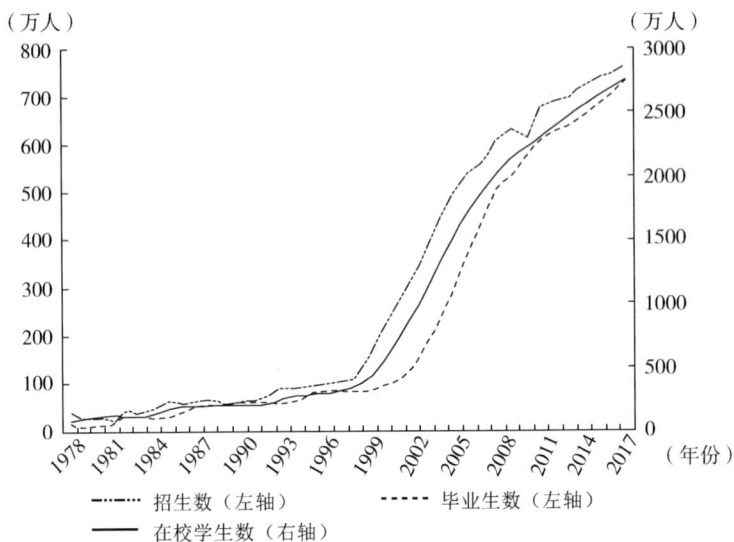

图 5 - 3　中国 1978—2017 年普通高等院校发展

资料来源：历年《中国统计年鉴》。

由于国家加强了研究生招生规模，研究生招生人数不断上升，2017 年，研究生招生人数升至 80.0613 万人，在校生人数升至 263.9561 万人，毕业生人数升至 57.8045 万人（图 5 - 4）。研究生教育发展迅猛，极大地提高了中国的人均受教育年限。

从留学生情况来看，2000 年，出国留学人员仅为 3.8989 万人，学成归国人员仅为 0.9221 万人。随着中国经济发展水平的提高，中国出国留学的人数不断上升，截至 2017 年，出国留学人员升至 60.84 万人，学成归国人员高达 48.09 万人。中国居民的受教育形式逐渐丰富和多样化。

中国高等教育事业的发展，极大地提升了中国人力资本积累，为社会经济发展提供了源源不断的优秀人才。而且人力资本具有正外部性和溢出效应，社会平均人力资本上升将促进物质资本积累和技能偏向型技术变迁，提高劳动生产率。长期来看，众多高质量劳动力进入社会就业将会促进技术进步，推动中国向创新驱动经济体转型。

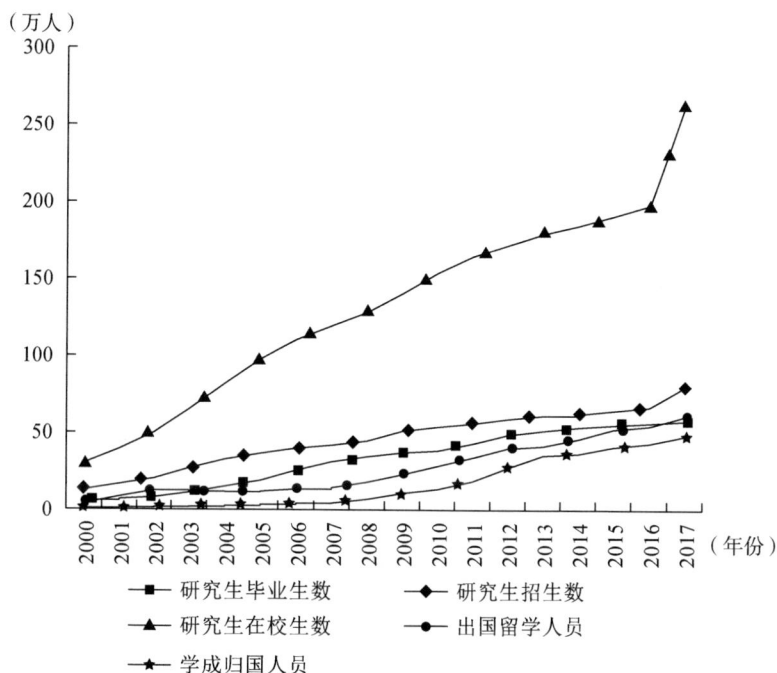

（万人）

　　研究生毕业生数　　　　　研究生招生数
　　研究生在校生数　　　　　出国留学人员
　　学成归国人员

图 5 - 4　2000—2017 年中国研究生和留学生发展情况

资料来源：历年《中国统计年鉴》。

二　平均受教育年限

从受教育年限来看，按照学术界常用做法，把文盲半文盲赋值 0 年，小学文化赋值 6 年，初中文化赋值 9 年，高中文化赋值 12 年，大学专科文化赋值 16 年，大学本科文化赋值 16 年，研究生文化赋值 20 年，计算全国人均受教育年限。

从图 5 - 5 可知，1984 年，中国平均受教育年限仅为 6.1629 年，随后小幅上涨，2000 年升至 7.11 年。由于普通高等院校扩招，中国人均受教育年限自 2000 年开始上升速度有所加快，2001 年升至 7.62 年，2015 年达 9.1 年。虽然平均受教育年限不断上涨，但是其水平仍比较低，未来还存在很大提升空间。

从平均受教育年限的地域分布和空间格局来看，北京、上海和天津平均受教育年限最高，分别为 12.28 年、11.03 年和 10.6 年。东北

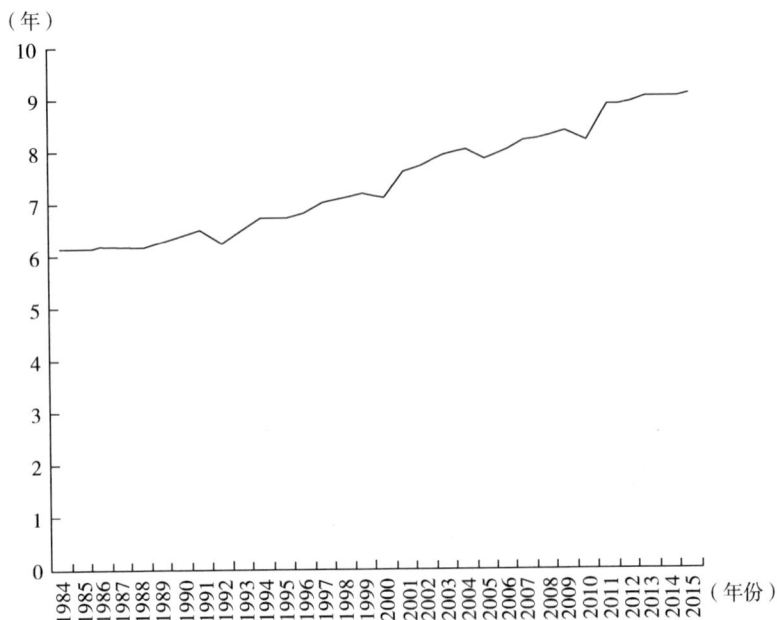

图 5 – 5   中国 1984—2015 年平均受教育年限

资料来源：根据历年《中国统计年鉴》计算整理。

三省、内蒙古和新疆、河北、山西和陕西、山东、江苏、湖北和湖南、
广东和海南平均受教育年限处于中高位置。青海和贵州属于低人力资
本范围，其余省份为中人力资本范围。中国人力资本地域分布差异明
显，未来需要进一步提高中部地区和西部地区的人均受教育年限。

三 人力资本指数

佩恩表 9.0 根据平均受教育年限和教育回报等指标计算了世界主要
国家的人力资本指数。根据佩恩表 9.0 数据，中国的人力资本指数远低
于日本、德国和美国。1952 年，中日德美四国人力资本指数分别为
1.1109、2.3554、2.5123 和 2.6088，中国与其他三国差距较大，随后四
国人力资本积累均存在提高趋势，2014 年，中日德美四国人力资本指数
分别为 2.4694、3.5399、3.6631 和 3.7228（图 5 – 6）。虽然中国的人力
资本指数也在不断提高，但与其他三国相比差距基本保持不变，仍远低
于其他三国。

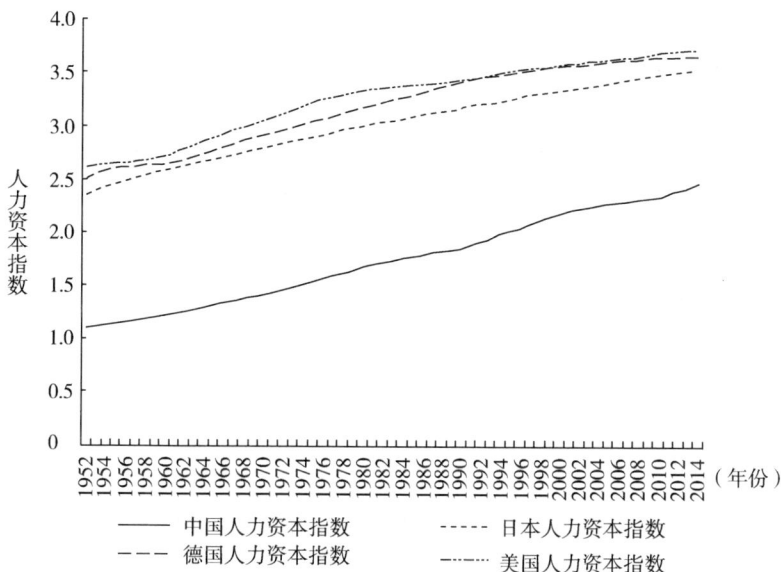

图 5 - 6　中日德美四国 1952—2014 年人力资本指数演化趋势

注：人力资本指数根据受教育年限和教育回报计算而得，具体定义和计算过程见佩恩表 9.0。

资料来源：佩恩表 9.0。

综上所述，虽然中国的高等教育事业取得了长足的发展，本科招生和研究生招生规模不断扩大，海外留学人员数量不断提升，平均受教育年限不断提高，然而与发达国家相比仍存在一定差距，中国进一步加强人力资本的潜力巨大，仍存在较大提高空间。因此，中国仍需加大人力资本投资力度以促进技术进步和经济增长。

第三节　理论模型

本章基于 Jones（1995）、Strulik 等（2013）、Hirazawa 和 Yakita（2017）、Prettner 和 Trimborn（2017）、Futagami 和 Konishi（2018），将生育率、死亡率、教育决策和人力资本积累纳入半内生增长模型，研究人口老龄化对人力资本积累及技术进步的影响。

一　人口老龄化

基于 Diamond（1965），假设经济体处于一个无限离散的时间序列，$t = 1$，2，$\cdots$，∞，代表性家庭存活无穷期，但代表性个体只存活三期，即儿童期、成年期和老年期，每一期时间长度标准化为 1。儿童期无任何经济决策；在成年期，成年人进入劳动力市场供给劳动获得工资收入，并进行消费—储蓄、生育和教育等决策，老年人退出劳动力市场，消费自己的储蓄且无遗赠动机。因此，在 t 期，社会总人口由儿童（N_t^c）、成年人（N_t^a）和老年人（N_t^o）构成。

记生育率为 n_t，为分析方便，假设劳动力增长率为 n_t。成年人进入老年期的存活率为 λ_t^N，根据 Hirazawa 和 Yakita（2017）、Futagami 和 Konishi（2018），本章假设存活率是收入的函数：

$$\lambda_t^N \ (w_t h_t) \ = v / \ (1 + \chi \, e^{-\xi w_t h_t}) \tag{5-1}$$

其中，$0 < v \leqslant 1$，$\chi > 0$，$\xi > 0$。则存在：

$$\lim_{w_t h_t \to 0} \lambda_t^N \ (w_t h_t) \ \equiv \frac{v}{1 + \chi} \tag{5-2}$$

$$\lim_{w_t h_t \to \infty} \lambda_t^N \ (w_t h_t) \ \equiv v \tag{5-3}$$

其中，w_t 为家庭的单位人力资本工资率；h_t 为家庭的人力资本水平，则 $w_t h_t$ 表示家庭收入。以上表明，当收入 $w_t h_t$ 趋于 0 时，生存概率趋于 $\frac{v}{1 + \chi}$；当收入 $w_t h_t$ 不断增长时，生存概率趋于一个常数 v。这与当代现实数据较为吻合。目前，发达国家和中国因为人均收入的提高，医疗卫生水平发展迅速，居民死亡率大幅下降，预期寿命大幅提高。但是预期寿命提高存在边界。由于本章主要研究的是现代经济增长阶段（Glaor and Weil，2000），即人均收入处于不断上升阶段，因此，本章假定生存率为一个常数 v。

该经济体在 t 期，成年人规模为 $N_t^a = n_t N_{t-1}^a$，老年人规模为 $N_t^o = v N_{t-1}^a$。记老年抚养比为 $OADR_t$，则该经济体在两期之间的老龄化系数可表达如下：

$$OADR_t = N_t^o / N_t^a = \frac{\mathrm{v}}{n_t} \tag{5-4}$$

由式（5-4）可知，当生育率下降时，老年抚养比将上升；当存活率提高也即死亡率降低时，老年抚养比也将上升。因此，生育率的下降直接导致了经济体人口老龄化程度的加重。目前，我国的生育率和死亡率均存在下降趋势，导致老龄化程度不断加深。

二 家庭部门

儿童的消费由父母提供，老年人消费自己的储蓄和利息。成年人提供 1 单位时间的劳动，并在当前消费和未来消费、子女数量和质量之间进行最优化决策。该经济体在 t 期时，成年人和老年人的消费分别为 c_t^a 和 c_t^o；成年人的人力资本为 h_t，单位人力资本工资率为 w_t，$w_t h_t$ 为成年人家庭的收入。记 n_t 为成年人生育的子女数量，φ 为成年人抚养子女的时间成本。e_t 为成年人父母对子女的教育投资。当期儿童的人力资本将决定下一期成年人的人力资本水平 h_{t+1}。

由于所有经济决策均由成年人家庭做出，则成年人家庭最大化线性对数效用函数如下：

$$U_t = \log\left(c_t^a\right) + \beta \mathrm{v} \log\left(c_{t+1}^o\right) + \gamma \log\left(e_t\right) + \log\left(n_t\right) \tag{5-5}$$

其中，c_t^a 为成年人的消费水平，c_{t+1}^o 为当他们进入老年期的消费水平。β 为效用贴现因子，v 是成年人存活至老年期的生存率；γ 和 η 分别为成年人对子女教育支出和家庭规模赋予的效用权重，均取值 $[0,1]$，且 $\gamma + < 1$。假设 $-\gamma > 0$，则确保了生育率为正数，即 $n_t > 0$。

将最终品价格标准化为 1，则成年人家庭的预算约束可表示为：

$$w_t h_t = c_t^a + s_t + n_t \left(e_t + \varphi\, w_t h_t\right) \tag{5-6}$$

其中，$n_t \varphi\, w_t h_t$ 代表抚养子女的时间和金钱成本，假定其为成年人家庭收入的一个固定比例，$0 < \varphi < 1$；$n_t e_t$ 为子女的教育成本；s_t 为成年人在 t 期进行的储蓄。成年人的收入在消费、储蓄、抚养和教育子女方面进行最优分配。

成年人进入老年后的预算约束为：

$$R_{t+1} s_t / \mathrm{v} = c_{t+1}^o \tag{5-7}$$

其中，c_{t+1}^o 为老年人在 $t+1$ 时期的消费，R_{t+1} 为当其进入老年后即在 $t+1$ 期所面对的无风险总利率。

联合式（5-5）—式（5-7），构造拉格朗日函数，可得：

$$L = \max_{\{c_t^a, s_t, e_t, n_t\}} \left\{ \begin{array}{l} \log\ (c_t^a)\ + \beta v \log\left(\dfrac{R_{t+1} s_t}{v}\right) + \gamma \log\ (e_t) \\ + \log\ (n_t)\ + \lambda\ [\ w_t h_t - c_t^a - s_t - n_t\ (e_t + \varphi\ w_t h_t)] \end{array} \right\}$$

$$(5-8)$$

其中，λ 为拉格朗日乘子，根据一阶条件可得：

$$c_t^a = \frac{1}{1 + \beta v + \eta} w_t h_t \tag{5-9}$$

$$s_t = \frac{\beta v}{1 + \beta v + \eta} w_t h_t \tag{5-10}$$

$$n_t = \frac{(-\gamma)}{(1 + \beta v + \eta)\ \varphi} \tag{5-11}$$

$$e_t = \frac{\gamma \varphi w_t h_t}{(-\gamma)} \tag{5-12}$$

式（5-11）两边对 v 进行全微分，可得：

$$\frac{\partial n_t}{\partial v} = \frac{-\beta \varphi\ (-\gamma)}{[\ (1 + \beta v + \eta)\ \varphi\ ]^2} < 0 \tag{5-13}$$

由式（5-13）可知，生存概率的增加也即预期寿命的延长将降低生育率；由 $OADR_t = \dfrac{v}{n_t}$ 可知，这将直接提升老年抚养比进而导致人口老龄化程度的加深。

式（5-11）两边分别对 η 和 γ 进行全微分，可得：

$$\frac{\partial n_t}{\partial \eta} = \frac{\varphi\ (1 + \beta v + \gamma)}{[\ (1 + \beta v + \eta)\ \varphi\ ]^2} > 0 \tag{5-14}$$

$$\frac{\partial n_t}{\partial \gamma} = \frac{-1}{(1 + \beta v + \eta)\ \varphi} < 0 \tag{5-15}$$

式（5-14）和式（5-15）表明父母对子女数量权重的增加将提升生育率；父母对子女教育权重的增加将降低生育率。联合两式可知，由于预算约束的限制和抚养子女的机会成本，若父母想要更多的子女，则需减少子女的教育投资；若父母想提升子女的教育投资，则必须减少子女数量，即父母在子女数量和质量之间进行最优权衡（Becker，1973）。

另外，n_t 的值取决于 φ 的大小，当 $\varphi > \dfrac{1+\beta v+\eta}{\eta-\gamma}$ 时，则 $n_t < 1$。说明教育成本的提高将降低子女的数量，这与中国的现实数据也较为吻合。

三　人力资本积累

该经济体在 t 期，家庭对子女进行教育投资，在 $t+1$ 期将转化为成年人的人力资本。教育投资的成本接近于当前一代的工资水平 $w_t h_t$，借鉴 Werner 和 Prettner（2014）、Shakuno（2014），教育投资和人力资本积累方程可表示如下：

$$h_{t+1} = E\left(\frac{e_t}{w_t h_t}\right)^{\sigma} h_t \qquad (5-16)$$

其中，E 为教育的生产率，$E > 0$；$0 < \sigma \leqslant 1$。说明下一期的人力资本由教育的生产率、教育投资的相对收益和父母的人力资本决定。

将式（5-12）代入式（5-16），可得：

$$h_{t+1} = \widetilde{E}\ (\gamma\varphi)^{\sigma} h_t \qquad (5-17)$$

其中，$\widetilde{E} = \dfrac{E}{(-\gamma)^{\sigma}}$。

式（5-17）两边对 h_t 进行全微分，可得：

$$\frac{\partial h_{t+1}}{\partial h_t} = \widetilde{E}\ (\gamma\varphi)^{\sigma} > 0 \qquad (5-18)$$

式（5-18）表明人力资本存在增长趋势。另外，当 $\sigma = 1$ 时，人力资本的演化可表示为：

$$\frac{h_{t+1}}{h_t} = \frac{E}{\eta-\gamma}\gamma\varphi \qquad (5-19)$$

由式（5-19）可知，当 $\dfrac{h_{t+1}}{h_t} > 1$，说明人力资本在不断增加，技术进步加快，经济将可持续增长，本章后续的分析均假设 $\sigma = 1$，即教育投资转化为人力资本的生产率为1。考虑到教育投资是人力资本积累最主要的方式，因此，该假设与现实数据较为吻合。

该经济体在 t 期的人力资本总量 H_t 由劳动力数量 L_t 和人均人力资本 h_t 构成，即 $H_t = h_t L_t$。因此，劳动力数量的增长和人均人力资本水平的上升都将驱动人力资本总量的上升。

四 生产和研发部门

经济体包括最终品、中间品和研发三个生产部门，使用资本（K）、劳动（L）两种要素，生产最终品（Y）、中间品（X）和知识（A）三种产品。其中，最终品企业使用劳动和中间品生产最终品，市场完全竞争。中间品部门使用资本和知识生产中间品，市场垄断竞争。研发部门为了利润最大化进行有目的的创新投资，在竞争性的劳动力市场上与最终品部门竞争劳动力，利用劳动生产知识，推动技术进步。知识是一种非竞争（non-rival）、部分排他（non-excludable）的公共物品，具有外部性和溢出效应，可以拓展其他企业生产与技术可能性边界。

1. 最终品部门

最终品部门的生产函数为柯布—道格拉斯形式，根据 Jones（1995），可知：

$$Y_t = \left(H_t^Y \right)^{1-\alpha} \sum_{i=1}^{A_t} x_{(i,\,t)}^{\alpha} \qquad (5-20)$$

Y_t 代表总产出，即经济体的 GDP，H_t^Y 代表劳动力投入，A_t 为知识和技术前沿，x_i 代表不同种类的生产最终品的中间品投入数量，α 为中间品的投入份额，$0 < \alpha < 1$。由于市场完全竞争，要素价格等于其边际产品：

$$w_t^Y = (1-\alpha) \frac{Y_t}{H_t^Y} \qquad (5-21)$$

$$p_{(i,\,t)} = \alpha \left(H_t^Y \right)^{1-\alpha} x_{(i,\,t)}^{\alpha-1} \qquad (5-22)$$

其中，w_t^Y 为最终品部门的工资率，$p_{(i,\,t)}$ 为第 i 种类的中间品价格。

2. 中间品部门

假定中间品部门垄断竞争，它从研发部门购买知识作为固定投入，然后购买资本生产不同种类的中间品。知识成本代表了每个垄断竞争企业的固定成本，垄断竞争市场的自由进出确保了垄断竞争企业获得相当于固定成本的运行利润。由此，其正常利润为 0。我们假定使用 1 单位资本生产 1 单位中间品，故 $k_{(i,t)} = x_{(i,t)}$。则第 i 个企业利润函数为：

$$\pi_{(i,t)} = p_{(i,t)} k_{(i,t)} - r_t k_{(i,t)} \qquad (5-23)$$

$$= \alpha \ (H_t^Y)^{1-\alpha} k_{(i,t)}^{\alpha} - r_t k_{(i,t)} \qquad (5-24)$$

对 $k_{(i,t)}$ 求一阶导可得中间品的价格：

$$p_{(i,t)} = \frac{r_t}{\alpha} = p_t \qquad (5-25)$$

其中，$1/\alpha$ 为高于边际成本的成本加价。对以上部门进行加总可知资本存量等于中间品部门生产的中间产品数量，$K_t = \sum_0^{A_t} x_{(i,t)}$，即 $K_t = A_t x_t$，把其代入式（5-20），则最终品部门的生产函数可表示如下：

$$Y_t = A_t^{1-\alpha} \ (H_t^Y)^{1-\alpha} K_t^{\alpha} \qquad (5-26)$$

中间品部门的自由进出条件要求其均衡时利润等于其固定成本，则存在：

$$\pi_{(i,t)} = \pi_t = p_t^A \qquad (5-27)$$

其中，p_t^A 为中间品部门向研发部门购买专利和知识的价格。

3. 研发部门

研发部门使用科学家或研发人员 H_t^A 和已有的知识存量生产知识，例如设计、专利等。H_t^A 与劳动力市场上的其他劳动力 H_Y 并没有本质的不同，因为 H_t^A 同样可以无成本地利用已有知识存量 A_t 进入研发部门

知识存量的演化律可表示为：

$$A_{t+1} - A_t = \delta_t H_t^A \qquad (5-28)$$

其中，δ_t 为科技人员的知识生产效率，表达式如下。

$$\delta_t = \bar{\delta} A_t^{\phi} \qquad (5-29)$$

其中，根据 Jones（1995），$\bar{\delta} > 0$；ϕ 为知识溢出参数，$0 < \phi < 1$，说明知识和技术的生产存在外部性和溢出效应，但边际报酬递减[1]。

---

[1] 根据 Jones（1995），如果考虑创新活动的复制效应，则 $A_{t+1} - A_t = \delta_t \ (H_t^A)^{\zeta}$，$0 < \zeta \leqslant 1$。本章虽然为了简化不考虑此种效应，但并不影响本章的基本结论。

把式（5-29）代入式（5-28），可知：

$$A_{t+1} - A_t = \bar{\delta} A_t^{\phi} H_t^A \qquad (5-30)$$

研发部门的利润函数为：

$$\max \ [\ p_t^A \delta_t H_t^A - w_t^A H_t^A\ ] \qquad (5-31)$$

由一阶条件可知，

$$w_t^A = p_t^A \delta_t \qquad (5-32)$$

劳动力总量由最终品部门雇佣的劳动力和研发部门雇佣的研发人员构成，即存在：

$$H_t = H_t^A + H_t^Y \qquad (5-33)$$

劳动力市场均衡时，两部门工资相等，存在：

$$w_t^A = w_t^Y = p_t^A \delta_t = \frac{1-\alpha}{H_t^Y} Y_t \qquad (5-34)$$

研发部门完全竞争，由于自由进出条件，联合式（5-22）和 r_t 的表达式，并将其结果代入式（5-24）可得：

$$p_t^A = \pi_t = \frac{\alpha \ (1-\alpha)}{A_t} Y_t \qquad (5-35)$$

把式（5-35）代入式（5-34）并整理可得：

$$H_t^Y = \frac{A_t}{\alpha \delta_t} \qquad (5-36)$$

由式（5-33）可知，

$$H_t^A = H_t - \frac{A_t}{\alpha \delta_t} \qquad (5-37)$$

把式（5-37）代入式（5-30）并联合 $H_t = h_t L_t$，可知，

$$A_{t+1} = \bar{\delta} A_t^{\phi} L_t h_t - \frac{1-\alpha}{\alpha} A_t \qquad (5-38)$$

由式（5-38）可知技术进步由知识存量、劳动力总量和人力资本水平决定。

成年人总规模为 N_t^a，由于需要抚养子女，则进入劳动力市场的规模为：

$$(1-\varphi n_t) \ N_t^a \qquad (5-39)$$

因此，在 t 期，该经济体的劳动力供给总量 L_t 为：

$$L_t = (1 - \varphi n_t) N_t^a \tag{5-40}$$

$$\frac{L_{t+1}}{L_t} = \frac{(1 - \varphi n_{t+1}) N_{t+1}^a}{(1 - \varphi n_t) N_t^a} = \frac{(1 - \varphi n_{t+1}) n_t N_t^a}{(1 - \varphi n_t) N_t^a} \tag{5-41}$$

假设物质资本经过一代后完全贬值，则该经济体处于均衡时，下一期的物质资本为：

$$K_{t+1} = s_t N_t^a \tag{5-42}$$

则年轻一代人均资本存量为

$$n_t k_{t+1} = s_t \tag{5-43}$$

将式（5-10）代入式（5-43），可知：

$$n_t k_{t+1} = \left[\frac{\beta v}{1 + \beta v + \eta} w_t h_t \right] \tag{5-44}$$

五　比较静态分析

本部分将首先考察经济体在稳态均衡时人口老龄化对技术进步的影响，进而探寻存在此种影响的内在机制。由于本章假设老年存活率 v 为常数，人口老龄化主要源于生育率的降低。因此，需要探寻生育率对人力资本和技术进步的影响，而根据式（5-14）—式（5-15），生育率内生化于家庭的理性决策，即子女数量—质量替代理论。因此，问题转化为子女数量权重 η 和子女质量权重 γ 对技术进步的影响及其内在机制。

1. η 和 γ 对技术进步增长率 g_A 的影响

该经济体达到平衡增长路径时，经济体的增长速度为常数，L_t 和 N_t 将按相同的增长速度 n_t 增长。则存在：

$$\frac{L_{t+1}}{L_t} = \frac{(1 - \varphi n_{t+1}) N_{t+1}^a}{(1 - \varphi n_t) N_t^a} = \frac{(1 - \varphi n_{t+1}) n_t N_t^a}{(1 - \varphi n_t) N_t^a} = n_t = \frac{(-\gamma)}{(1 + \beta v + \eta) \varphi} \tag{5-45}$$

由式（5-38）可知，

$$\left(\frac{A_{t+1}}{A_t} \right)^{1-\phi} = \left(\frac{h_{t+1}}{h_t} \right) \left(\frac{L_{t+1}}{L_t} \right) = \frac{E}{\eta - \gamma} \gamma \varphi n_t \tag{5-46}$$

由式（5 - 46）可知，虽然 n_t 下降不利于技术进步，但是 $\frac{h_{t+1}}{h_t}$ 的上升可能会产生反作用，抵消人口数量下降对技术进步的负面效应。

根据式（5 - 46）可得，

$$\left(\frac{A_{t+1}}{A_t}\right)^{1-\phi} = \frac{\gamma\varphi}{\eta-\gamma} E\left(\frac{-\gamma}{(1+\beta v+\eta)\;\varphi}\right) = \frac{E\gamma}{1+\beta v+\eta} \quad (5-47)$$

对式（5 - 47）进行整理，可知

$$g_A = \frac{A_{t+1}-A_t}{A_t} = \frac{A_{t+1}}{A_t} - 1 = \left[\frac{E\gamma}{1+\beta v+\eta}\right]^{\frac{1}{1-\phi}} - 1 \quad (5-48)$$

式（5 - 48）两边分别对 γ 和 η 进行全微分，可得

$$\frac{\partial g_A}{\partial \gamma} = \frac{1}{1-\phi}\left(\frac{E}{1+\beta v+\eta}\right)^{\frac{\phi}{1-\phi}} > 0 \quad (5-49)$$

$$\frac{\partial g_A}{\partial \eta} = \frac{1}{1-\phi}\left(\frac{-E\gamma}{(1+\beta v+\eta)^2}\right)^{\frac{\phi}{1-\phi}} < 0 \quad (5-50)$$

由此可知，当家庭对子女教育的权重 γ 上升时，技术进步速度将上升；当家庭对子女数量的权重 η 下降时，技术进步速度 g_A 也将上升。

2. η 和 γ 对劳动力增长率 g_L 的影响

根据劳动力增长率公式：

$$g_L = \frac{L_{t+1}-L_t}{L_t} = \frac{L_{t+1}}{L_t} - 1 = n_t - 1 = \frac{-\gamma}{(1+\beta v+\eta)\;\varphi} - 1 \quad (5-51)$$

式（5 - 51）两边分别对 γ 和 η 进行全微分，可得：

$$\frac{\partial g_L}{\partial \gamma} = \frac{-1}{(1+\beta v+\eta)\;\varphi} < 0 \quad (5-52)$$

$$\frac{\partial g_L}{\partial \eta} = \frac{1}{(1+\beta v+\eta)\;\varphi} > 0 \quad (5-53)$$

由式（5 - 52）—式（5 - 53）可知，当家庭对子女教育的权重 γ 上升时，生育率和劳动力增长率将下降；当家庭对子女数量的权重 η 下降时，生育率和劳动力增长率将下降。

3. η 和 γ 对总人力资本存量增长率 g_H 的影响

由于 $H_t = h_t L_t$，则存在：

$$g_H = \frac{H_{t+1} - H_t}{H_t} = \frac{H_{t+1}}{H_t} - 1 = \frac{\gamma\varphi}{\eta - \gamma}E\frac{-\gamma}{(1+\beta v+\eta)}\frac{1}{\varphi} - 1 = \frac{\gamma E}{1+\beta v+\eta} - 1$$

$$(5-54)$$

式（5-54）两边对 γ 和 η 进行全微分，可得：

$$\frac{\partial g_H}{\partial \gamma} = \frac{E}{1+\beta v+\eta} > 0 \qquad (5-55)$$

$$\frac{\partial g_H}{\partial \eta} = \frac{-\gamma E}{(1+\beta v+\eta)^2} < 0 \qquad (5-56)$$

由上述可知，当家庭对子女的教育权重 γ 提高时，社会总人力资本存量将上升；当家庭的子女数量权重 η 下降时，社会总人力资本存量也将上升。

综上所述，当家庭对子女教育的权重 γ 上升或对子女数量的权重 η 下降时，将降低生育率进而直接导致人口老龄化。因此，人口老龄化与技术进步正相关，其微观机制在于人口数量与质量的替代，即虽然劳动力总量 L_t 存在下降趋势，但每一代的人力资本水平 h_t 在上升，因此总人力资本存量 H_t 趋于上升。

至此，本章说明了以生育率降低为主要特征的人口老龄化将促进人力资本存量的提升进而促进技术进步。其内在机制在于，随着人均收入水平的提高，家庭将在子女的质量和数量之间进行最优决策。由于人力资本溢价上升，投资于人力资本的激励上升，家庭将提高子女的教育权重，加大对子女的教育投资。由于家庭预算约束的限制和机会成本的上升，家庭将减少生育子女数量，从而降低了生育率，减少了劳动力人口，人口老龄化程度加深。虽然劳动力数量存在一定程度的下降，但是未来每一代子女的人力资本均高于上一代，抵消了劳动力数量下降对人力资本总量的负面影响，即人口质量红利替代了人口数量红利，一定程度上提升了社会的人力资本存量[1]。由于技术进步是人力资本的函数，因此，技术进步存在上升趋势。

---

[1] Mason, A., Lee, R., Jiang, J. X., "Demographic Dividends, Human Capital, and Saving", *Journal of the Economics of Aging*, 2016 (7): 106-122.

目前，我国人口老龄化不断加重，劳动力总量减少，但是减少的大部分劳动力的人力资本均低于当前年轻一代的人力资本。随着我国大学扩招政策的实施，绝大部分成年人接受了高等教育，提升了人力资本积累。因此，从社会整体来看，人口老龄化并未降低全社会的人力资本存量。未来，我国需进一步加大教育投资，促进劳动力人口的人力资本积累，以人口质量红利替代人口数量红利。

第四节　参数赋值和数值模拟

为了更直观地展示人口老龄化对劳动力、人力资本和技术进步增长速度的影响，本章将以中国现实情境为基础并结合现有研究文献对各变量进行赋值，然后进行数值模拟。

一　参数赋值

根据前文的理论模型，本章涉及的参数为 β、v、γ、φ、E、ϕ、σ 和 η，基准模型中的各参数赋值见表 5 – 1。

表 5 – 1　　　　　　　　　　　　参数赋值

变量	β	v	γ	φ	E	ϕ	σ	η
取值	0.3	0.9	0.15	0.09	11	0.3	1	0.25

（1）β 为效用贴现因子也即家庭对未来消费赋予的权重。一般来说，主观贴现因子一般取值 [0.9，1]，借鉴彭浩然等（2018），主观贴现因子取值 0.96，若成年人工作 30 年，则 $\beta = 0.96^{30} \approx 0.3$。因此，家庭对未来消费赋予的效用权重 β 取值 0.3。

（2）v 为老年存活率也即预期寿命。在现代经济增长阶段，居民的人均收入水平大幅提高，预期寿命随之上升。Futagami 和 Konishi（2018）将 v 取值为最大值 1，汪伟（2016）将 v 取值为 0.84。鉴于中国尚为发展中国家，采取折中做法，选择一个较高的老年存活率 $v = 0.9$。本章认为人口老龄化主要源于生育率的降低，因此设置老年存活率 $v = 0.9$，即为常数时，生育率的降低将直接导致人口老龄化。因此，人口老龄化对人力资本、技术进步的影响本质上源于生育率的影响。

（3）η 为家庭选择子女数量的效应权重。Strulik 等（2013）将 η 取值为 0.26，由于中国传统的计划生育政策，中国家庭的生育率低于发达国家。因此，本章将家庭选择子女数量的效用权重 η 取值为 0.25。η 越低，则家庭生育率越低；η 越高，则家庭生育率越高。

（4）γ 为家庭选择子女质量的效应权重。Strulik 等（2013）将 γ 赋值为 0.14，本章将家庭对子女教育投资在效用函数中所占权重 γ 赋值为 0.15。γ 越高，说明家庭越注重子女的教育投资和人力资本积累。

（5）φ 为家庭抚养子女的时间成本。一般为 8.8%—10%，借鉴 Strulik 等（2013），本章采取折中办法，设 $\varphi = 0.09$。

（6）ϕ 和 σ 分别为知识溢出参数和教育投资的收益参数。根据已有研究，在基准情境下，分别设置知识溢出参数 $\phi = 0.3$、教育投资的收益参数 $\sigma = 1$。

（7）E 为教育生产率。在基准情境下，不妨设置教育生产率 $E = 11$。

值得说明的是，在一定范围内改变以上参数，并不会改变各变量之间的相互关系及其演化路径。

二　数值模拟

本章将基于前文的理论模型和参数赋值，研究经济体在稳态均衡时，生育率也即人口老龄化对劳动力总量、人力资本和技术进步的影响。

第一，根据式（5-11）及式（5-14）—式（5-15），令 η 为相隔 0.1 的数值序列，其余参数取基准值，研究子女数量权重对人口年度增长率和人口老龄化的影响；令 γ 为相隔 0.1 的数值序列，其余参数取基准值，研究子女教育权重对人口年度增长率和人口老龄化的影响。进而研究人口老龄化对劳动力、人力资本总量和技术进步增长率的影响。

图 5 - 7 中的 a 图报告的是子女数量权重和人口年度增长率之间的关系。由图 5 - 7 可知，当家庭对子女的数量权重 η 增加（减少）时，人口年度增长率随之增加（减少），说明子女数量权重与人口年度增长率正相关。图 5 - 7 中的 b 图报告的是家庭选择子女质量权重 γ 和人口年度增长率之间的关系。由图 5 - 7 可知，当家庭对子女的质量权重 γ 上升（下降）时，人口年度增长率随之下降（上升时），说明子女质量权重与人口年度增长率负相关。以上结论与贝克尔的人口数量—质量替代理论较为一致。

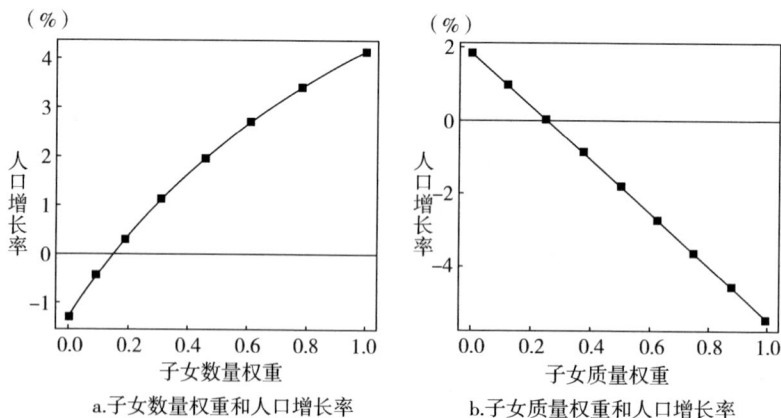

a.子女数量权重和人口增长率　　b.子女质量权重和人口增长率

图 5 - 7　子女数量权重、子女质量权重与人口年度增长率

由于生育率的下降将直接导致人口老龄化，因此，子女数量权重下降和子女教育权重上升是人口老龄化加深的微观机制。

第二，根据式（5 - 48）及式（5 - 49）—式（5 - 50），本章将报告子女数量权重、质量权重与技术进步增长率之间的关系。图 5 - 8 分别报告了子女数量权重、质量权重和技术进步增长率之间的关系。由图 5 - 8 可知，当家庭选择子女数量权重 η 下降时，技术进步增长率将随之上升；当家庭选择子女质量权重 γ 增加时，技术进步增长率也将上升。结合图 5 - 7 和图 5 - 8 可知，子女数量权重下降和子女质量权重上升将引起人口老龄化和技术进步增长率的上升。因此，人口老龄化不一定阻碍技术进步，其微观机制在于：虽然人口数量存在下降趋势，但人口质量在上升，抵消了劳动力数量下降对技术进步的负面效应。

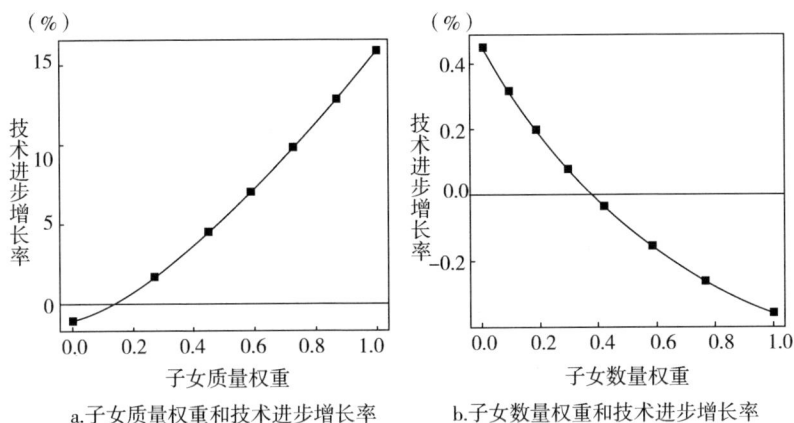

a.子女质量权重和技术进步增长率   b.子女数量权重和技术进步增长率

图 5 - 8 子女质量权重、子女数量权重和技术进步增长率

第三，根据式（5 - 51）及式（5 - 52）—式（5 - 53），本章将报告子女数量权重、质量权重与劳动力增长率之间的关系。图 5 - 9 分别报告了子女数量权重、质量权重和劳动力增长率之间的关系。由图 5 - 9可知，当家庭选择子女数量权重 η 下降时，劳动力增长率将随之下降；当家庭选择子女质量权重 γ 增加时，劳动力增长率也将下降。因此，以生育率下降为主要特征的人口老龄化降低了劳动力增长率，导致了人口数量红利的消失。

第四，本章将从图形上显示人口老龄化并未阻碍技术进步的微观机制，也即人力资本机制。根据式（5 - 19），设定每一期为 30 年，其余参数取基准值。图 5 - 10 报告了人力资本的演化路径。

由图 5 - 10 可知，人力资本存量随着时间的推移存在上升趋势，从侧面印证了在人口老龄化背景下，人力资本存量并不存在下降趋势。

第五，图 5 - 11 分别报告了子女数量权重、子女质量权重和社会总人力资本存量增长率之间的关系。由图 5 - 11 可知，当子女数量权重 η 下降时，社会总人力资本存量增长率存在上升趋势；当子女质量权重 γ 上升时，社会总人力资本存量增长率也将上升。结合前文分析可知，人口老龄化虽然使得劳动力数量存在下降趋势，但人力资本存量却在不断

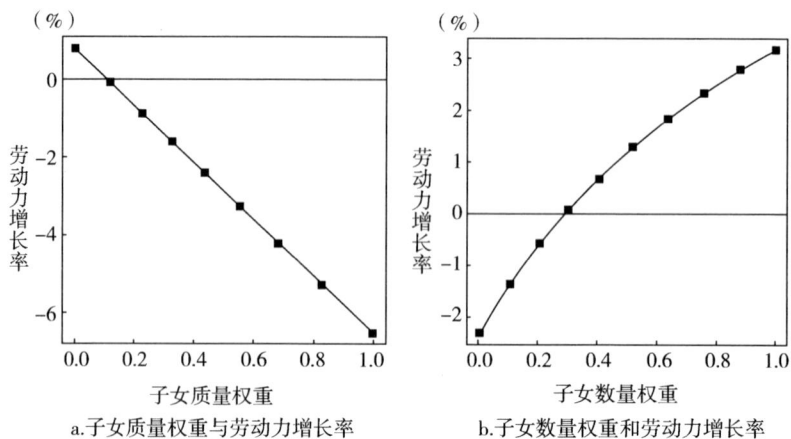

a.子女质量权重与劳动力增长率   b.子女数量权重和劳动力增长率

图 5-9　子女质量权重、子女数量权重与增长率

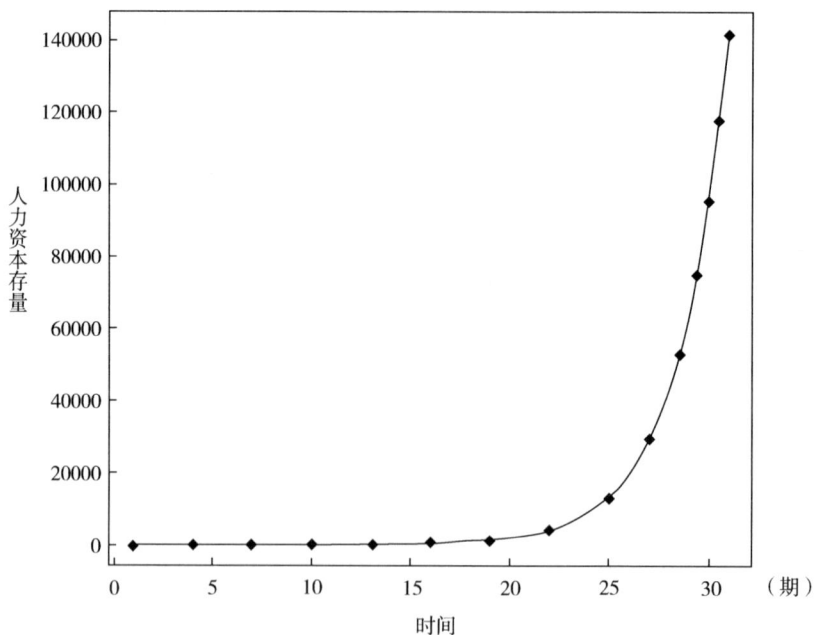

图 5-10　人力资本演化路径

提升。

综上所述，子女数量权重下降和子女质量权重上升将降低人口年度增长率，进而导致人口老龄化，减少劳动力数量，人口数量红利趋于消

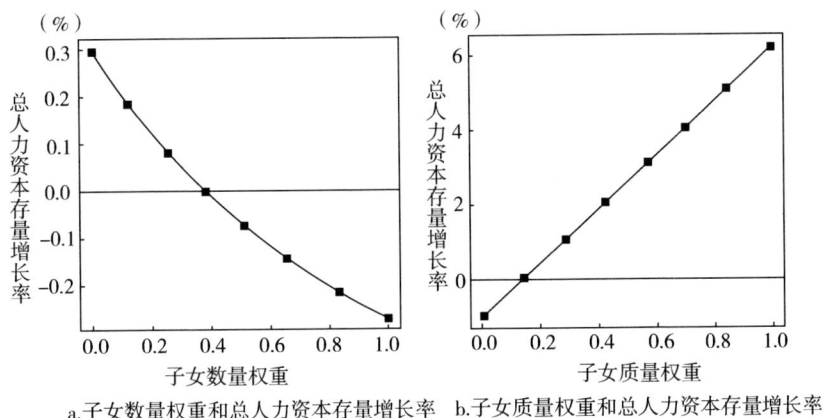

a.子女数量权重和总人力资本存量增长率　b.子女质量权重和总人力资本存量增长率

图 5 – 11　子女数量权重、子女质量权重与总人力资本存量增长率

失。然而由于家庭对子女的教育投资在上升，社会平均人力资本水平存在上升趋势，抵消了劳动力数量下降对总人力资本的负面效应。由于技术进步是人力资本的函数，因此，技术进步也存在上升趋势。人口老龄化并未阻碍技术进步的微观机制。

第五节　本章小结

人口老龄化是众多国家面临的重要挑战，而关于人口老龄化如何影响经济增长的研究已经取得丰硕的成果。部分研究认为人口老龄化程度的不断加深将对技术进步和经济增长产生负面影响，因为人口老龄化降低了劳动力供给，人口数量红利趋于消失。然而人口数量红利对技术进步和经济增长具有重要但却短暂的影响，只有人口质量红利对技进步和经济增长才存在可持续的影响效应（Mason et al.，2016；原新等，2017；盖骁敏、张双双，2018）。

人口老龄化对技术进步及经济增长无疑具有多维效应，众多研究过多地关注人口老龄化引起的劳动力供给总量的减少，但却忽视了个体劳动生产率的提高。虽然人口老龄化将降低劳动力供给，进而对经济产生负面效应，然而他们并未考虑人口数量—质量替代理论，人力资本的提升将抵消劳动力数量下降对经济增长的负面效应。美国、德国和日本等发达国家人口老龄化程度均高于中国，然而其技术进步速率在第二次世界大战后一直处于较为稳定的增长水平，虽然老龄化不断加深，但技术进步并未出现持续下降趋势。有鉴于此，本章主要聚焦于人口老龄化如何通过人力资本积累机制影响技术进步这一主题。

基于 Jones（1995）、Strulik 等（2013）、Hirazawa 和 Yakita（2017）、Prettner 和 Trimborn（2017）、Futagami 和 Konishi（2018）等人的前期研究，本章在包含生育率、死亡率、教育投资和人力资本积累的三期世代交叠框架下把生育率和死亡率降低为主要特征的人口老龄化纳入琼斯的半内生增长模型，研究了人口老龄化、人力资本和技术进步之间的内在关系。理论模型表明，在现代经济增长阶段，以生育率衰退为主要特征的人口老龄化虽然将降低劳动力增长率，但能通过人口数量—质量替代理论提升人力资本水平和社会总人力资本存量进而正向影响研发和创新，数值模拟验证了本章的主要结论。随着生育率的降低和预期寿命的延长，家庭行为主体将会做出最优回应从而增加对子女和自身的教育投资，提升人力资本积累，进而抵消人口老龄化对社会经济发展的负面效应。与劳动力数量相比，人力资本和劳动力质量更加重要（蔡昉，2009；张同斌，2016；铁瑛等，2019）。因此，现阶段人口老龄化并不一定阻碍技术进步。

具体到中国情境，改革开放以来，中国的人力资本水平不断上升，随着大学扩招政策的实施，人力资本积累速度不断提高。虽然人口老龄化的程度进一步加深，但是新进入劳动力市场的劳动力的受教育程度均高于退休劳动力。因此，人力资本积累将缓解甚至抵消人口老龄化对技术进步的负面效应。

本章的政策启示如下：第一，进一步降低教育成本，加强家庭对子女的教育补贴，激励家庭进一步提升子女人力资本水平，促进社会总人力资本积累，为技术进步奠定人才基础。第二，在我国人口老龄化不断加深的背景下，劳动力处于下降态势，人口数量红利日趋消退，政府应加强教育和人力资本投资，加强对低技能劳动力的技能培训，提高劳动力生产率，以人口质量红利替代人口数量红利。第三，由于技术进步是经济可持续增长的决定因素，政府也需要进一步鼓励研发和创新，加强技术创新支持力度，促进经济可持续发展，减轻人口老龄化对创新的负面影响。

第六章　人口老龄化、人工智能和自动化

第一节　引言

自动化技术包括移动互联网、大数据、云计算、物联网、智能制造、机器人、办公自动化系统、无人驾驶汽车、3D 打印和基于大数据的机器学习等，生产、服务和知识的自动化正在逐渐替代由人类执行的常规化任务及部分复杂劳动（Graetz & Michaels，2016；Aghion et al.，2017；Abeliansky & Prettner，2017；袁勇等，2017；Acemoglu & Restrepro，2018）。自动化和智能化技术已成为价值重构、创新驱动和提升国际竞争力的重要力量，而工业机器人是人工智能和自动化的重要标志（邓翔等，2018）。

工业机器人极大地提升了制造业的产品质量、生产率和安全程度，降低了生产成本，基于大数据、云计算和机器学习等技术，未来工业机器人有望更加智能化。值得注意的是，自动化发展水平较高的国家均存在较高的老年人口比重，例如，2017 年韩国和新加坡 60 岁及以上老年人口占总人口比重为 20%，德国为 28%、日本为 33%、美国为 22%（United Nations，2017）。

中国自 2000 年以来，65 岁及以上老年人口占总人口比重已超过 7%，其后这一比例逐年上升，2016 年高达 10.8%，老年抚养比也与日俱增，2016 年高达 14.96%。与此同时，由于经济发展和医疗卫生水平的

提高，中国人均预期寿命不断提升，2016 年人均预期寿命提高到 76.3 岁，而总和生育率却持续下降，2014 年总和生育率下降到 1.52，虽然 2016 年小幅提升至 1.7，但是阻挡不了我国人口老龄化加速发展态势（邓翔、张卫，2018）。

在此背景下，我国 15—59 岁劳动年龄人口自 2012 年开始逐渐下降，2015 年降至 9.11 亿人，"人口红利"日趋消失，劳动力短缺将是未来中国经济发展的新常态。劳动力供给短缺使得我国平均工资不断上涨，据《全球工资报告（2016—2017）》数据，中国在 2006—2015 年间，平均工资水平上涨超过两倍，日益接近发达国家的工资水平。企业面临日益升高的劳动力成本，逐渐调整自身的创新投资，开始积极使用工业机器人自动化常规的生产任务及服务，以降低劳动力成本、提高劳动生产率。东部沿海地区部分制造业企业已积极引入自动化制造、工业机器人和网络化协同制造技术，开始出现"机器换人"浪潮。① 与此同时，政府也在积极鼓励人工智能和自动化技术的发展。2015 年国务院颁布的《中国制造 2025》明确提出，大力推动机器人领域突破发展和制造过程智能化，2025 年制造业重点领域全面实现智能化；深化互联网在制造领域的应用，大力推进信息化和工业化深度融合，助力工业转型升级，使我国由"制造大国"向"智造大国"转变。基于中国人口老龄化和自动化并存的典型事实，值得思考的是，人口老龄化是否影响了我国的自动化发展水平？有鉴于此，本章将主要研究人口老龄化与自动化之间的关系。

与本章的研究主旨较为相近的是探讨人口老龄化与技术进步关系的研究。一方面是人口老龄化阻碍技术进步的相关研究。例如人口老龄化将阻碍创新思想的产生进而对技术进步产生抑制效应（Noda，2010）。

---

① 全国各地相继推出"机器换人"政策。例如，2016 年工业和信息化部、发展改革委和财政部联合出台了《机器人产业发展规划（2016—2020 年）》，旨在促进中国机器人产业发展；2012 年浙江省做出"全面推进机器换人"战略部署，2017 年出台《浙江省"机器人 +"行动计划》；2015 年广东省出台《广东省工业转型升级攻坚战三年行动计划（2015—2017）》，提出"机器换人"计划；2016 年山东省实施"机器换人"财政奖补政策等。

另外，人口老龄化也将减少人力资本存量（姚东旻等，2017），阻碍以创新与创业为核心的企业家精神的成长，进而对技术进步产生负面影响（郭凯明等，2016）。另一方面是人口老龄化促进技术进步的相关研究。例如人口老龄化引起的劳动力成本上涨会迫使企业加大技术创新投入，使用资本与技术替代劳动，促进偏向型技术变迁（Irmen，2009；邓明，2014；Acemoglu，2017，Irmen，2017）。另外，人口老龄化将通过增加资本积累，降低研发部门的融资成本进而推动技术创新（邓翔、张卫，2018）。

与以上文献不同的是，本章主要关注的是人口老龄化与自动化之间的关系。Abeliansky 和 Prettner（2017）基于 1993—2013 年 60 个国家的跨国面板数据，分析了衰退的人口增长与自动化之间的关系，研究表明低人口增长国家将会促进自动化的发展。但是他们主要研究人口衰退、增长和自动化之间的关系，并未把人口老龄化纳入理论模型和实证分析之中。Acemoglu 和 Restrepo（2018）基于偏向型技术变迁模型分析了人口老龄化与自动化之间的关系，他们认为老龄化将会促进工业机器人和自动化技术的采用，提升经济体的自动化水平。本章与 Acemoglu 和 Restrepo（2018）的区别主要在于：第一，理论模型方面，虽然他们也研究人口老龄化和自动化之间的关系，但其主要理论基础为偏向型技术变迁模型，其中，工业部门生产函数为 CES 生产函数，产品由既可使用劳动力也可使用自动化机器生产的一系列生产任务构成，自动化技术进步将逐渐扩大可自动化生产任务的范围，对劳动力形成替代。而本章的理论基础为 AK 模型，其中社会生产函数为柯布—道格拉斯生产函数，自动化技术嵌入自动化资本中，对劳动力形成完全替代。第二，研究对象和对自动化的理解方面，他们的研究对象主要为工业部门，其中，工业部门雇用中等年龄工人、老年劳动力和自动化机器进行生产，技术垄断者投资于自动化技术，他们把自动化视为技术，人口老龄化将促进工资的提升进而引发自动化技术对中等年龄劳动力的替代。而本章的主要研究对象为整个经济体（包括生产和服务），其中，最终品部门使用资本和劳动进行生产和服务，资本分为物质资本和自动化资本，自动化资本和劳动力完全替代。因此,本章把自动化视为自动化资本,人口老龄化将提升工资进而引致自动化资本对劳动力的替代。第三,数据方面,他们主要使用美国和跨国制造业的相关数据,而本章主要使用中国省际面板数据进行实证分析。

综上所述,目前关于人口老龄化和自动化关系的研究文献尚处于起步阶段,且均以西方发达国家为研究对象,关于中国情境的研究还较为缺乏。对于经历了快速人口老龄化的发展中国家,人口老龄化如何影响自动化这一主题仍值得探索。有鉴于此,本章将基于中国的现实数据研究人口老龄化与自动化之间的关系。

与前述文献相比,本章的边际创新和贡献主要在于:第一,把人口老龄化纳入新古典增长模型,从理论上阐释了人口老龄化影响自动化的作用机制;第二,基于理论模型和中国的现实参数,本章对人口老龄化和自动化的关系进行了数值模拟,并基于中国省际面板数据,对其进行了实证检验,实证结果与理论模型相一致;第三,本章的研究对于中国人口老龄化和自动化并存的典型事实进行了合理的解释,也为理解人口老龄化的积极效应提供了一个崭新的视角。

第二节 中国工业机器人发展的总体图景

一 工业机器人发展战略的演变

随着中国人口老龄化的加深,劳动力成本日益上涨,中国加快了人工智能和工业机器人的发展步伐。本节主要阐述中国相关的人工智能和工业机器人战略政策的演变。

为了增强我国科学技术的自主创新能力,2006 年 2 月,国务院发布重要文件《国家中长期科学和技术发展规划纲要(2006—2020)》,其中指出要大力发展数字化和智能化设计制造,大力发展先进制造技术包括极端制造技术和智能服务机器人,推进我国前沿技术发展和创新能力。

为了推进我国制造业转型升级,由制造大国向"智造强国"转变,

2015 年 5 月，国务院印发《中国制造 2025》，其中明确提出要推进制造业数字化、网络化、智能化，发展机器人产业，实现关键岗位机器人替代、生产过程智能优化控制。

2016 年 3 月，《中华人民共和国国民经济和社会发展第十三个五年规划纲要》发布，其中提出经济增长方式亟待向创新驱动转型，创新驱动发展战略需深入实施，增强自主创新能力。优化现代产业体系，实施智能制造工程，加快发展智能制造关键技术装备，强化智能制造标准、工业电子设备、核心支撑软件等基础。加强工业互联网设施建设、技术验证和示范推广，推动"中国制造 + 互联网"取得实质性突破。培育推广新型智能制造模式，推动生产方式向柔性、智能、精细化转变。鼓励建立智能制造产业联盟。指出要大力发展工业机器人、服务机器人、手术机器人和军用机器人，推动人工智能技术在各领域商用。

与此同时，工业和信息化部、国家发展和改革委员会、财政部联合发布了《机器人产业发展规划（2016—2020 年）》，旨在形成较为完善的机器人产业体系，增强技术创新能力和国际竞争能力，提升产品性能和质量，使其达到国际同类水平，基本满足市场需求。

2016 年 8 月，国务院印发《"十三五"国家科技创新规划》，重点推进机器人产业化、产品化和批量化。2016 年 9 月，工业和信息化部和财政部发布《智能制造发展规划（2016—2020）》，提出要大力发展智能制造，增强智能制造发展基础和支撑能力，传统制造业重点领域基本实现数字化制造。

2016 年 11 月，国务院印发《"十三五"国家战略性新兴产业发展规划》，提出要构建工业机器人产业体系，推动物联网、云计算和人工智能等技术向各行业全面融合渗透。大力发展人工智能，培育人工智能产业生态，促进人工智能在经济社会重点领域推广应用，打造国际领先的技术体系。

为了促进机器人产业健康发展，实现《机器人产业发展规划（2016—2020 年）》提出的各项任务和目标，工业和信息化部、国家发展和改革委员会以及国家认证认可监督管理委员会发布了《关于促进机器人产业健康发展的通知》，提出推动机器人产业理性发展，开拓工业机器人应用市场。

2017 年 7 月，国务院印发《新一代人工智能发展规划》，旨在推进人工智能的发展，构筑我国人工智能发展的先发优势，使我国成为世界主要人工智能创新中心，争取 2020 年我国人工智能发展水平位于全球先进国家行列，成为我国创新经济增长的重要动力。

2017 年 12 月，工信部印发《促进新一代人工智能产业发展三年行动计划（2018—2020）》，旨在贯彻落实《中国制造 2025》和《新一代人工智能发展规划》，加快人工智能产业发展，推动人工智能和实体经济深度融合。

综上所述，国家为了提高自主创新能力，向创新驱动发展转型，不断提出各种政策措施推动人工智能和机器人产业发展，显示了中国抓住第四次工业革命的决心和魄力。

二　工业机器人发展的总体态势

1. 全球工业机器人发展态势

在全球老龄化和经济结构转型升级的背景下，以人工智能和自动化为主要特征的第四次工业革命蓄势待发，工业机器人、自动化和创新技术不断提高，2021 年全球工厂已使用大约 347 万台工业机器人进行生产和服务，自动化革命正不断加速。

目前，全球工业机器人应用前景良好，人工智能和自动化将是全球新一轮科技革命的主要标志，发达国家均投入了大量的人力、物力和财力推进自动化技术的发展。图 6 - 1 报告了全球 2011—2021 年工业机器人发展趋势。从工业机器人年度供给水平来看，2011 年为 15.9 万台，随后不断上升，2021 年升至 51.6 万。从工业机器人存量来看，2011 年为 115.3 万台，2021 年增至 347.7 万台。未来工业机器人市场将进一步加速。

2. 中国工业机器人发展态势

由于人口老龄化的加剧、劳动力成本的上涨、工业机器人使用成本

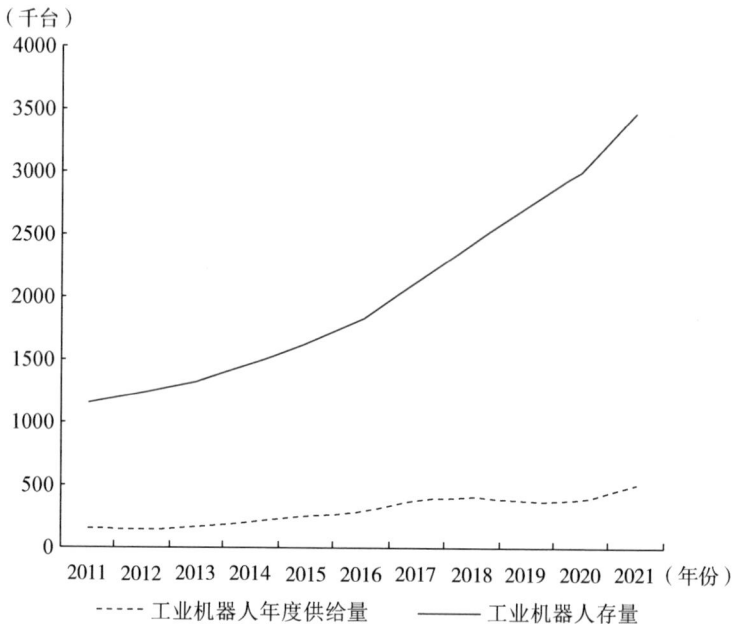

图 6 - 1 2011—2021 年全球工业机器人变动趋势

资料来源: International Federation of Robotics. Executive Summary World Robotics 2022 Industrial Robots.

的下降和国家战略的推进，中国工业机器人产业发展较为迅速，在全球工业机器人销售市场中占据重要位置。中国市场在 2016 年全球销售市场占比为 30%，2017 年升至 36%，已经成为全球最大销售市场。

自 2013 年以来，中国一直是世界上最大的工业机器人市场，2021 年占全球供给市场的 52%（International Federation of Robotics，2022），成为全球工业机器人发展的重要驱动力量。

从工业机器人年度安装量来看，1999 年，中国工业机器人年度安装量仅为 550 台。随后，中国工业机器人安装量不断上涨，2013 年，中国超越美国和日本成为全球最大机器人市场，安装量居世界第一位，2017 年安装量达 102847 台。从工业机器人累计安装量来看，2000 年中国仅为 930 台，2017 年升至 44 万台左右，增长速度较为迅速（图 6 - 2）。近年来，随着中国工业机器人产业的发展，中国工业的自动化能力也不断提升。

（台）

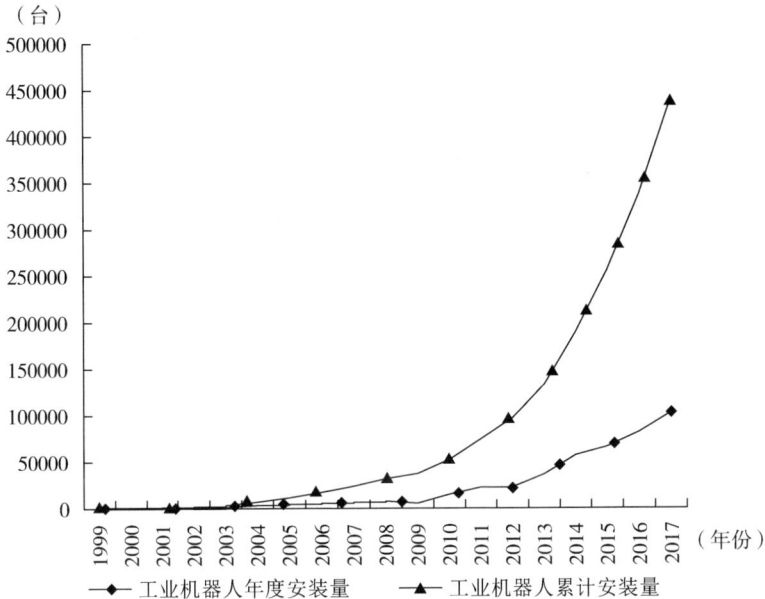

图 6 - 2　中国 1999—2017 年工业机器人年度安装量和累计安装量

资料来源：国际机器人联合会（International Federation of Robotics）。

3. 国际横向比较

从国际横向比较来看。由于各个国家经济规模和人口规模等差异巨大，使用机器人数量可能产生误导，国际机器人联合会经常使用机器人密度进行国际横向比较，机器人密度定义为每万名雇工机器人保有量。由于制造业自动化程度最高，本部分将聚焦于制造业的工业机器人密度。

首先，从工业机器人密度的洲际分布来看。截至 2017 年，全球制造业平均机器人密度为每万名雇工 85 台。欧洲地区工业机器人密度高达 106 台，为全球最高；美洲工业机器人密度为 91 台，而亚洲和澳大利亚工业机器人密度仅为 75 台。

其次，从工业机器人密度的国家分布来看。截至 2017 年，韩国高达 710 台，自从 2010 年以来一直处于全球领先地位，主要分布于电子和汽车行业。新加坡为 658 台，84% 的工业机器人分布于电子行业。德国和日本分别为 322 台和 308 台，2009 年日本工业机器人密度全球第一，但是自 2010 年起被韩国超越，2015 年起被新加坡超越，2017 年被德国超越。美国工业机器人密度为 189 台。2009 年，中国制造业中的工业机器人密度仅为 11 台，2017 年已增至 97 台（International Federation of Robotics，2017）。

最后，从工业机器人密度的行业分布来看。截至 2017 年，汽车行业工业机器人密度最高，其中，韩国高达 2435 台。加拿大为 1354 台，美国为 1200 台，德国为 1162 台，日本为 1158 台，法国为 1156 台。截至 2017 年，工业机器人已覆盖汽车、电力、冶金、化工、食品、纺织和服装等多个行业。其中，汽车和电子行业的工业机器人密度最高。未来，工业机器人将覆盖更多行业。工业机器人在中国各行业的使用分布与其他主要机器人市场较为相似，机器人应用的最大行业依次为汽车、电子、金属、塑料和化学品以及食品和饮料等（Cheng et al.，2019）。

第三节　理论模型

Brynjolfsson 认为可以将人工智能和自动化视为一种资本，特别是一种无形资本，它可以通过投资累积，是一种持久的生产要素，其价值可以贬值（Brynjolfsson et al.，2017）。将人工智能视为一种资本，与任何资本深化一样，增加人工智能将提高生产率。基于 Solow（1956）的新古典增长模型、Diamond（1956）的世代交叠（Overlapping Generations，OLG）模型、Abeliansky 和 Prettner（2017）对物质资本和自动化资本的划分，本章将把人口老龄化纳入新古典增长模型进而探究人口老龄化对自动化发展水平的影响和作用机制。

一　基本经济环境

在工业化国家，老龄化程度的加深是其面临的共同趋势，由于人口老龄化的一般性，本章以封闭经济体作为基准模型。假设在一个 OLG 封闭经济体中：（1）包含家庭部门和最终品部门的经济体处于一个无限离散的时间序列，$t = 1, 2, \cdots, \infty$，代表性家庭存活无穷期，但代表性个体只存活两期。（2）经济体存在一个不变的储蓄率 $\bar{s}$（$0 < \bar{s} < 1$），社会总产出为 Y_t，则社会总储蓄为 $\bar{s}Y_t$。（3）最终品部门使用三种生产要素生产最终品：物质资本（K_t^P）、自动化资本（K_t^A）和劳动力（L_t），其中，劳动力是同质的，物质资本和劳动力不完全替代，自动化资本和物质资本不完全替代，但是自动化资本和劳动力可以完全替代;[1] 物质资本和自动化资本均可以积累并产生收入流，经过一代人的使用后以相同的折旧率 δ 进行折旧，$0 < \delta < 1$。（4）最终品既可以用来消费也可以用来投资，经济体处于完全竞争和充分就业状态。

二　人口老龄化与家庭部门

代表性个体存活两期，即年轻期和老年期。年轻人进入劳动力市场供给劳动获得工资收入，老年人退出劳动力市场。因此，在 t 期，社会总人口由年轻人（L_t）和老年人（L_{t-1}）构成。劳动力增长率记为 $g_L > -1$[2]，为了简化，g_L 也可以理解为生育率，则 $L_{t+1} = （1 + g_L）L_t$。基于以上条件，在 t 期，经济体的人口总量 N 存在：$N = L_t + L_{t-1}$。年轻人的劳动力禀赋标准化为 1，劳动力供给无弹性，则该经济体在 t 期，劳动力供给总量为 L_t。

记老年抚养比为 θ，则该经济体在两期之间的老龄化系数可表达如下：

$$\theta = L_{t-1}/L_t = \frac{1}{1 + g_L} \Leftrightarrow g_L = \frac{1 - \theta}{\theta} \qquad (6-1)$$

由式（6-1）可知，当劳动力增长率 g_L 下降也即生育率下降时，老年抚养比 θ 将上升。因此，生育率的下降导致了经济体人口老龄化程度

---

①　自动化对简单劳动和常规化任务的替代已经得到理论和经验的支持，见 Acemoglu 和 Restrepo（2017，2018）。目前，自动化正在逐渐替代部分复杂劳动和认知活动，例如无人驾驶、疾病诊断、法律工作和部分科学实验研究等（Aghion & Jones, 2017）。Benzell 等（2015）和 Susskind（2017）甚至认为未来自动化将替代人类的绝大部分工作。因此，为了简化，本章并未区分简单劳动和复杂劳动，但此种简化并不会改变本章的主要结论。

②　目前，发达国家和东亚部分国家（韩国、日本和中国等）劳动力已呈缓慢增长状态，甚至部分国家劳动力增长率为负，因此 $g_L > -1$ 的设定较为合理。从生育视角来看，生育率为负，说明年轻人口规模下降。

的加重。目前我国人口的生育率和死亡率不断下降，导致老龄化程度不断加深，劳动力人口趋于减少，可知 g_L 在逐渐降低，而 θ 在不断上升。

代表性家庭通过供给劳动获得工资收入，供给物质和自动化资本获得租金，而且家庭也拥有企业并获得企业所有利润。由于本章假设家庭在竞争性的劳动力市场上供给劳动，劳动力供给无弹性，且存在一个固定的储蓄比例 $\bar{s}$。因此，可以忽略家庭消费—储蓄及劳动—闲暇决策，记家庭总消费为 C_t。

基于 Cass（1965），家庭储蓄决策内生化将增加一个状态变量，但不会改变本章的基本结论。由于资本市场完全竞争，则存在无套利条件，即物质资本的边际报酬等于自动化资本的边际报酬。

三 生产部门

代表性企业使用物质资本、自动化资本和劳动力进行生产。借鉴 Solow（1956）的思路，假设社会生产函数为规模报酬不变的柯布—道格拉斯生产函数：

$$Y_t = A_t F\left(K_t^P, K_t^A, L_t\right) = A_t \left(K_t^P\right)^\alpha \left(K_t^A + L_t\right)^{1-\alpha} \qquad (6-2)$$

其中，Y_t 为经济体在 t 期的总产出；A_t 为经济体在 t 期的技术前沿也即全要素生产率（TFP），假设技术进步为外生，增长率记为 g，则 $A_t = A_0 e^{gt}$，A_0 为经济体的初始技术水平，$A_0 > 0$。K_t^P 为经济体在 t 期的物质资本存量，例如厂房、传统的生产线和机器设备等，物质资本需要和劳动力协作生产最终品，因此，物质资本和劳动力相互补充。K_t^A 为经济体在 t 期的自动化资本存量，例如 3D 打印、计算机、无人驾驶汽车、工业机器人、办公自动化系统、数控装备、机器学习和人工智能等，几乎不需要劳动力投入，因此，自动化资本和劳动力完全替代。L_t 是经济体在 t 期雇用的劳动力数量；α 为物质资本的产出弹性，$0 < \alpha < 1$。

生产部门通过选择物质资本、自动化资本和劳动力极大化如下利润函数：

$$\max_{K_t^P, K_t^A, L_t} \left\{ A_t \left(K_t^P\right)^\alpha \left(K_t^A + L_t\right)^{1-\alpha} - W_t L_t - R_t^P K_t^P - R_t^A K_t^A \right\} \qquad (6-3)$$

其中，最终品价格标准化为 1，W_t 为工资率，R_t^P 和 R_t^A 分别为物质资

本和自动化资本在 t 期的租金率。

根据生产部门的目标函数式（6-3），由一阶条件可得：

$$W_t = (1-\alpha) A_t \left(\frac{K_t^P}{L_t + K_t^A}\right)^\alpha \qquad (6-4)$$

$$R_{t+1}^P = \alpha A_t \left(\frac{L_t + K_t^A}{K_t^P}\right)^{1-\alpha} \qquad (6-5)$$

$$R_{t+1}^A = (1-\alpha) A_t \left(\frac{K_t^P}{L_t + K_t^A}\right)^\alpha \qquad (6-6)$$

其中，R_{t+1}^P 和 R_{t+1}^A 分别为物质资本和自动化资本在 $t+1$ 期的租金率。这是因为，在 t 期，家庭投资于物质资本和自动化资本，其收益在 $t+1$ 期才能获得；而家庭供给劳动所得工资收入在本期就可获得。由于劳动力和自动化资本可以完全替代，要素市场完全竞争，所以经济体均衡时存在 $W_t = R_{t+1}^A$。由式（6-4）、式（6-5）和式（6-6）可知，劳动力、物质资本和自动化资本均遵循要素边际报酬递减律。

另外，由于资本市场完全竞争，所以资本市场均衡时，存在 $R_{t+1}^P = R_{t+1}^A$。由此可得：

$$\alpha A_t \left(\frac{L_t + K_t^A}{K_t^P}\right)^{1-\alpha} = (1-\alpha) A_t \left(\frac{K_t^P}{L_t + K_t^A}\right)^\alpha \qquad (6-7)$$

对式（6-7）进行简化可得：

$$K_t^P = \frac{\alpha}{1-\alpha} (L_t + K_t^A) \qquad (6-8)$$

将式（6-8）代入式（6-2）可得：

$$Y_t = A_t \left(\frac{\alpha}{1-\alpha}\right)^\alpha (L_t + K_t^A) \qquad (6-9)$$

由式（6-9）可知，国民经济总产出与技术进步、自动化资本存量正相关。

四 人口老龄化与自动化

由前文可知，国民储蓄率为 $\bar{s}$，社会总储蓄为 $\bar{s}Y_t$，由于经济体是封闭的，经济体处于均衡时，国民总产出等于总消费与总储蓄之和，即

$Y_t = C_t + \bar{s}Y_t$；另外国内总投资等于国内总储蓄，即 $I_t = \bar{s}Y_t$。由于物质资本和自动化资本按相同的速率 δ 折旧，则可得物质资本和自动化资本的演化律：

$$K_{t+1}^P + K_{t+1}^A = \bar{s}Y_t + (1-\delta)(K_t^P + K_t^A) \tag{6-10}$$

其中，K_{t+1}^P 和 K_{t+1}^A 分别为经济体在 $t+1$ 期的物质资本和自动化资本存量。

将式（6-8）和式（6-9）代入式（6-10）可得：

$$\frac{\alpha}{1-\alpha}(L_{t+1}+K_{t+1}^A) + K_{t+1}^A = \bar{s}A_t\left(\frac{\alpha}{1-\alpha}\right)^\alpha(L_t+K_t^A) +$$

$$(1-\delta)\left(\frac{\alpha}{1-\alpha}L_t + \frac{1}{1-\alpha}K_t^A\right) \tag{6-11}$$

将式（6-11）两边同除以 L_{t+1} 并结合 $L_{t+1} = (1+g_L)L_t$ 进行移项简化，可得人均自动化资本存量的演化律：

$$k_{t+1}^A = -\alpha + (1-\alpha)\bar{s}A_0 e^{gt}\left(\frac{\alpha}{1-\alpha}\right)^\alpha\left(\frac{1+k_t^A}{1+g_L}\right) + (1-\delta)\left[\frac{\alpha+k_t^A}{(1-\alpha)(1+g_L)}\right] \tag{6-12}$$

其中，k_{t+1}^A 和 k_t^A 分别为经济体在 $t+1$ 和 t 期的人均自动化资本存量。由式（6-12）可知，自动化资本存量与储蓄率 $\bar{s}$、技术进步率 g 正相关，与劳动力增长率或生育率 g_L 负相关。

将式（6-1）代入式（6-12）可知：

$$k_{t+1}^A = -\alpha + (1-\alpha)\bar{s}A_0 e^{gt}\left(\frac{\alpha}{1-\alpha}\right)^\alpha(1+k_t^A)\theta + (1-\delta)\theta\left(\frac{\alpha+k_t^A}{1-\alpha}\right) \tag{6-13}$$

将式（6-13）对老年抚养比 θ 全微分可得：

$$\frac{\partial k_{t+1}^A}{\partial \theta} = (1-\alpha)\bar{s}A_0 e^{gt}\left(\frac{\alpha}{1-\alpha}\right)^\alpha(1+k_t^A) + (1-\delta)\left(\frac{\alpha+k_t^A}{1-\alpha}\right) > 0 \tag{6-14}$$

由式（6-14）可知，当其他条件不变时，老年抚养比 θ 上升，则人均自动化资本存量 k_{t+1}^A 将趋于上升。因此，在其他条件不变的情况下，人口老龄化程度的加深促进了经济体的自动化发展。这是因为，人口老龄化程度的加深使得劳动力供给总量减少，物质资本、自动化资本和劳动力的相对稀缺性发生变化，进而改变了生产要素的相对价格，劳动力价格日益昂贵，企业的劳动力成本趋于上升。由于自动化资本和劳动力可以完全替代，企业面临生产要素价格的改变，具有较强的激励使用自动化资本替代劳动力进行生产和服务，促进了自动化资本存量的上升进而推进了经济体的自动化发展。

五　数值模拟

为了从图形上更直观地刻画人口老龄化对自动化的影响效应，本章尝试对其进行简单的数值模拟，研究不同老年抚养比 θ 取值下（0.15 和 0.2）[①] 人均自动化资本存量及其增长速度的动态调整路径。各种参数赋值见表 6-1。

表 6-1 参数赋值

参数	α	$\bar{s}$	g	A_0	δ	k_0^A
赋值	0.5	0.5	0.02	5	0.04	0.5

假设每期跨度为 30 年，参考吴国培等（2015），资本产出弹性 α 设定为 0.5；鉴于中国较高的储蓄率和投资率，参考王弟海和龚六堂（2007），$\bar{s}$ 设定为 0.5；对于资本折旧率和技术进步率，李稻葵等（2012）通过参数校准将其分别设定为 0.041 和 0.03，另外参考 Grossman 等（2013），本章将其分别设定为 0.04 和 0.02。A_0 和 k_0^A 为规模参数，不妨分别设置为 5 和 0.5。值得说明的是，在一定范围内改变以上参数取值的范围，只会影响人均自动化资本的大小，并不会改变其调整路径。

图 6-3 和图 6-4 分别报告了人口老龄化对人均自动化资本存量及其增长率的影响。由图 6-3 和图 6-4 可知，随着老年抚养比 θ 的上升，人均自动化资本存量及其增长速度也随之上升，说明人口老龄化有利于

---

① 基于中国人口老龄化现状，老年抚养比分别取值 0.15 和 0.20。

自动化的发展。

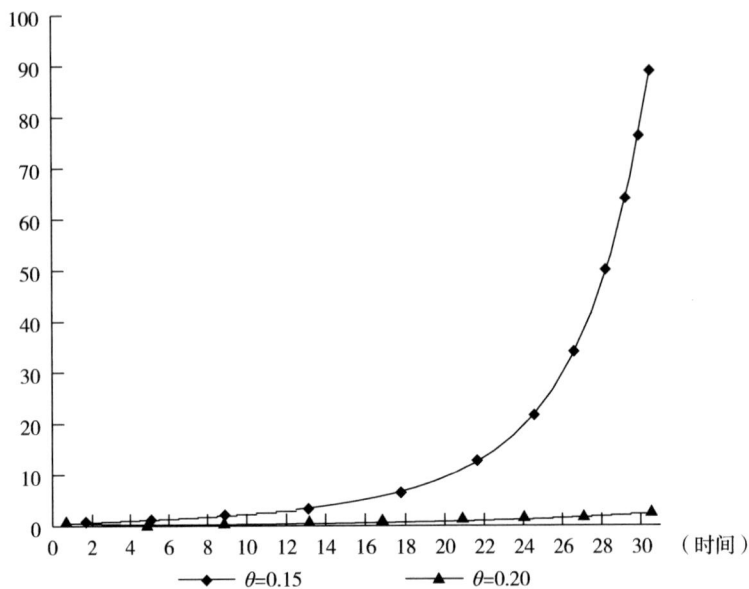

图 6 - 3   不同老年抚养比对人均自动化资本存量的动态效应

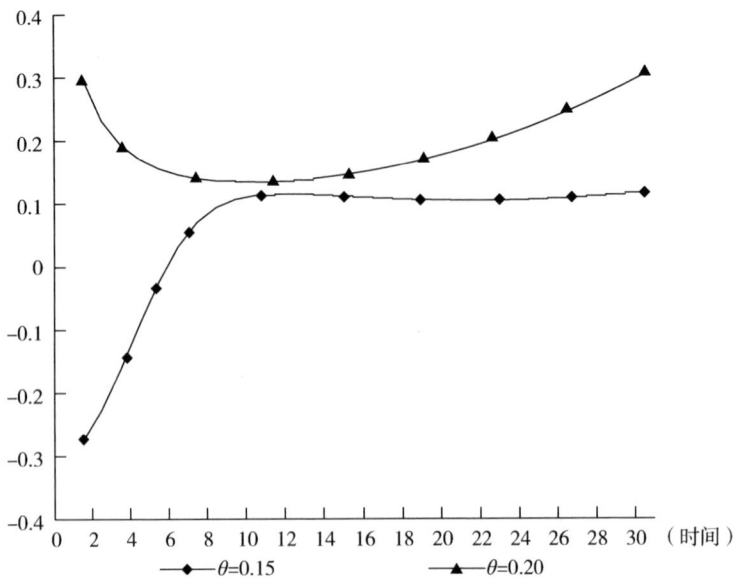

图 6 - 4   不同老年抚养比对人均自动化资本存量增长率的动态效应

第四节 计量模型、变量选取和数据描述

前文的理论模型阐明了人口老龄化促进自动化的作用机制。为了实证检验该理论假说，本章使用中国 2005—2015 年省际面板数据对其进行实证分析。

一 基准模型设定

基于上文理论分析，本章构建如下计量模型：

$$\ln k_{it}^A = \beta_0 + \beta_1 \ln k_{it-1}^A + \beta_2 \ln k_{it-2}^A + \beta_3 \ln aging_{it-1} + \beta_n \ln X_{it-1}^n + \varepsilon_{it}$$

$$(6-15)$$

各解释变量均使用滞后项形式。其中，i 表示地区，t 表示时间；k_{it}^A 代表自动化，为本章的被解释变量；k_{it-1}^A 和 k_{it-2}^A 分别代表自动化的一阶和二阶滞后项，由前文理论分析可知，自动化发展存在路径依赖，因此自动化是一个动态的发展过程。$aging_{it-1}$ 为核心解释变量即人口老龄化的一阶滞后项；X_{it-1}^n 为一组其他控制变量；β_0 为常数项，β_1、β_2、β_3 和 β_n 为待估系数，ε_{it} 为残差项。为了控制计量模型中可能存在的异方差，各变量均取对数形式。

由理论模型可知，自动化受前期自动化资本存量的影响，因而是一个动态变迁的发展过程，混合 OLS 和固定效应估计将因为滞后被解释变量与扰动项相关从而导致估计偏误。因此，本章使用动态面板模型对人口老龄化与自动化的关系进行广义矩估计（GMM）。广义矩估计分为差分广义矩估计（Diff-GMM）和系统广义矩估计（Sys-GMM），由于系统广义矩估计比差分广义矩估计更为精确，因此，本章统一使用系统广义矩估计作为基准估计方法。实证分析主要关注 β_3 的符号及显著性。根据理论模型，我们预期 β_3 显著为正。

二　变量选取

1. 自动化（k^A）

Acemoglu 和 Restrepo（2018）使用每千名雇工所拥有的工业机器人数量衡量自动化，但是由于中国分省工业机器人数据较难收集，本章借鉴 Author 和 Dorn（2013）的思路，使用互联网普及率代表自动化发展水平。互联网普及率的提高代表信息化水平的提升，有利于信息化和工业化的深度融合，进而实现生产、服务和知识的自动化，推动各个行业向数字化、网络化、自动化和智能化转型。因此，互联网普及率一定程度上可以代表经济体的自动化发展水平。另外，在稳健性检验中，本章还将使用高技术产业新增固定资产及其占主营业务收入比重、工业应用指数和与工业机器人相关的专利申请数等指标对自动化的代理变量进行再次估计。

2. 人口老龄化（$aging$）

使用老年抚养比（65 岁及以上人口数量/15—64 岁人口数量）衡量人口老龄化程度。老年抚养比上升说明人口老龄化加重。

3. 控制变量

为了控制其他影响自动化的因素，本章还选取了一系列控制变量。（1）实际人均收入（y），经济发展水平是自动化发展的重要驱动因素，因此我们控制了实际人均 GDP，并以 1990 年为基期进行实际调整。（2）物质资本存量（K^P），根据理论分析，储蓄率提升将促进自动化水平的提升，而储蓄率与物质资本紧密相关，因此，物质资本存量也将影响自动化的发展水平。根据单豪杰（2008）资本存量估算结果，使用永续盘存法对 2007—2015 年的省际资本存量进行测算。其计算公式为 $K_{it}^P = I_{it} + (1 - \delta_{it}) K_{it-1}^P$，其中 i 表示时间，t 表示地区，K_{it}^P 为实际物质资本存量，I 为实际固定资产投资总额，δ 为折旧率。（3）产业结构（$industry$），代表了一个经济体的结构性特征，将直接影响自动化技术的使用，本章借鉴汪伟等（2015）测度产业结构升级的方法，使用 $industry = \sum_{i=1}^{3} x_i \times i$ 表示产业结构转型升级，其中，$100 \leq industry \leq$

300。（4）城镇化水平（*urban*），中国目前正在加速推进城镇化，将促进高素质人才向城市流动从而推动自动化水平的发展，本章使用地区常住人口占总人口比重衡量城镇化水平。（5）对外开放度（*open*），对外开放具有知识和技术溢出效应进而影响自动化，另外对外开放也将促使企业提升自动化水平以提升国际竞争力，本章使用进出口总额占 GDP 比重衡量对外开放度。（6）人力资本（*hc*），高学历和高技能人才具有较强激励投资自动化资本，本章通过各地区大专及以上学历人口比重对人力资本进行测度。（7）技术进步（*rd*），根据前文理论分析，技术进步将有利于自动化的发展，使用研发经费投入占 GDP 比重衡量技术进步程度。

三　数据描述

基于数据可得性与可信性，本章选取的研究样本为中国 30 个省份（西藏、港澳台地区除外）2005—2015 年的面板数据。数据来源于历年《中国统计年鉴》《中国科技统计年鉴》《中国互联网络发展状况统计报告》《中国高技术产业统计年鉴》和各省统计年鉴。表 6-2 报告了各变量的描述性统计。

表 6-2　　　　　　　　　　变量描述性统计

变量	样本	均值	标准差	最小值	最大值
lnk^A	330	3.271	0.731	1.030	4.337
ln$aging$	330	2.515	0.188	2.006	2.998
ln$y$	330	9.391	0.571	7.869	10.650
ln K^P	330	9.193	0.919	6.513	11.120
ln$urban$	330	3.912	0.257	3.291	4.495
ln$industry$	330	5.428	0.124	4.502	5.844
ln$open$	330	2.951	0.990	1.273	5.148
lnhc	330	2.354	0.585	1.101	4.023
lnrd	330	0.104	0.641	−1.751	1.793

第五节　实证结果和分析

一　基准估计结果

表6-3报告了人口老龄化影响自动化的系统广义矩估计结果。由表6-3可知，自动化的一阶和二阶滞后项均在1%的显著性水平下显著为正，说明自动化的发展具有较强的惯性特征，与理论分析一致；Wald检验的p值均为0，即在1%的显著性水平下拒绝了解释变量为0的原假设，说明各个模型在整体上非常显著；AR（1）和AR（2）检验说明计量模型的残差项均不存在一阶和二阶序列相关；Sargan检验说明所选GMM工具变量是有效的。因此，本章动态面板模型设定较为合理。

表6-3　　　　　　　　　　　　　人口老龄化与自动化

变量	(1)	(2)	(3)	(4)	(5)	(6)	(7)
L. $\ln k^A$	0.527*** (0.010)	0.563*** (0.013)	0.581*** (0.014)	0.583*** (0.018)	0.583*** (0.016)	0.547*** (0.023)	0.522*** (0.021)
L2. $\ln k^A$	0.114*** (0.003)	0.159*** (0.003)	0.165*** (0.005)	0.165*** (0.005)	0.169*** (0.005)	0.183*** (0.007)	0.192*** (0.007)
L. $\ln aging$	0.121*** (0.009)	0.245*** (0.014)	0.254*** (0.023)	0.247*** (0.025)	0.245*** (0.025)	0.155*** (0.027)	0.136*** (0.029)
L. $\ln y$	0.169*** (0.015)	0.294*** (0.022)	-0.097 (0.059)	-0.027 (0.093)	-0.076 (0.085)	0.135*** (0.046)	0.159** (0.068)
L. $\ln K^P$		-0.195*** (0.013)	-0.073*** (0.020)	-0.120*** (0.042)	-0.090** (0.041)	-0.067** (0.031)	-0.082** (0.038)
L. $\ln urban$			0.570*** (0.094)	0.552*** (0.117)	0.535*** (0.097)	0.196 (0.162)	0.421*** (0.102)
L. $\ln industry$				0.222* (0.127)	0.209* (0.122)	0.278*** (0.094)	0.299*** (0.110)
L. $\ln open$					0.019 (0.013)	0.031 (0.023)	0.008 (0.014)

续表

变量	(1)	(2)	(3)	(4)	(5)	(6)	(7)
L. lnhc						-0.107^{***} (0.018)	-0.119^{***} (0.017)
L. lnrd							-0.041 (0.032)
常数项	-0.491^{***} (0.103)	-0.439^{***} (0.135)	-0.210 (0.128)	-1.567^{**} (0.779)	-1.314^{*} (0.782)	-2.038^{***} (0.545)	-2.916^{***} (0.575)
Wald	0.000	0.000	0.000	0.000	0.000	0.000	0.000
AR (1)	0.147	0.145	0.148	0.142	0.143	0.132	0.145
AR (2)	0.692	0.874	0.937	0.926	0.928	0.498	0.282
Sargan	0.527	0.551	0567	0.606	0.639	0.633	0.577
样本量	270	270	270	270	270	270	270

注：圆括号内为相应的标准误；***、**和*分别表示在1%、5%和10%的显著性水平下显著；Wald、AR（1）、AR（2）和Sargan检验分别报告相应检验统计量的伴随概率p值；L.和L2.分别表示变量滞后一期和二期；系统广义矩估计使用two-step。

为了检验计量模型是否存在遗漏变量，本章按照从简单到复杂的估计策略对模型进行回归。表6-3中的第（1）列首先引入实际人均收入作为控制变量，第（2）—第（7）列依次引入物质资本存量、城镇化水平、产业结构、对外开放度、人力资本和技术进步等控制变量，结果表明人口老龄化估计系数的显著性和符号无明显变化，说明本章的估计结果基本不存在遗漏变量偏误，具有一定稳健性。

进一步观察实证结果可知，在控制了其他变量后，人口老龄化的估计系数均在1%的显著性水平下显著为正，与理论分析结论一致，说明人口老龄化程度的加深确实促进了中国自动化水平的提升。本章的实证结果不仅与Acemoglu和Restrepo（2018）的研究结论一致，也很好地拟合了中国人口老龄化和自动化并存的典型事实。

二 稳健性检验

尽管本章的计量模型使用解释变量和被解释变量的滞后项进行系统广义矩估计并引入了各种可能影响自动化发展水平的控制变量，缓解了潜在的联立性偏误、遗漏变量等内生性问题，但是由于使用互联网普及率代表自动化,可能存在被解释变量的衡量偏误。有鉴于此,本章将选取一系列替代指标对自动化进行多维测度,以进一步增强本章实证结论的可信性。

第一,使用高技术产业的新增固定资产及其占主营业务收入比重两种指标代表自动化,检验人口老龄化和自动化的关系是否依然成立,数据来源于《中国高技术产业统计年鉴》。高技术产业包括航空航天器制造业、电子及通信设备制造业、电子计算机及办公设备制造业、医药制造业和医疗设备及仪器仪表制造业等五类行业,代表了我国制造业的技术前沿。相较于其他制造业,高技术产业的新增固定资产大部分包含了较高技术含量的机器设备,一定程度上代表了我国自动化的发展水平。估计结果见表6-4中的第(1)—第(2)列。

第二,使用各省工业化和信息化融合水平中的工业应用指数对自动化进行衡量。工业应用指数包括重点行业典型企业装备数控化率等指标,反映了工业的信息化、自动化和智能化水平。数据来源于《中国信息化与工业化融合发展水平评估报告》,由于中国电子信息产业发展研究院从2010年开始编制此报告,基于数据可得性,本章选取2011—2015年数据进行稳健性检验。估计结果见表6-4中的第(3)列。

表6-4　　　　　　　　　　　　　　稳健性检验

变量	(1) 高技术产业 新增固定资产	(2) 高技术产业 新增固定资产 占主营业务 收入比重	(3) 工业应用指数	(4) 与工业机器人 相关的专利 申请量
L. $\ln k^A$	-0.009 (0.036)	0.302*** (0.071)	0.184 (0.156)	1.115*** (0.040)
L2. $\ln k^A$	0.043** (0.019)	-0.069 (0.047)	-0.251*** (0.079)	1.163*** (0.037)
L. $\ln aging$	0.264* (0.137)	0.492** (0.226)	0.390** (0.175)	3.447*** (0.935)
L. $\ln y$	-1.249** (0.515)	-0.034 (0.511)	0.688 (0.540)	-2.177 (1.507)

续表

变量	（1）高技术产业新增固定资产	（2）高技术产业新增固定资产占主营业务收入比重	（3）工业应用指数	（4）与工业机器人相关的专利申请量
L. $\ln K^P$	2.279 *** (0.132)	0.438 ** (0.182)	0.175 (0.253)	2.700 *** (0.755)
L. lnurban	-0.116 (1.339)	-0.781 (1.154)	0.509 (1.094)	-16.171 *** (3.063)
L. lnindustry	-0.117 (0.918)	1.426 *** (0.541)	2.091 *** (0.665)	12.872 *** (3.224)
L. lnopen	-0.047 (0.058)	-0.381 *** (0.056)	-0.100 (0.084)	1.582 *** (0.508)
L. lnhc	0.441 *** (0.130)	0.633 *** (0.148)	-0.507 ** (0.229)	2.654 *** (0.667)
L. lnrd	-0.163 (0.169)	-1.235 *** (0.214)	0.216 (0.232)	-0.220 (0.465)
常数项	-5.501 (5.895)	-7.945 ** (3.706)	-16.784 *** (4.993)	-30.813 * (16.572)
Wald	0.000	0.000	0.000	0.000
AR （1）	0.073	0.032	0.123	0.043
AR （2）	0.810	0.324	—	0.149
Sargan	0.726	0.285	0.701	0.802
样本量	270	270	90	270

注：圆括号内为相应的标准误；＊＊＊、＊＊和＊分别表示在1%、5%和10%的水平下显著；Wald、AR（1）、AR（2）和Sargan检验分别报告相应检验统计量的伴随概率p值；L. 和 L2. 分别表示变量滞后一期和二期；系统GMM使用two-step。

第三，以上衡量自动化的指标均反映了我国自动化的应用和发展水平，却未能反映自动化的创新能力，借鉴 Acemoglu 和 Restrepo（2018）的思路，本章使用各省与工业机器人相关的专利申请量代表自动化创新能力。数据来源于《中国专利数据库》，基于专利申请日期（2005 年 1 月 1 日—2015 年 12 月 31 日），通过"工业机器人"关键词检索并按申请机构所在地分配到各省份，从而得出分省的与工业机器人相关的专利申请量。由于分省专利申请量中存在部分零值且量级较小，本章不再对其进行对数化处理。估计结果见表 6 – 4 中的第（4）列。

表 6 - 4 中的实证结果表明，无论使用何种指标衡量自动化，人口老龄化的估计系数均显著为正，人口老龄化对自动化具有显著的正向促进效应，说明本章的结论具有较强的稳健性。因此，我国可以大力发展人工智能和自动化，减缓甚至抵消人口老龄化对技术进步的负面效应（陈秋霖等，2018；陈彦斌等，2019）。

第六节　本章小结

现阶段，中国的"人口红利"日趋消退，老年抚养比日益上升，人口老龄化不断加剧，与此同时，我国自动化的发展水平却在不断提高，工业机器人产业发展迅速。基于中国人口老龄化和自动化并存的典型事实，本章着重研究了人口老龄化能否促进我国自动化发展这一重要的理论和现实问题。

基于物质资本和自动化资本的划分，并假设自动化资本和劳动力完全替代，通过把人口老龄化引入新古典增长模型，本章阐释了人口老龄化对自动化的影响和作用机制。理论分析和数值模拟表明人口老龄化促进了自动化的发展。随后，在理论模型的基础上，本章利用中国 2005—2015 年省际面板数据，使用系统广义矩估计方法，对人口老龄化和自动化之间的关系进行了实证检验。估计结果表明，人口老龄化显著地促进了中国自动化水平的提升，与理论分析结论一致。使用不同的指标对自动化进行多维测度，估计结果仍然显示人口老龄化对自动化具有显著的正向影响，说明本章的结论具有较强的稳健性。

基于以上研究结论，本章提出如下政策建议：

第一，鼓励、支持和引导企业采用自动化技术，对企业老旧设备加快贬值给予一定补贴，激励企业安装和使用工业机器人、数控装备等自动化设备，提升企业自主创新能力和生产率，促进企业自动化水平的提升。

第二，大力发展大数据、云计算、物联网、3D 打印和人工智能等自动化技术，加大对其研发投入，追赶国际技术前沿。目前西方发达国家的自动化水平均高于中国，且都投入大量人力、物力和财力于人工智能等技术前沿。为了提升我国的国际竞争力，提升我国高技术产业的技术创新能力，助力制造业的转型升级，政府应积极促进我国自动化水平的提升，以"技术红利"替代"人口红利"，促进我国由"制造大国"向"智造强国"转型。

第三，继续加大教育投入，提升人力资本积累，加强对自动化引发的失业人员进行再就业培训。未来自动化水平的提升将大幅度地替代低技能和中技能劳动力，引发"技术性失业"；高技能人才的增多将有利于自动化资本的投资和自动化技术的普及和使用，进而促进自动化的发展。因此，政府应加大对失业人员的培训力度，使其掌握一定技能，还要加强对高技能人才的培训力度（邓翔等，2018）。

第七章 人口老龄化和技术进步：OECD 国家的经验证据

第一节 引言

人口老龄化日益成为西方发达国家和部分发展中国家面临的重要挑战。生育率的不断衰退和预期寿命的不断延长，使得第二次世界大战后西方发达国家较早经历了人口老龄化进程。以 OECD 国家为例，自 20 世纪 60 年代开始，OECD 国家的总和生育率（Total Fertility Rate，TFR）不断下降，1960 年其总和生育率为 3.23，其后呈现持续下降趋势，2017 年下降至 1.7 左右。与此同时，由于经济发展水平较高，医疗卫生条件较好，OECD 国家的预期寿命（Life expectancy at birth）不断提升，1960 年其平均预期寿命为 67.35 岁，2017 年升至 80 岁左右（见图 7－1）。

生育率持续衰退，预期寿命不断提升，一个自然的结果即为人口老龄化。从老龄化系数和老年抚养比来看，1960 年 OECD 国家平均的老龄化系数为 8.4%，超过联合国定义的老龄化临界水平（7%），2017 年老龄化系数升至 16.81%，说明 OECD 国家已较早进入老龄化社会。从老年抚养比来看，OECD 国家的老年抚养比处于持续上升趋势，老龄化程度较高。从人口年度增长率来看，1960 年其平均人口年度增长率为 1.6%，随后处于持续下落趋势，2017 年已下降至 0.62%（见图 7－2）。由此可见，OECD 国家人口老龄化程度不断加深，人口老龄化将成为

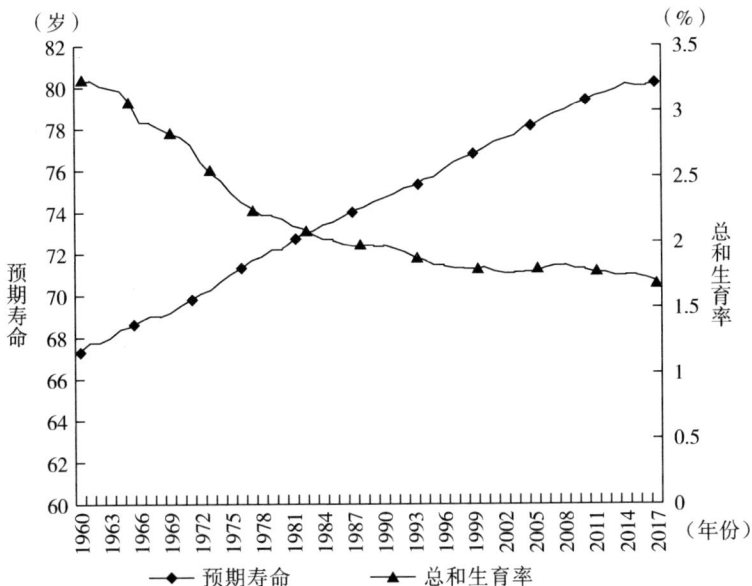

图 7-1 OECD 国家 1960—2017 年生育率和预期寿命演化趋势

资料来源：世界银行《世界发展指标》（*World Development Indicators*，WDI）数据库。

OECD 国家未来实现可持续发展面临的重要课题。

技术进步是一个国家或地区实现经济持续发展的重要动力，是创新经济体最主要的特征。根据内生增长理论，市场经济条件下，企业在利润最大化驱动下将投资于研发活动从而促进技术进步，而人口老龄化必然会影响一个国家或地区的技术创新水平和方向。

图 7-3 分别报告了 1990 年、2017 年 OECD 国家老龄化系数和全要素生产率的二维散点图。由图 7-3 可知，OECD 国家的老龄化系数逐渐向右移动，即老龄化程度逐渐加深；全要素生产率呈上升趋势，因此老龄化系数与全要素生产率基本同向变动。鉴于此，值得研究的是，人口老龄化是否阻碍了技术进步？因此，本章主要研究人口老龄化与技术进步之间的关系。

中国自 2000 年以来，65 岁及以上老年人口占总人口比重已超过 7%，其后这一比例逐年上升，2016 年高达 10.8%，老年抚养比也与日

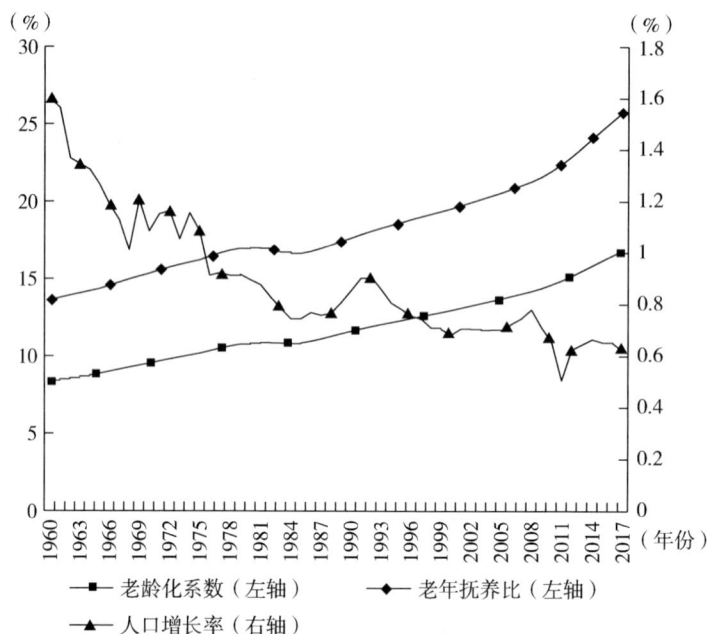

图 7 - 2   OECD 国家 1960—2017 年人口老龄化趋势

资料来源：世界银行世界发展指标（*World Development Indicators*，WDI）数据库。

俱增，2016 年高达 14.96% 。与此同时，由于经济发展和医疗卫生水平的提高，中国人均预期寿命不断提升，2016 年人均预期寿命提升至 76.3 岁，而总和生育率却持续下降，2014 年总和生育率下降至 1.52，虽然 2016 年小幅提升至 1.7，但是阻挡不了我国人口老龄化加速发展态势（邓翔、张卫，2018）。

在中国人口老龄化不断加深的背景下，中国经济也逐渐步入新常态，进入转型升级的艰难期，经济增长速度由高速转为中高速，经济增长模式正由要素驱动向创新驱动转型。有鉴于此，研究 OECD 国家的人口老龄化与技术进步的关系将为我国正确理解和应对人口老龄化的宏观经济效应提供不同的视角，对于实现我国经济的可持续发展和实现创新型经济体的成功转型也具有重要的参考意义。

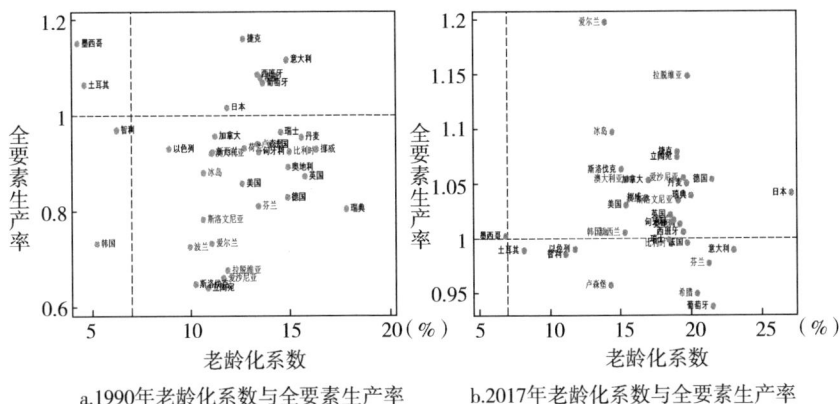

a.1990年老龄化系数与全要素生产率　　b.2017年老龄化系数与全要素生产率

图 7 – 3　1990 年和 2017 年 OECD 国家老龄化系数与全要素生产率

注：横轴参考线老龄化系数为7%，纵轴参考线全要素生产率为1。

资料来源：世界银行世界发展指标（*World Development Indicators*，WDI）数据库和佩恩表9.1。

第二节　理论框架

众多文献深入研究了人口老龄化与经济增长之间的关系并取得了丰富的成果，然而仅聚焦于人口老龄化与技术进步关系的研究文献却并不丰富。即使部分文献研究了人口老龄化与技术进步的关系，结论却是仁者见仁、智者见智，在学界尚未达成共识（昌忠泽，2018）。另外，人口老龄化影响技术进步的机制也较难以厘清，根据以上文献梳理，本章简要概括人口老龄化影响技术进步的理论机制。详见图 7 – 4。

人口老龄化的主要特征是生育率的衰退和预期寿命的延长。当生育率下降时，根据人口质量和数量理论，家庭将增加子女的人力资本投资，因此，整个社会的平均人力资本水平存在上升趋势。而当预期寿命延长时，未来可工作时间增加，投资人力资本的收益上升，个体将增加对自身的人力资本投资。与此同时，根据生命周期理论，家庭将增加储蓄以维持退休后的消费、应对未来的不确定性，提升社会的物质资本积累。人口老龄化一个最直接的后果是减少了劳动力供给总量，企业面临的劳动力成本上

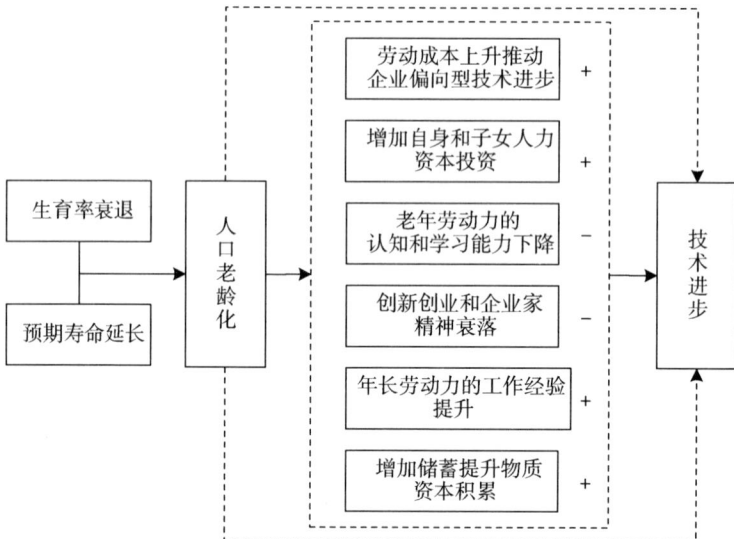

图7-4 人口老龄化影响技术进步的理论框架

资料来源：笔者综合文献绘制。

升。为了降低劳动力成本，提升劳动生产率和自身竞争力，企业存在较强激励加大创新投资，开发和应用人工智能和自动化技术替代劳动力，促进劳动节省型技术进步。综上所述，人口老龄化对技术进步可能具有正向效应。

与此同时，社会中位数年龄的提高虽然将通过"干中学"增加个体的工作经验，特别是21世纪众多工作岗位并不需要老年工作者的体力劳动，而是需要发挥他们的工作经验。然而人口老龄化也将降低老年人的学习能力和接受新事物和新技术的能力，阻碍创新和创业精神的发挥，企业家和创新精神将趋于衰落，不利于技术进步。因此，人口老龄化对技术进步也存在负向效应。

人口老龄化对技术进步的影响存在多维机制，其方向并不确定。迄今为止，人口老龄化如何影响技术进步在学界尚未达成共识。鉴于此，为了实证检验人口老龄化与技术进步的关系，本章将基于OECD国家的面板数据进行实证研究。OECD国家市场经济较为完善且经济发展水平较高，人口老龄化程度在全球处于最高水平并存在不断加深趋势，是研究人口老龄化与技术进步关系的理想样本。

与现存文献相比，本章的边际贡献在于：第一，基于 36 个 OECD 成员国 1990—2017 年的跨国面板数据，本章对人口老龄化与技术进步的关系进行了实证研究，并进行了一系列的稳健性检验，为理解人口老龄化与技术进步的关系提供了经验基础，也是对现有文献的补充。部分文献虽然基于跨国面板数据研究了人口老龄化与全要素生产率之间的关系，但是跨国面板数据包含众多尚未进入老龄化的国家，例如非洲和拉丁美洲国家，其生育率较高，年轻人口众多，样本代表性不足。部分文献也基于 OECD 国家面板数据进行了实证研究，但他们多以专利申请数据为基础研究人口老龄化与发明活动之间的关系。技术进步包括发明与创新、资源的优化配置、管理创新等，因此，专利申请数据并不能反映技术进步的全貌。目前，以 OECD 国家为样本并以全要素生产率衡量技术进步，对人口老龄化与技术进步关系的研究文献还较为缺乏。第二，以上文献也未能详细梳理人口老龄化影响技术进步的理论机制，为了定量研究人口老龄化对技术进步的影响，本章深入阐释了人口老龄化影响技术进步的作用机制，为理解人口老龄化如何影响技术进步提供了新的视角与方向。第三，本章的研究结论有助于中国正确理解和应对人口老龄化的宏观经济效应。

第三节　计量模型、变量与数据

一　基准模型设定

为了实证检验人口老龄化对技术进步的影响，基于以上阐述的理论机制，本章构建如下计量模型：

$$\ln TC_{it} = \beta_0 + \beta_1 \ln TC_{it-1} + \beta_2 \ln Aging_{it} + \beta_n \ln X_{it}^n + \varepsilon_{it} \qquad (7-1)$$

其中，i 表示国家，t 表示时间；TC_{it} 代表技术进步水平，为被解释变量；TC_{it-1} 为技术进步的一期滞后项；$Aging_{it}$ 为解释变量，即人口老龄化；X_{it}^n 为一组其他可能影响技术进步的控制变量；β_0 为常数项，β_1、β_2 和 β_n 是待估系数；ε_{it} 为随机误差项。技术进步是一个动态变迁的发展过程，受到前期技术进步水平的制约，因此本章使用动态面板模型对人口老龄化与技术进步的关系进行广义矩估计（GMM）。广义矩估计分为差分广义矩估计（Diff-GMM）和系统广义矩估计（Sys-GMM），由于差分广义矩估计在有限样本中估计结果较差，尤其是随机扰动项与一阶差分项存在弱相关时，容易出现弱工具变量问题，导致估计存在一定偏误。系统广义矩估计由于将差分广义矩估计和水平广义矩估计进行了有效结合，因此估计效率更高，估计结果也更为准确。为此，本章统一使用系统广义矩估计方法。为了控制模型中可能存在的异方差，各变量均取对数形式。

二　变量选取

1. 技术进步（TC）

在基准模型中，根据现存文献常用方法，使用全要素生产率（TFP）对技术进步进行测度。佩恩表 9.1 基于 2011 年不变价格对各国全要素生产率进了估计。另外在稳健性检验中，本章还将利用各国与福利相关的全要素生产率（Welfare-relevant TFP，$WTFP$）对技术进步水平进行衡量。全要素生产率的详细估算过程请见佩恩表 9.1（Penn World Table Version 9.1）。

2. 人口老龄化（$Aging$）

使用老年抚养比（Old Age Dependency Ratio，$OADR$）衡量人口老龄化，老年抚养比上升说明人口老龄化加重。另外，在稳健性检验中本章还将使用 65 岁及以上人口占总人口比重即老龄化系数（$Age65$）对人口老龄化水平进行测度。

3. 控制变量

为了控制其他影响技术进步的因素，我们还选取了一系列控制变量，具体如下：

（1）实际人均国内生产总值（y），经济发展水平是技术进步的重要驱动因素，因此我们控制了实际人均国内生产总值。实际人均国内生产总值以 2011 年不变价格进行折算。

（2）实际人均物质资本存量（k），资本积累提升将引致均衡真实利率下降，由此研发部门的融资成本将下降，促进研发部门的投资从而有利于技术进步；另外资本积累提升也可能引发虚拟经济泡沫，实体经济萎缩，不利于技术进步。因此，资本存量对技术进步的影响并不确定。实际人均物质资本存量仍以 2011 年不变价格进行折算。

（3）劳动力人口占比（*Labor*），劳动力总量的多寡引致产业要素密集度的不同，进而对技术进步产生影响，本章使用 15—64 岁劳动力人口占总人口比重进行衡量。

（4）城镇化水平（*Urban*），城镇化将促进高素质人才向城市流动，产生人力资本集聚和溢出效应，提高城市的生产率从而影响技术进步，本章以地区常住人口占总人口比重衡量城镇化水平。

（5）对外开放度（*Open*），对外开放存在知识和技术溢出效应进而影响技术进步水平；对外开放也将促使企业提升自主创新能力以提升国际竞争力，本章使用进出口总额占 GDP 比重衡量对外开放度。

（6）工业化水平（*Industry*），工业化水平的高低和产业结构的升级将影响企业的投资与研发，进而影响技术进步，使用工业增加值占 GDP 比重进行衡量。

（7）人力资本（*HC*），高学历和高技能人才将直接促进技术创新，根据人均受教育年限和教育回报率，佩恩表 9.1 计算了各国的人力资本指数。故本章利用人力资本指数对各国人力资本水平进行衡量。

三　数据描述

经济合作与发展组织（Organization for Economic Co-operation and Development，OECD）成员国①均为市场经济国家，经济发展水平较高且多

---

① 2017 年 OECD 包括 36 个成员国：澳大利亚（Australia）、奥地利（Austria）、比利时（Belgium）、加拿大（Canada）、智利（Chile）、捷克（Czech Republic）、丹麦（Denmark）、爱沙尼亚（Estonia）、芬兰（Finland）、法国（France）、德国（Germany）、希腊（Greece）、匈牙利（Hungary）、冰岛（Iceland）、爱尔兰（Ireland）、以色列（Israël）、意大利（Italy）、日本（Japan）、韩国（Korea）、拉脱维亚（Latvia）、立陶宛（Lithuania）、卢森堡（Luxembourg）、墨西哥（Mexico）、荷兰（Netherlands）、新西兰（New Zealand）、挪威（Norway）、波兰（Poland）、葡萄牙（Portugal）、斯洛伐克（Slovak Republic）、斯洛文尼亚（Slovenia）、西班牙（Spain）、瑞典（Sweden）、瑞士（Switzerland）、土耳其（Turkey）、英国（United Kingdom）、美国（United States）。

经历了严重的人口老龄化进程，因此以 OECD 国家为研究样本具有较好的代表性。

为了使数据集更加完整与可信，本章选取的研究样本为 36 个 OECD 成员国 1990—2017 年的面板数据。数据来源于佩恩表 9.1（Penn World Table Version 9.1）数据库（Feenstra et al., 2015）和世界银行的《世界发展指标》（*World Development Indicators*, WDI）数据库，部分缺失值进行插值处理。表 7 – 1 报告了各变量的描述性统计结果。

表 7 – 1 各变量的描述性统计

变量	变量含义	样本（个）	均值	标准差	最小值	最大值
TFP	全要素生产率	1008	0.974	0.0982	0.640	1.224
WTFP	与福利相关的全要素生产率	1008	0.979	0.102	0.580	1.322
OADR	老年抚养比（百分比）	1008	21.47	5.776	7.532	45.03
*Age*65	老龄化系数（百分比）	1008	14.30	3.755	4.269	27.05
y	实际人均国内生产总值（美元）	1008	31477	13965	7631	83912
k	实际人均物质资本存量（美元）	1008	140953	61914	21991	342641
Labor	劳动力人口占比（百分比）	1008	66.64	2.391	56.68	73.36
Urban	城镇化水平（百分比）	1008	75.44	11.15	47.91	97.96
Open	对外开放度（百分比）	1008	85.79	51.66	16.01	424.0
Industry	工业化水平（百分比）	1008	26.06	5.201	10.67	41.11
HC	人力资本指数	1008	3.129	0.396	1.802	3.807

四 相关性分析

为了简要分析人口老龄化与技术进步的相关性，图 7 – 5 分别报告了 1990—2017 年 OECD 国家的老年抚养比、老龄化系数和全要素生产率的二维散点图。

由图 7 – 5 可知，老年抚养比、老龄化系数与全要素生产率的拟合斜率均为正。因此，人口老龄化与技术进步显著正相关。但是相关关系并不代表因果关系，散点图分析未能控制其他变量对技术进步的影响，控制其他变量后，人口老龄化与技术进步的关系是否发生改变还有待进一步验证。

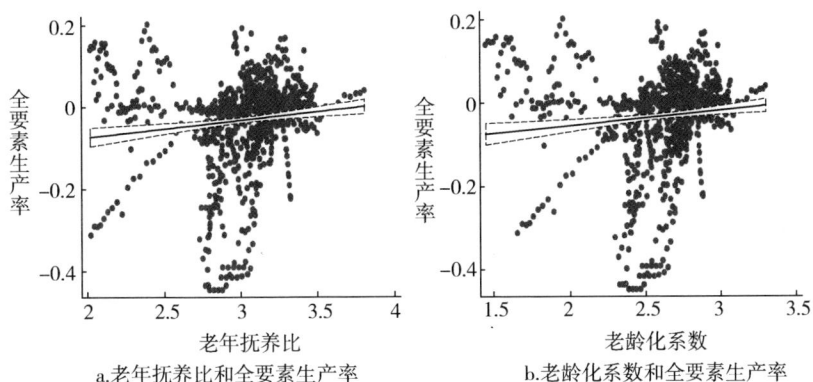

a.老年抚养比和全要素生产率 b.老龄化系数和全要素生产率

图 7-5 老年抚养比老龄化系数与全要素生产率散点图

注：各变量均取对数，实线为拟合值，虚线为95%置信区间。

第四节 实证结果与分析

一 基准估计结果

系统广义矩估计为本章的基准估计方法，但为了进行参照和对比，本章首先使用静态面板模型对老年抚养比与技术进步的关系进行随机效应（RE）和固定效应（FE）估计。估计结果见表7-2。

表7-2的第（1）—第（2）列分别报告了随机效应和固定效应估计结果，未控制时间趋势，第（3）—第（4）列控制了时间趋势。豪斯曼检验显示固定效应优于随机效应。虽然第（1）—第（2）列显示人口老龄化对技术进步无显著影响，但是控制时间趋势后，结果表明，人口老龄化对技术进步的影响分别在10%和5%的显著性水平下显著为正。

由于技术进步存在路径依赖，表7-2中的第（5）—第（6）列分别报告了差分广义矩估计和系统广义矩估计结果。显示，带有因变量滞后项的估计系数显著为正，说明技术进步具有惯性特征，使用动态面板模型较为合理；Abond 自相关检验表明残差项不存在二阶自相关；Sargan 检验说明不存在弱工具变量问题。由此，本章使用动态面板数据模型的广义矩估计具有合理性。差分广义矩估计和系统广义矩估计结果显示人口老龄化对技术进步的影响均在5%的显著性水平下显著为正，与静态面板模型估计结果较为一致[1]。

表7-2　　　　　　　　　人口老龄化对技术进步的影响效应

变量	(1)	(2)	(3)	(4)	(5)	(6)
	静态面板				动态面板	
	RE	FE	RE	FE	Diff-GMM	Sys-GMM
L. lnTC					0.731 *** (0.084)	0.816 *** (0.066)
ln$Aging$	0.127 (0.080)	0.122 (0.080)	0.142 * (0.079)	0.153 ** (0.075)	0.220 ** (0.101)	0.135 ** (0.057)
ln$y$	0.560 *** (0.064)	0.615 *** (0.069)	0.582 *** (0.063)	0.674 *** (0.075)	0.255 *** (0.080)	0.148 *** (0.042)
ln$k$	-0.298 *** (0.097)	-0.335 *** (0.113)	-0.312 *** (0.097)	-0.337 *** (0.107)	-0.412 *** (0.092)	-0.172 *** (0.035)
ln$Labor$	-0.013 (0.427)	-0.186 (0.383)	-0.116 (0.430)	-0.411 (0.366)	0.646 (0.413)	0.405 * (0.240)
ln$Urban$	-0.299 ** (0.137)	-0.499 ** (0.232)	-0.314 ** (0.142)	-0.445 * (0.231)	-0.219 (0.275)	0.028 (0.075)
ln$Open$	0.023 (0.027)	-0.004 (0.037)	0.022 (0.027)	0.009 (0.034)	0.043 ** (0.020)	0.039 *** (0.011)
ln$Industry$	0.006 (0.043)	0.034 (0.038)	-0.004 (0.041)	-0.005 (0.043)	0.013 (0.038)	-0.002 (0.031)
lnHC	-0.315 * (0.168)	-0.127 (0.304)	-0.306 * (0.178)	0.042 0.124	0.162 (0.251)	-0.157 (0.106)
常数项	-1.075 (1.825)	0.206 (1.711)	-0.701 (1.905)	(1.709) (1.663)	-0.627 (1.990)	-1.711 (1.089)
国家 FE	Yes	Yes	Yes	Yes		

---

① 值得说明的是，由于墨西哥在1990—2017年并未经历老龄化进程，本章在样本中剔除墨西哥后进行估计，实证结论并未发生改变。

续表

变量	(1)	(2)	(3)	(4)	(5)	(6)
	静态面板				动态面板	
	RE	FE	RE	FE	Diff-GMM	Sys-GMM
时间 FE	No	No	Yes	Yes		
组内 R – squared	0.699	0.705	0.723	0.736		
Hausman test		177.62 ***		205.78 ***		
AR（1）					0.017	0.008
AR（2）					0.393	0.111
Sargan test					0.991	1.000
样本量（个）	1008	1008	1008	1008	936	972

注：＊＊＊、＊＊和＊分别表示在 1%、5% 和 10% 的显著性水平下显著；静态和动态面板回归模型括号内分别为稳健标准误和聚类稳健标准误；动态面板回归模型均为 two-step。AR（1）、AR（2）和 Sargan 检验分别报告相应检验统计量的 p 值；L. 表示变量滞后一期。本章以下表与此相同，不再作说明。

目前来看，OECD 国家的人口老龄化尚未对技术进步产生抑制效应。根据理论机制分析，人口老龄化对技术进步的影响存在多维机制，正向效应和负向效应交织。人口老龄化引致的家庭物质和人力资本积累、企业的偏向型技术变迁等因素可能抵消了其对技术进步的负面效应。20 世纪 90 年代计算机和互联网开始逐渐普及，企业的偏向型技术变迁有所提升。特别是进入 21 世纪以来，虽然劳动力成本因为人口老龄化而趋于上涨，但人工智能和自动化发展迅速，企业在劳动力成本上涨的激励与约束下加快了转型升级的步伐，加强了研发投入与创新投资，积极开发和引进人工智能和自动化技术替代劳动，促进了劳动节省型技术进步。

由此，劳动节省型技术进步可能抵消了人口老龄化对全要素生产率的负面影响（Heer & Irmen，2014；Irmen，2017；Acemoglu & Restrepo，2017；Acemaglu & Restrepo，2018）。因此，在家庭和企业最优行为的调整下人口老龄化与技术进步的关系呈现出显著的正相关关系。

在控制变量方面，实际人均国内生产总值对技术进步存在明显的正向效应，与理论预期相一致。实际人均物质资本存量对技术进步的影响为负，这可能是因为，资本积累上升较易产生资产泡沫，不利于实体经济的发展，进而对技术进步存在负面效应；也可能是因为人口老龄化已经包含了通过物质资本进而影响技术进步的机制，使得物质资本对技术进步的影响为负。劳动力人口占比对技术进步的影响为正，与经济学直觉相符。城镇化和工业化水平对技术进步无显著影响。对外开放对技术进步的影响显著为正，说明对外开放存在知识和技术溢出效应。人力资本积累对技术进步无显著影响，这可能是因为人口老龄化通过人力资本积累影响了技术进步，而且人力资本指数也未能很好地测量人力资本的质量导致人力资本自身对技术进步的影响不显著。

二 稳健性检验

计量模型内生性的根源主要在于变量的测量误差（measurement error）、反向因果（reverse causality）和遗漏变量偏误（omitted variable bias）等。为了减轻此种潜在的内生性，检验实证结论的稳健性，本章将实施一系列稳健性检验，包括替换变量、反向因果识别、遗漏变量偏误、自助法估计、非线性检验和非参数估计，具体如下。

（1）替换变量。为了更加全面地衡量 OECD 国家的技术进步水平，减轻技术进步的测量误差，本章使用与福利相关的全要素生产率（*WTFP*）再次对技术进步进行衡量，核心解释变量依然为老年抚养比，估计方法为系统广义矩估计。结果见表 7 – 3 的第（1）列。由第（1）列可知，使用与福利相关的全要素生产率对技术进步进行衡量，人口老龄化对技术进步的影响在 5% 的显著性水平下显著为正。

表 7 – 3   稳健性检验之替换变量和反向因果识别

变量	(1)	(2)	(3)	(4)	(5)	(6)	(7)
	替换变量			反向因果识别			
	WTFP	*TFP*	*WTFP*	*TFP*	*TFP*	*TFP*	*TFP*
L. ln*TC*	0.734 *** (0.053)	0.810 *** (0.067)	0.725 *** (0.054)	0.811 *** (0.057)	0.792 *** (0.048)	0.745 *** (0.054)	0.753 *** (0.053)

续表

变量	（1）	（2）	（3）	（4）	（5）	（6）	（7）
	替换变量			反向因果识别			
	WTFP	TFP	WTFP	TFP	TFP	TFP	TFP
ln*Aging*	0.188** (0.074)	0.139*** (0.051)	0.195*** (0.068)				
L. ln*Aging*				0.150*** (0.045)	0.135** (0.053)		
L2. ln*Aging*						0.136** (0.056)	0.134** (0.056)
ln*y*	0.214*** (0.058)	0.149*** (0.042)	0.217*** (0.063)	0.152*** (0.037)	0.152*** (0.036)	0.195*** (0.045)	0.184*** (0.045)
ln*k*	−0.220*** (0.063)	−0.172*** (0.033)	−0.229*** (0.063)	−0.165*** (0.028)	−0.154*** (0.038)	−0.192*** (0.041)	−0.173*** (0.039)
ln*Labor*	0.009** (0.004)	0.335 (0.220)	0.464** (0.192)	0.371** (0.161)	0.269 (0.259)	0.308 (0.220)	0.226 (0.193)
ln*Urban*	−0.058 (0.096)	0.029 (0.078)	−0.051 (0.100)	0.017 (0.083)	−0.025 (0.105)	0.015 (0.088)	−0.017 (0.075)
ln*Open*	0.025 (0.015)	0.039*** (0.010)	0.025 (0.017)	0.040*** (0.011)	0.032* (0.016)	0.043*** (0.013)	0.044*** (0.013)
ln*Industry*	0.081** (0.040)	−0.002 (0.031)	0.077* (0.040)	0.004 (0.030)	0.007 (0.033)	0.005 (0.031)	0.002 (0.030)
ln*HC*	−0.238* (0.135)	−0.173* (0.096)	−0.236 (0.154)	−0.214** (0.086)	−0.177* (0.096)	−0.203** (0.099)	−0.254** (0.121)
常数项	−0.622 (0.379)	−1.375 (0.999)	−1.872** (0.999)	−1.640** (0.801)	−1.085 (1.246)	−1.491 (1.044)	−1.001 (0.886)
AR（1）	0.007	0.008	0.007	0.008	0.006	0.008	0.009
AR（2）	0.106	0.115	0.107	0.107	0.100	0.401	0.386
Sargan test	1.000	1.000	1.000	1.000	1.000	1.000	1.000
样本量（个）	972	972	972	972	972	972	972

注：L. 和 L2. 分别表示变量滞后一期和二期。

　　此外，本章使用65岁及以上老年人口比重（*Age*65）对人口老龄化进行再次衡量，以减轻人口老龄化的衡量误差，估计方法仍为系统广义矩估计。估计结果见表7-3的第（2）—第（3）列。在第（2）—第（3）列中，被解释变量分别为*TFP*和*WTFP*，解释变量均为老龄化系数（*Age*65）。由实证结果可知，老龄化系数对技术进步的影响均在1%的显著性水平下显著为正，与基准估计结果相差不大。

　　（2）反向因果识别。技术进步可能增加居民预期寿命进而提升人口老龄化水平，即人口老龄化与技术进步之间可能存在反向因果关系。为了减轻此种内生性，借鉴Irmen和Litina（2016）将人口老龄化变量进行滞后的方法，对人口老龄化与技术进步的关系再次进行系统广义矩估计。估计结果见表7-3的第（4）—第（7）列。第（4）—第（7）列被解释变量均为全要素生产率（*TFP*），其中，第（4）—第（5）列核心解释变量分别为老年抚养比和老龄化系数的一期滞后项；第（6）—第（7）列核心解释变量分别为老年抚养比和老龄化系数的二期滞后项。由估计结果可知，人口老龄化的一期和二期滞后项估计系数仍显著为正，与基准估计结果较为一致。

　　（3）遗漏变量偏误。计量模型内生性的另一个问题为遗漏变量偏误（Omitted variable bias），为了减轻此种内生性，本章分别增加税收收入占GDP比重（*Tax*）、人口规模（*Population*）、总储蓄占GDP比重（*Save*）、教育支出占GDP比重（*Education*）和预期寿命（*Lifexp*）等控制变量以减轻遗漏变量偏误，数据来源于世界银行世界发展指标数据库。税收收入占GDP比重、人口规模、总储蓄占GDP比重、教育支出占GDP比重和预期寿命均可能对技术进步产生影响。估计结果见表7-4的第（1）—第（5）列。估计结果显示，人口老龄化与技术进步仍呈显著正相关关系。值得注意的是，将预期寿命纳入控制变量后，人口老龄化的估计系数和显著性均有所下降。这是因为预期寿命的延长导致人口老龄化程度的加深，当控制预期寿命后，人口老龄化自身对技术进步的影响必然有所下降。

表 7－4　　　　　　　　　　稳健性检验之增加控制变量

变量	(1)	(2)	(3)	(4)	(5)
	增加控制变量				
L. ln*TC*	0.817*** (0.071)	0.836*** (0.075)	0.761*** (0.064)	0.814*** (0.073)	0.823*** (0.077)
ln*Aging*	0.142** (0.056)	0.136*** (0.053)	0.223** (0.095)	0.192** (0.079)	0.178** (0.087)
其他控制变量	Yes	Yes	Yes	Yes	Yes
ln*Tax*	−0.001 (0.015)	0.002 (0.018)	−0.002 (0.016)	−0.002 (0.012)	−0.002 (0.014)
ln*Population*		0.005 (0.007)	0.011 (0.015)	0.006 (0.008)	0.003 (0.008)
ln*Save*			0.057** (0.027)	0.053** (0.027)	0.057* (0.030)
ln*Education*				−0.029 (0.018)	−0.027 (0.018)
ln*Lifexp*					0.255 (0.280)
常数项	−1.818* (1.073)	−1.611 (1.362)	−3.311* (1.926)	−2.657 (1.665)	−3.324* (1.932)
AR (1)	0.009	0.006	0.012	0.012	0.011
AR (2)	0.112	0.117	0.107	0.091	0.116
Sargan test	1.000	1.000	1.000	1.000	1.000
样本量（个）	972	972	972	972	972

（4）自助法估计。自助法（bootstrap）一般适合于小样本的统计推断（Efron，1979）。基于原始样本，自助法对原始样本进行有放回的抽样，如此则可以得到众多自助样本，进而达到扩大样本容量的目的并模拟原始样本的分布，提高统计推断的精确性。一般而言，小样本进行 300 次自助抽样即可较好地反映总体的分布特征，根据程惠芳和陆嘉俊（2014），本章进行 500 次自助抽样，并且对估计系数和标准误均使用自助法进行估计。结果见表 7－5 中的第（1）—第（2）列。第（1）—第（2）列被解释变量均为全要素生产率（*TFP*），核心解释变量分别为老年抚养比和老龄化系数，各计量模型估计系数均在 5% 的显著性水平下显著为正。

表 7 – 5   稳健性检验之自助法估计和非线性检验

变量	(1)	(2)	(3)	(4)
	自助法估计		非线性检验	
L. lnTC			0.840 *** (0.067)	0.791 *** (0.079)
ln$Aging$	0.039 ** (0.018)	0.039 ** (0.018)	0.007 (1.545)	0.065 (0.955)
(ln$Aging$)^2			0.020 (0.265)	0.021 (0.190)
ln$y$	0.189 *** (0.019)	0.189 *** (0.019)	0.135 *** (0.041)	0.151 *** (0.044)
ln$k$	– 0.066 *** (0.019)	– 0.066 *** (0.019)	– 0.159 *** (0.029)	– 0.175 *** (0.047)
ln$Labor$	0.066 (0.120)	0.027 (0.113)	0.362 (0.486)	0.409 (0.441)
ln$Urban$	0.068 *** (0.025)	0.068 *** (0.025)	0.033 (0.083)	0.039 (0.099)
ln$Open$	0.002 (0.006)	0.002 (0.006)	0.037 ** (0.016)	0.035 *** (0.013)
ln$Industry$	0.005 (0.017)	0.005 (0.017)	0.010 (0.035)	0.023 (0.029)
lnHC	– 0.298 *** (0.027)	– 0.298 *** (0.027)	– 0.147 ** (0.058)	– 0.231 ** (0.094)
常数项	– 1.574 *** (0.540)	– 1.394 *** (0.509)	– 1.423 (0.955)	– 1.669 (1.270)
AR (1)			0.005	0.009
AR (2)			0.100	0.138
Sargan test			1.000	1.000
自助样本	500	500		
样本量（个）			972	972

注：自助法估计模型括号内为使用自助法得到的标准误。

（5）非线性检验。为了进一步检验人口老龄化与技术进步之间是否存在非线性关系，本章将老龄化的二次项加入计量模型，再次对人口老龄化与技术进步进行系统广义矩估计。实证结果见表 7 – 5 的第（3）—

第（4）列。其中，第（3）—第（4）列被解释变量均为 *TFP*，核心解释变量分别为老年抚养比（*OADR*）和老龄化系数（*Age*65）的一次项、二次项。由估计结果可知，人口老龄化一次项和二次项的估计系数均为正，但不存在统计显著性。因此，人口老龄化与技术进步不存在非线性关系，本章线性模型的设定较为合理，实证结果较为可信。

（6）非参数估计。以上回归均为参数估计法，由于参数估计法假设总体服从未知参数的某一具体分布，可能存在较大的设定误差，估计结果可能存在一定偏误。而非参数估计方法不要求对估计模型进行任何先验的假定，因此估计结果可能更为稳健。

另外，线性模型估计可能遗漏了样本数据的一些重要特征，基于 Markus 和 Ciccone（2011），为了进一步检验人口老龄化与技术进步的关系，本章使用非参数局部多项式估计法（Nonparametric local polynomial estimation）对人口老龄化与技术进步的关系进行实证分析。估计结果见图 7 - 6 和图 7 - 7。

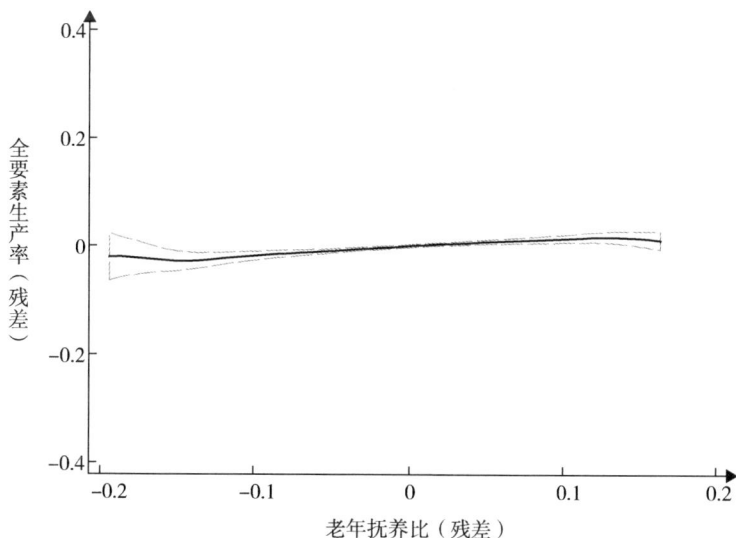

图 7 - 6 老年抚养比与 TFP

注：各变量均为残差形式；非参数估计均使用伊潘科尼可夫（Epanechnikov）核函数，基于拇指法则带宽估计法估计的最优带宽分别为 0.06 和 0.05；图中浅色虚线部分为 95% 置信区间，黑色实线为相应的局部回归值。

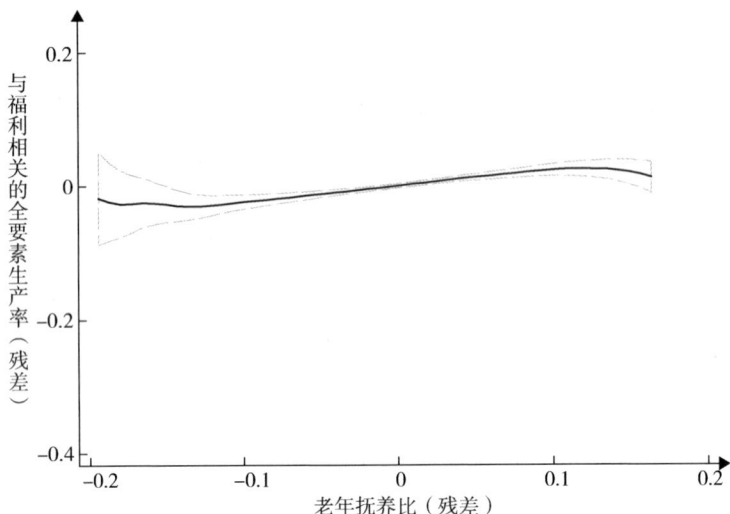

图 7 - 7　老年抚养比与 WTFP

注：同图 7 - 6。

　　图 7 - 6 和图 7 - 7 分别对老年抚养比与全要素生产率（*TFP*）、与福利相关的全要素生产率（*WTFP*）进行了非参数局部多项式估计。估计结果表明，人口老龄化与技术进步基本呈正相关关系。

　　综上可知，本章为了进一步检验实证结果的稳健性以减轻模型的内生性，先后实施了替换变量、反向因果识别、增加控制变量、自助法估计、非线性检验和非参数估计等多种估计方法，实证结果均表明人口老龄化对技术进步的影响显著为正，说明本章的经验结论具有一定的稳健性。

第五节　本章小结

　　中国经济在 2014 年进入新常态，经济增长速度逐渐回落，经济增长模式也逐渐由要素驱动向创新驱动转型。由此，创新和技术进步对实现中国经济可持续发展和创新经济体的成功转型至关重要。在此背景下，中国的人口却日益老龄化，一个重要而又现实的问题是，人口结构的变化是否会阻碍中国向创新经济体转型？因此，研究人口老龄化与技术进步的关系存在重要的理论价值和现实意义（邓翔、张卫，2018）。

西方发达国家在第二次世界大战后较早经历了人口年龄结构的老化，研究发达国家人口老龄化与技术进步的关系有助于我们正确理解和应对人口老龄化的宏观经济效应。鉴于此，本章在深入阐释人口老龄化影响技术进步作用机制的基础上，基于 36 个 OECD 国家 1990—2017 年的面板数据，实证研究了人口老龄化和技术进步之间的关系。研究结果表明，人口老龄化与技术进步显著正相关。就目前情形来看，OECD 国家的人口老龄化尚未阻碍其技术进步水平。本章认为其内在机制可能在于家庭和企业对人口老龄化做出了最优回应，例如家庭增加了自身和子女人力资本投资；企业增加了研发投入和创新投资，促进了偏向型技术变迁等，人口老龄化对技术进步的正向效应大于其负向效应，使得总效应为正。为了验证回归结果的稳健性，本章实施了一系列稳健性检验，包括替换变量、反向因果识别、遗漏变量偏误、自助法估计、非线性检验和非参数估计，人口老龄化估计系数的符号与显著性并未发生明显改变，人口老龄化与技术进步依然显著正相关，说明本章的实证结论具有一定的可信性。

基于以上研究结论，本章提出如下政策启示：第一，正确理解和看待人口老龄化的宏观经济效应。西方发达国家经历人口老龄化的时间较早，但是其技术进步却并未停滞。因此，就现阶段情形来看，人口老龄化未必阻碍技术进步。第二，人口老龄化与技术进步呈显著正相关，其内在机制在于家庭和企业对人口老龄化的最优回应，使得其正向效应大于其负向效应。为此，政府需要深化市场经济体制改革，以便各经济行为主体在市场信号的激励与约束下做出最优回应，从而更好地应对人口老龄化现象，确保人口老龄化促进技术进步的作用机制畅通无阻。第三，进一步加强人力资本投资和研发投入，积极鼓励企业使用人工智能和自动化技术，提升自主创新能力，强化人口老龄化对技术进步的正向效应，减轻其负面影响，实现创新经济体的成功转型（邓翔等，2019）。

第八章 人口老龄化和技术进步：日本的经验与启示

第一节 引言

过去几十年西方发达国家均经历了史无前例的生育率衰退，各国的总和生育率均低于世代更替水平（2.1），人口老龄化不断加深，例如日本、韩国、德国和美国等。目前部分发展中国家生育率也出现衰退趋势，开始向发达国家收敛，人口老龄化已成为全球人口转型的必然趋势。日本人口老龄化在全球处于领先地位，日本在人口老龄化和政策应对方面的经验可以作为在讨论与人口老龄化有关重要政策时的基准情境。此外，日本在人口老龄化问题上的政策教训可能对正在经历快速人口转变的发展中国家，特别是亚洲国家具有重要的参考价值（Gawa，2005；封婷，2019）。而且，日本是全球第三大经济体，与中国同属于东亚文化圈，对中国应对人口老龄化的参考价值不言而喻。因此本章将主要以日本为例，分析日本人口老龄化的发展态势、日本技术进步的总体图景及其为了缓解人口老龄化对技术进步负面效应而采取的政策措施，为中国正确理解人口老龄化现象及其应对提供国际经验借鉴。

虽然日本的人口老龄化处于全球最高水平，但是其技术进步并未出现持续下降趋势（贺丹、刘厚莲，2019），日本仍然具有较强的自主创新能力。本章分析了其背后的动力机制，即日本为了缓解人口老龄化对技术进步的负面效应而采取的应对策略，包括加大创新和研发支出，加强教育和人力资本投资，加速发展人工智能和自动化，进一步提高女性和老年人劳动参与率等措施（张卫，2021）。有鉴于此，随着中国人口老龄化的加剧，中国应借鉴日本的经验，积极应对人口老龄化的挑战，实现创新驱动型发展。

第二节　日本人口老龄化的总体图景

日本在 20 世纪 70 年代已经进入老龄化社会，至今已 50 余年，老龄化程度处于全球最高水平，劳动力已开始出现衰退趋势。为了应对人口老龄化的负面效应，安倍政府实施了一系列的政策和措施。本章将首先描述日本人口老龄化和技术进步的特征化事实，然后分析日本政府的改革措施，以为我国较好地应对人口老龄化提供经验借鉴。

一　人口和劳动力总量

1960 年，日本总人口为 9 千万人左右，随后持续稳定增长，在 2010 年达到顶峰，人口达到 1.2807 亿人；随后，人口出现轻微衰退，2017 年人口总量为 1.267 亿人。从人口年度增长率来看，1961 年日本人口年度增长率为 2.61%，随后在波动中出现持续下降趋势，2009 年首次出现负增长，增长率为 -0.012%（图 8-1 阴影部分），人口出现衰退趋势，2017 年降至 -0.16%。从人口性别结构来看，与中国不同的是，日本女性人口占比较高，2017 年，女性人口占总人口比重为 51.166%，高于男性人口占比。

从日本的 15—64 岁劳动力人口总量来看，1960 年劳动力人口总量为 5.9 千万人，随后呈持续上涨趋势，在 1995 年达到顶峰（图 8-2 浅色阴影部分），劳动力人口总量为 8.7125 千万人，然后出现下降趋势，2017 年劳动力人口总量下降至 7.615 千万人，下降幅度接近 1 千万人左

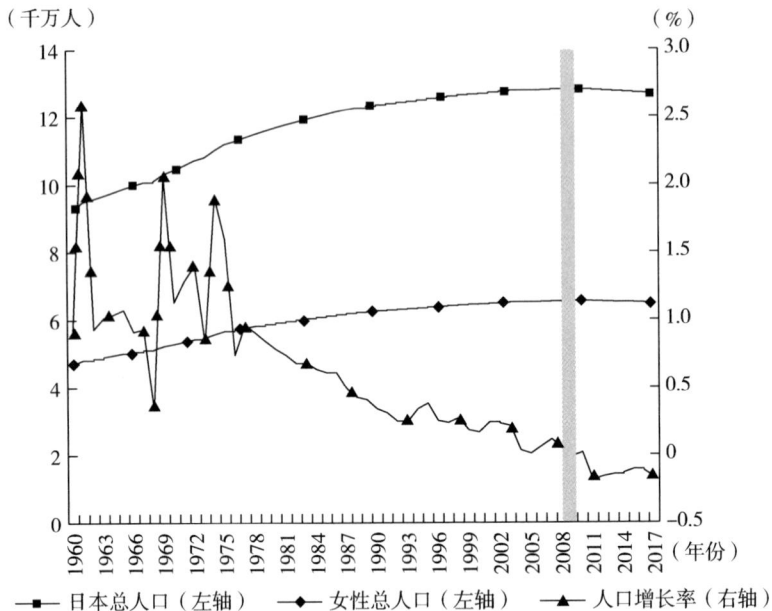

图 8 - 1　日本 1960—2017 年总人口及女性人口演化趋势

注：图中阴影部分表示 2009 年日本总人口开始负增长。

资料来源：世界银行数据库。

右。从 15—64 岁劳动力人口占总人口比重来看，1960 年为 64.11%，随后出现小幅上涨，在 1969 年达到一个顶峰，为 69.03%。随后又出现下降和上升趋势，1992 年达到另一个顶峰（图 8 - 2 深色阴影部分），为 69.78%，然后一直处于衰退状态，至 2017 年 15—64 岁劳动力人口占比下降至 60.06%，已经低于 1960 年的占比，劳动力人口下降幅度较大。因此，人口老龄化直接导致了日本劳动力供给总量的减少。

二　老年抚养比和老龄化系数

从日本的老年抚养比数据来看。自 1960 年开始，日本的老年抚养比一直处于上升态势，1960 年老年抚养比仅为 8.76%，1970 年升至 9.96%，2017 年已高达 45.03%，人口老龄化趋势进一步加深。

从老龄化系数来看。65 岁及以上人口占总人口比重（老龄化系数）

（%）　　　　　　　　　　　　　　　　　　　　　（千万人）

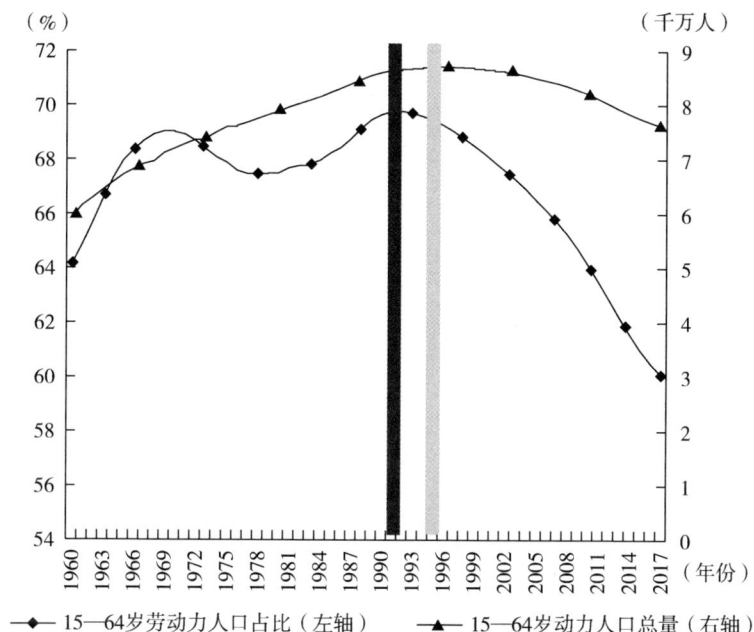

图 8－2　日本 1960—2017 年劳动力人口演化趋势

注：深色阴影表示 15—64 岁劳动力人口占总人口比重在 1992 年达到顶峰；浅色
阴影部分表示 15—64 岁劳动力人口总量在 1995 年达到顶峰。

资料来源：世界银行数据库。

和总量均处于上升状态。根据联合国人口司的规定，① 当一个国家老龄
化系数达到 7% 时，即进入老龄化社会，按此标准，日本在 1971 年已经进
入老龄化社会，老龄化系数为 7.045%（图 8－3 阴影部分）。随后，日本
的老龄化系数持续上升，在 2017 年高达 27.048%，远高于中国的老龄化
系数，进入超老龄社会。从 65 岁及以上人口总量来看，1960 年仅为 0.519
千万人，1971 年升至 0.745 千万人，2017 年高达 3.429 千万人。

三　生育率和预期寿命

生育率的降低和预期寿命的延长将直接导致人口老龄化的加深。从日

① 根据联合国人口司的相关定义，如果一个国家或地区老龄化系数超过 7%，称之为"老龄化
社会"；老龄化系数超过 14%，称之为"老龄社会"；老龄化系数达 20%，则称为"超老龄社会"。

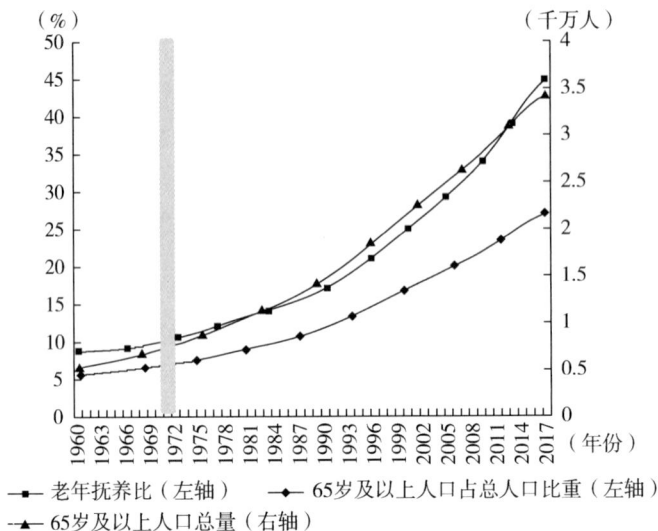

图 8 – 3 日本 1960—2017 年人口年龄结构演化趋势

资料来源：世界银行数据库。

本的生育率来看，总和生育率（妇女平均生育子女数量）在 1960 年为 2.001，已经低于世代更替水平（2.1），随后总和生育率在波动中下降，在 2005 年下降至谷底，总和生育率仅为 1.26；自 2005 年后，总和生育率出现小幅上涨，2016 年升至 1.66，和中国居民的总和生育率较为接近，但是仍低于世代更替水平。众多学者探究了日本低生育率的主要机制，他们认为 20 世纪 70 年代日本婚姻率的低迷造成了生育率的持续衰退（Md-suda et al.，2015）。

从预期寿命来看，1960 年日本居民的预期寿命为 67.66 岁，随后一直保持上升态势，2016 年高达 83.98 岁，远高于中国平均预期寿命。由于生育率降低是日本人口老龄化加速的主要原因（Goldin，2016），如果未来生育率未能出现反弹，日本的人口老龄化将会进一步加深（见图 8 – 4）。

综上所述，日本进入老龄化社会较早，至今已经将近 50 年，老年抚养比较高，老龄化系数持续上升，老年人口总量增长较快，预期寿命不断上升，劳动力人口出现持续下降趋势，而生育率仍处于低位，老龄化程度较高，未来人口老龄化不会得到缓解。

（岁）　　　　　　　　　　　　　　　　　　　　　　　　（个）

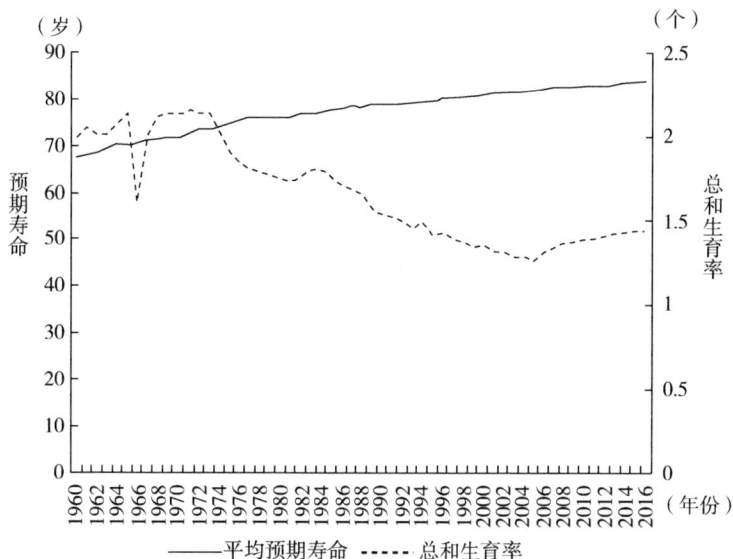

图 8－4　日本 1960—2016 年总和生育率和平均预期寿命演化趋势

资料来源：世界银行数据库。

第三节　日本技术进步的总体态势

目前，日本仍是创新强国，自主创新能力处于全球前列。从全要素生产率、专利申请量和授权量和全球创新指数等多种指标衡量，其创新能力和技术进步并未因为人口老龄化的加深而出现持续衰退趋势。

一　全要素生产率

根据索洛模型，全要素生产率最直接地反映了一个国家的技术进步状况。佩恩表 9.0 详细计算了世界各国的全要素生产率指标。本节主要分析日本全要素生产率的演化趋势。

根据佩恩表 9.0，1950 年，日本的全要素生产率为 0.3418，随后不断上涨，即使 20 世纪 70 年代日本进入老龄化社会，其全要素生产率仍然存在上涨趋势, 1995 年全要素生产率达到顶峰, 为 0.855, 随后出现轻微下降, 2014 年为 0.7105, 仍然处于较高水平。与日本相比, 2014 年中国的全要素生产率仅为 0.432, 大幅低于同时期的日本 (图 8-5)。

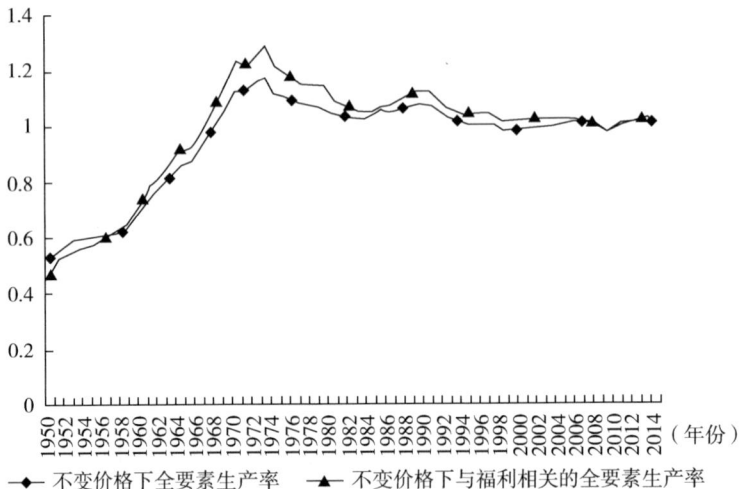

图 8-5 日本 1950—2014 年全要素生产率演化趋势

注: 各种全要素生产率 (TFP) 的定义和计算详见佩恩表 9.0。

资料来源: 佩恩表 9.0。

从与福利相关的全要素生产率水平来看, 其变化趋势与全要素生产率基本保持一致, 并未出现持续下降趋势。

从日本的利率水平来看。尽管人口老龄化增加了老年人的比重, 工作人口减少, 消费人群增多, 对均衡实际利率 (real interest rates) 形成向上压力, 然而随着日本居民预期寿命的不断延长, 由于理性预期, 家庭将做出最优回应, 增加储蓄以维持未来退休时期的消费水平; 而且, 生育率和人口年度增长率的衰退也增加了人均资本存量, 降低了资本的边际产出, 均衡实际利率将下降。根据 Carvalho 等 (2016)、Sado 和 Takizuka (2018) 的研究, 西方国家的实际利率在第二次世界大战后均存在下降趋势, 而其共同特征均是预期寿命的延长、生育率的衰退和人口老龄化的加剧, 他们分别通过生命周期储蓄模型和世代交叠模型研究发现人口老龄化导致了日本实际利率的下降。由图 8-6 可知, 除去日本资产泡沫时期，1961—2016 年日本的贷款利率、存款利率和实际利率均呈现下降趋势，而货币政策是周期性因素，并不能决定利率的长期走势。根据第五章的分析，人口老龄化将导致实际利率的下降，有利于研发部门增加研发支出，进而推动技术进步。通过日本实际利率和全要素生产率的对比，可以发现两者呈现反方向变动，具而言之，实际利率降低，则全要素生产率上升。

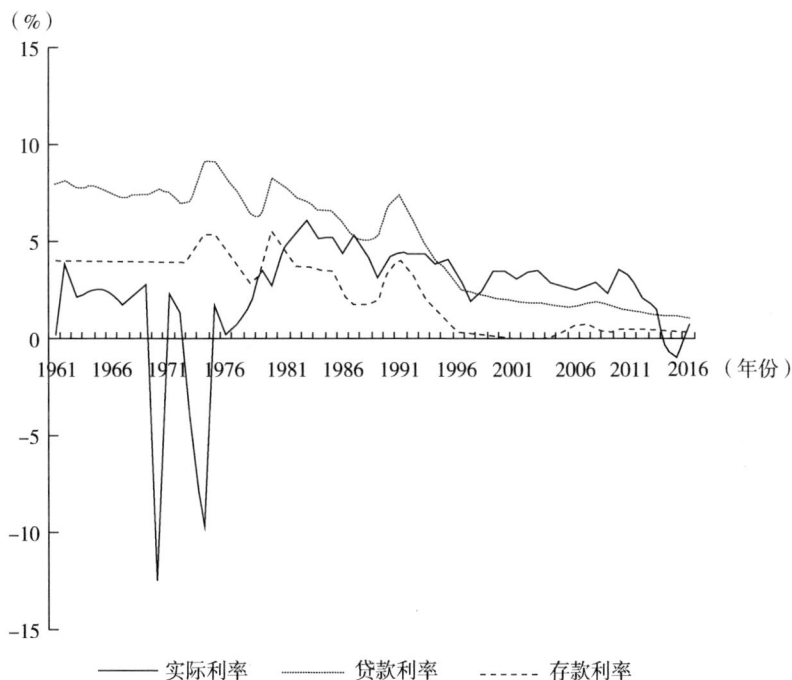

图 8 – 6　日本 1961—2016 年利率走势

资料来源：世界银行数据库。

　　由图 8 – 7 可知，日本经济年增长率在 1961 年保持高速增长，GDP增长率高达 12.04%，人均 GDP 增长率高达 9.16%。随后日本经济增长率在波动中处于下降趋势。20 世纪 90 年代后，经济增长速度大幅下降，随后基本稳定在 1%—2%。据吴宇和王珂珂（2018）的研究，虽然1990 年以来日本的经济增长速度有所下降，但是经济增长质量却大幅提升。因此，日本经济已完成向现代经济增长转型，向新古典经济收敛，转向了创新驱动型经济体。

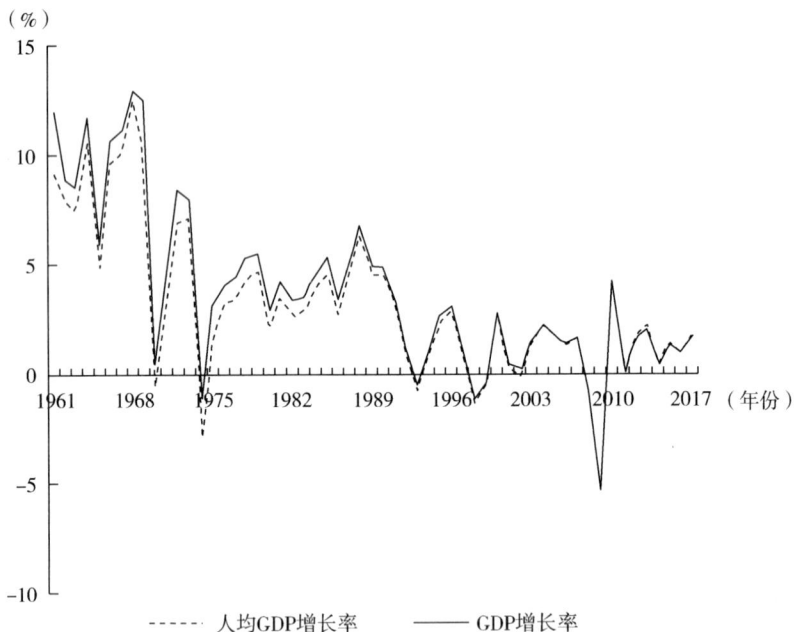

图 8 - 7　日本 1961—2017 年 GDP 和人均 GDP 增长率

资料来源：世界银行数据库。

由索洛增长模型可知，经济增长由资本、劳动和技术进步所推动。日本的经济增长已经主要依靠技术进步推动，完成了向创新型经济体转型的过程。即使在日本所谓的"失去的二十年"，全要素生产率存在轻微下降，但基本保持稳定增长状态。全要素生产率的轻微下降是否是因为人口老龄化仍处于争议之中。而且日本的全要素生产率的演化趋势由先上升后微弱下降然后再上升继而保持稳定发展状态，存在波动非平稳特征，而人口老龄化是人口因素，处于缓慢上升状态，平稳状态变量不能解释另一变量的非平稳性特征。并未发现人口老龄化上升引起日本技术进步下降的因果证据（Zilibotti，2017）。

综上可知，20 世纪 70 年代日本已经进入老龄化社会，但全要素生产率却未出现持续衰退趋势，且处于较高水平，日本已经成功转型为创新驱动经济体。另外，伴随人口老龄化而来的是实际利率的下降，而实际利率下降与全要素生产率上升并存，说明日本各经济行为主体（家庭、企业和政府等）对人口老龄化做出了较好的回应，从而减轻了人口老龄化对技术进步和经济增长的负面效应。

二　专利申请和授权量

专利申请和授权量可以间接反映一个国家的创新能力。世界银行数据库和世界知识产权协会（World Intellectual Property Organization）记录了各国的居民和非居民的专利申请和授权量。本节主要根据世界银行数据库和世界知识产权协会数据库分析日本的专利申请和授权状况，进而阐述日本的创新能力。

据世界银行数据，1963 年，居民专利申请量为 53876 件，随后不断上升，在 2000 年达到顶峰，为 384201 件，随之处于微弱下降趋势，2016 年居民专利申请量为 260244 件，相当于 1985 年的水平，而 2017 年小幅升至 260290 件。非居民专利申请量方面，1963 年为 17914 件，随后一直处于稳步上升状态，2016 年升至 58137 件，2017 年继续增至 58189 件。由图 8-8 可知，居民专利申请量远高于非居民专利申请量。因此，日本居民和非居民专利申请总量演化趋势与居民专利申请量演化趋势存在同步性，2017 年为 318479 件。

考虑到日本在 20 世纪 70 年代进入老龄化社会，随后老龄化水平一直处于平稳上升状态。然而 1970—2000 年专利申请量仍处于上涨状态，2000—2016 年出现微弱衰退，可知专利申请量具有非平稳特征。人口老龄化的平稳上升不能解释专利申请量的非平稳特征。因此，专利申请量的衰退是否由人口老龄化导致尚无定论。

而从专利授权数量来看，据 World Intellectual Property Organization（WIPO）数据，日本的专利授权量 1980 年开始存在波动上升趋势，1980 年居民和非居民专利授权总量为 46106 件，其中，居民专利授权量为 38032 件，非居民专利授权量为 8074 件；至 2017 年，居民和非居民专利授权总量已升至 199577 件，其中居民专利授权量为 156844 件，非居民专利授权量为 42733 件（见图 8-9）。日本人口老龄化程度的加深与专利授

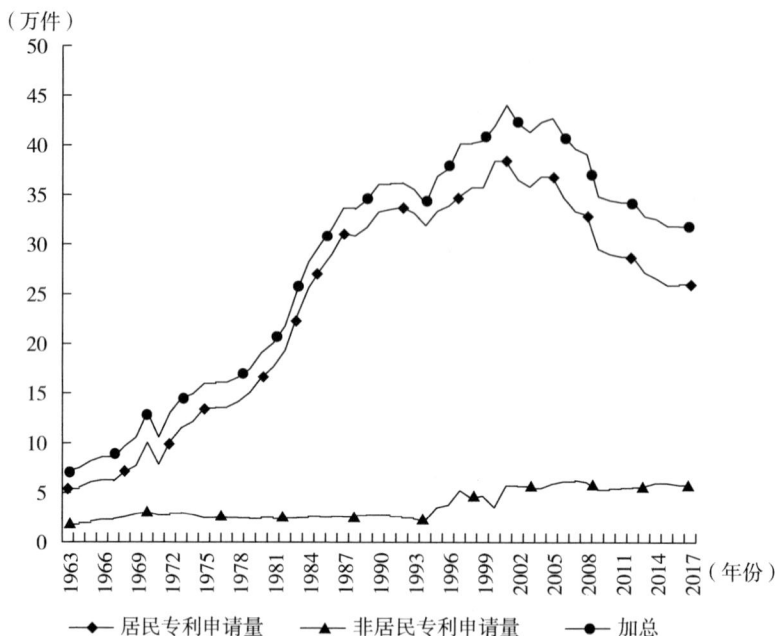

图 8 - 8　日本 1963—2017 年专利申请量

资料来源：世界银行数据库，2017 年数据源于 World Intellectual Property Organization。

权量的上升共存，至少说明日本的人口老龄化尚未阻碍日本的创新能力。

另外，诺贝尔奖获奖者（不包括和平奖、文学奖和经济学奖）的多寡也能从侧面反映一个国家的创新能力。从日本的诺贝尔奖获奖人数来看，1949—2018 年，日本共有 21 人分别获得诺贝尔物理学奖、化学奖、生理或医学奖（见图 8 - 10），获奖人数处于世界前列，日本的自主创新能力较强，未出现持续下降趋势。

三　全球创新指数

2018 年，康奈尔大学、欧洲工商管理学院和世界知识产权组织联合发布了《2018 年全球创新指数：世界能源　创新为要》，它们根据各国创新投入和创新产出次级指数得分的简单平均数计算了全球创新指数排名。其中创新投入次级指数包括制度、人力资本和研究、基础设施、市场成熟度和商业成熟度。创新产出次级指数包括知识和技术产出以

（万件）

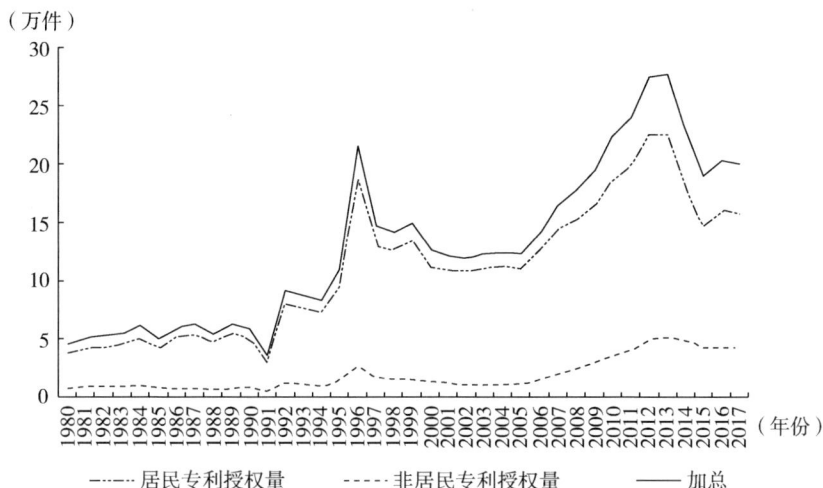

图 8-9 日本 1980—2017 年专利授权量

资料来源：World Intellectual Property Organization。

及创意产出。

表 8-1 报告了 2018 年全球创新指数排名。其中，高收入经济体排名靠前，日本排名第 13 位，较上年上升 1 个位次，中国排名第 17 位，较 2017 年上升 8 个位次。值得注意的是，排名靠前的国家老龄化程度均较高，日本的排名已经连续六年处于上升趋势，与日本人口老龄化的日益加深并存。另外，根据全球创新投入次级指数排名来看，日本位居 12 名，较 2017 年下降 1 个位次，中国位居 27 名。根据全球创新产出次级指数来看，日本位居 18 名，较 2017 年上升 2 个位次；中国位居第 10 名。

而根据 2018 年全球创新质量（根据本地高校质量、本地发明的国际化水平和本地研究文件被国外的引用次数计算而得）排名来看，2016 年至今，日本排名世界第 1 位。2012—2018 年，中国连续六年位于中等收入经济体第 1 名，2018 年全球排名第 17 位，且与高收入经济体国家差距日益缩小。① 另外，根据世界经济论坛发布的《2018 年全球竞争力

---

① 康奈尔大学、欧洲工商管理学院和世界知识产权组织联合发布的《2018 年全球创新指数：世界能源 创新为要》。

（个）

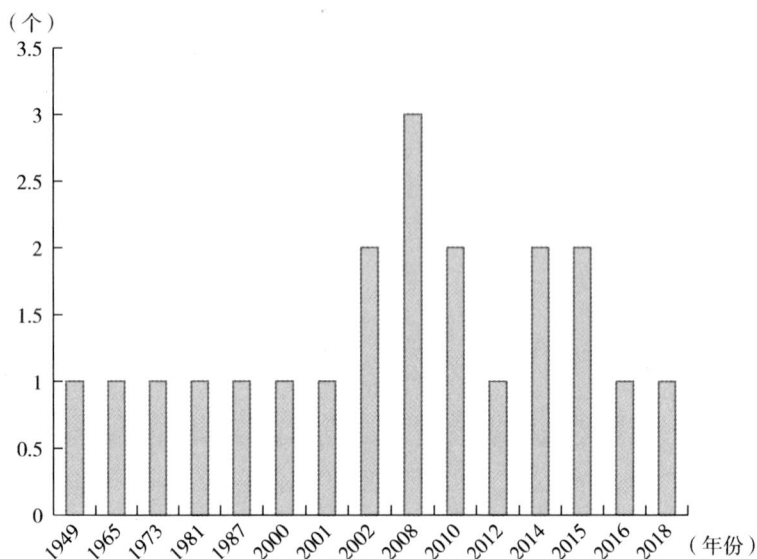

图 8 – 10　日本 1949—2018 年诺贝尔奖获奖人数

注：不包括和平奖、文学奖和经济学奖，也不包括美籍日本人。

资料来源：笔者根据诺贝尔奖官方网站发布数据（https：//www. nobelprize. org）整理而得。

报告》（*The Global Competitiveness Report* 2018）数据，[①] 日本全球竞争力排名第 5 位，较 2017 年上升 3 个位次，存在上升趋势。因此，日本总体创新能力仍然处于世界前列，并未因为人口老龄化的加深而阻碍创新能力的提升。

表 8 – 1　　　　　　　　2018 年部分国家全球创新指数排名

国家	得分（0—100）	排名	国家	得分（0—100）	排名
瑞士	68. 40	1	丹麦	58. 39	8
荷兰	63. 32	2	德国	58. 03	9

---

① 该报告在 2018 年采用一套新型综合指标刻画第四次工业革命中的全球经济动态，评估各国的生产率及其长期潜力，指标包括商业活力与创新、创意、教育和技能、企业文化、开放性和灵活性等。

续表

国家	得分（0—100）	排名	国家	得分（0—100）	排名
瑞典	63.08	3	爱尔兰	57.19	10
英国	60.13	4	以色列	56.79	11
新加坡	59.83	5	韩国	56.63	12
美国	59.81	6	日本	54.95	13
芬兰	59.63	7	中国	53.06	17

资料来源：《2018 年全球创新指数：世界能源　创新为要》。

第四节　日本缓解人口老龄化负面效应的应对策略

人口老龄化对技术进步存在多维影响，前几章在一定假设条件下分析了人口老龄化将有利于研发部门的投资、人力资本的积累、自动化和人工智能的发展，进而缓解甚至抵消人口老龄化对技术进步的负面效应。上节也分析了日本伴随人口老龄化而来的是全要素生产率的提升，本节将以此为基础主要分析日本为应对人口老龄化以及促进技术创新而出台的政策措施，为我国应对人口老龄化提供经验借鉴。

一　加大创新和研发支出

一个社会或经济体研发人员及研发支出的增多将促进技术进步。为了促进科技进步，日本制定了《科学技术基本法》（*The Science and Technology Basic Law*）并于 1995 年 11 月 15 日开始执行，对应于《科学技术基本法》，日本制定了"科学基本规划"（*The Science and Technology Basic Plan*），以每五年为一期①，旨在促进日本科学技术发展。其中强调培养科技人员，要大力发展科学技术，努力加强基础研究，推进产学研合作（industry-academia-government cooperation），积极推进 R&D 支出占 GDP 的比重与西方主要发达国家持平。

---

① 2016 年 1 月日本已开始执行第五次科学基本规划（*the 5th Science and Technology Basic Plan*）。

面对人口老龄化的不断加深，为了实现成为全球先进技术领导者的战略目标，日本逐渐加强培养科技人才，进一步提升人力资本水平，培养范围包括儿童、青少年、研究人员和工程师。与此同时，日本也逐步加快了科研基础设施建设，例如先进的研究设备和设施、研究材料、数据库和信息基础设施等。更进一步，2007 年日本科技部成立了"全球总理国际研究中心（WPI）倡议"（World Premier International Research Center Initiative）项目，为研究人员提供良好的研究环境和待遇，激励全球优秀研究人员加入 WPI 项目，推动日本前沿技术研究。日本的科技战略也逐步完善，经历了第二次世界大战后至 20 世纪 70 年代末的"技术引进消化再吸收"战略、20 世纪 80—90 年代的"科学技术立国战略"到 20 世纪 90 年代中期以来的"科学技术创造立国"战略（智瑞芝，2016），极大地推动了日本的技术进步。

从日本的 R&D 人员数量来看，1996 年，每百万人中 R&D 技术人员的数量为 672 人左右，2015 年，降至 527 人。从每百万人中 R&D 研究人员的数量来看，1996 年为 4947 人，2015 年升至 5230 人，出现小幅上涨。从 R&D 支出占 GDP 的比重来看，1996 年为 2.691%，随后不断上升，2015 年，R&D 支出占 GDP 的比重已达 3.283%。与日本相比，中国 2015 年 R&D 支出占 GDP 的比重仅为 2.065%，低于日本 1 个百分点左右（图 8 - 11）。

因此，日本的 R&D 人员和 R&D 支出在老龄化不断加深的背景下均出现小幅上涨趋势。说明日本政府为了应对人口老龄化不断加大对 R&D 的投入，重视科学技术的发展与应用，从而在较大程度上抵消了人口老龄化的负面效应。

二　加强教育和人力资本投资

通过教育进行人力资本投资不仅有利于全球前沿技术的采用，发展技术密集型产业，还可以有效促进创新和技术进步（Ciccone & Papaioannou，2009）。

日本的基本教育体系由 6 年的小学教育、3 年的初中教育、3 年的

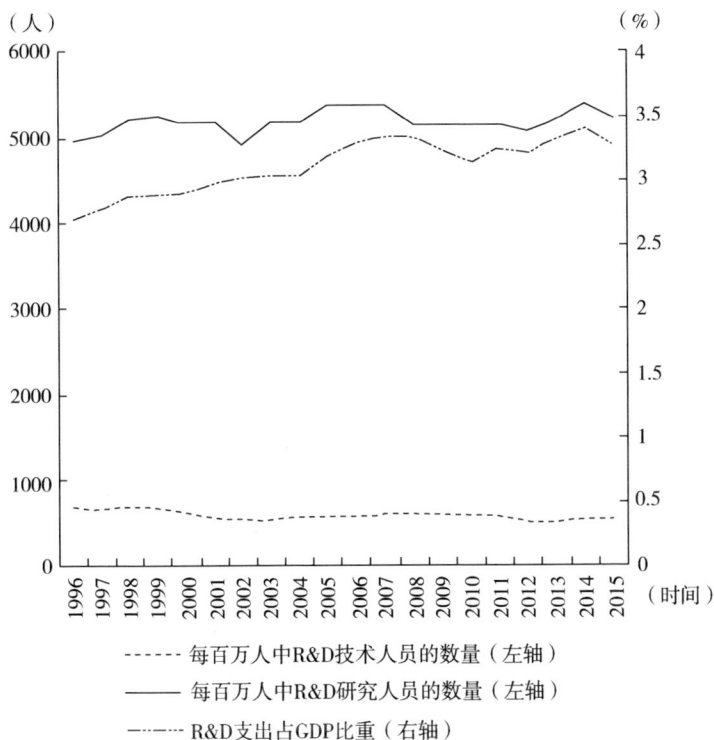

图 8 – 11　日本 1996—2015 年 R&D 人员和 R&D 支出演化趋势

资料来源：世界银行数据库。

高中教育组成。日本的高等教育体系由专科学院（1—2 年制）、社区大学（2—3 年制）、普通大学（例如学士、硕士和博士阶段）和专业化高等教育等组成。日本学校每学年从 4 月开始，到下一年的 3 月结束，实行九年免费义务教育制度，即 6 年小学和 3 年初中。九年义务教育之后，经过高中入学考试，大约 98% 的学生进入高中阶段继续学习，另有部分学生进入专业技术学院。高中阶段完成后，经过普通高等院校入学考试，大约 50% 的学生进入普通大学学习，其余的将进入专科学院、社区大学或直接就业（图 8 – 12）。由上述可知，中国的教育体系和日本教育体系较为相似。

第二次世界大战后，日本一直注重教育和人力资本投资。1947 年 3 月日本颁布《教育基本法》（*The Basic Act on Education*），规定了机会均

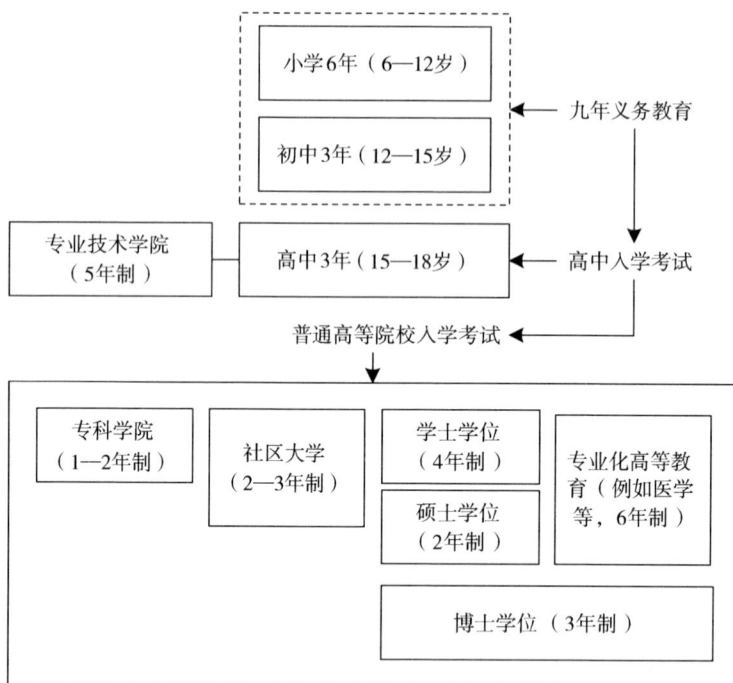

图 8 - 12　日本的教育体系

资料来源：根据 Kanemune 等（2017）绘制。

等、义务教育、男女同校、学校教育、社会教育、禁止党派政治教育、禁止在国家和地方公众中对特定宗教进行宗教教育等教育原则。

20 世纪 70 年代，进入老龄化社会后，日本相应地改变了其教育制度，对《教育基本法》进行了修订并于 2006 年 12 月 15 日开始执行。其中规定了重视培养日本人民所具有的公共精神和其他形式的"规范意识"，以及尊重培养这种意识的传统和文化并制定促进教育的基本政策和措施。2008 年日本制定了《促进教育基本计划》（*Basic Plan for the Promotion of Education*），旨在重构日本的教育体系，提升软实力（soft power），向知识社会转型（knowledge-based society），建立教育型国家（an education-based nation）进而促进经济和社会的可持续发展。

关于日本教育发展。从教育公共支出来看，1971 年教育公共开支占 GDP 比重为 3.67%，由于日本经济的高速发展，1987 年升至 5.61%，随后出现日本"失去的十年"，经济增速放缓，教育支出占GDP比重下降至1998年的3.36%，然后小幅上涨至2015年的3.60%（见图8–13）。

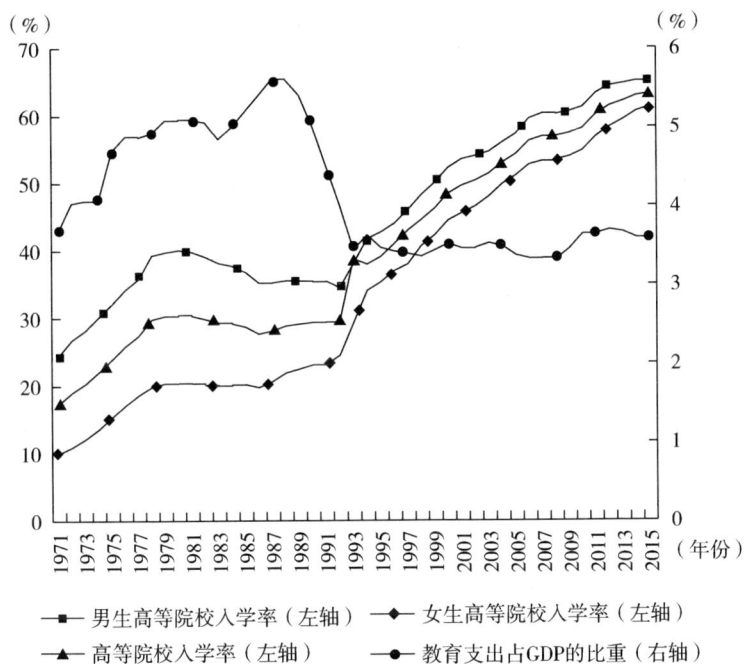

图8–13　日本1971—2015年高等教育事业发展情况

资料来源：世界银行数据库。

从高等院校入学率来看，1971年日本总体的高等院校入学率为17.34%，男生入学率为24.44%。女生入学率仅为9.96%，女生入学率严重低于男生入学率。随着日本政府对教育支出力度的加大，高等院校入学率快速上涨，1980年升至30.47%。由于教育开支的缩减，高等教育入学率曾出现下降趋势，1986年下降至27.65%，随后教育开支出现较为稳定的发展趋势，高等院校入学率出现较为匀速的发展。2015年，总体入学率由2014年的62.93%升至63.24%，男生入学率由2014年的65.11%小幅降至65.10%，女生入学率由60.63%升至61.27%，虽然仍低于男生入学率，但是差距已经大幅缩小（图8–13）。

根据世界银行数据，2015年中国高等院校总体入学率仅为45.35%，低于日本近 20 个百分点。其中男生入学率为 41.66%，女生入学率为 49.48%，与日本不同的是，女生入学率反而高于男生。总之，中国应继续加大教育支出，推动高等教育发展，进一步提升人力资本积累。

从受教育年限来看，中国和日本在 1990 年预期受教育年限（expected years of schooling）分别为 8.8 年和 13.3 年，平均受教育年限（mean years of schooling）分别为 4.8 年和 9.6 年。虽然两国预期和平均受教育年限均不断上涨，但是差距仍然巨大，2017 年中国和日本预期受教育年限分别为 13.8 年和 15.2 年，相差近 2 年；平均受教育年限 7.8 年和 12.8 年，相差近 5 年（图 8 - 14）。由上述可知，虽然日本人口老龄化不断加深，但是其国民平均受教育年限不断提高，人力资本积累不断提升。而反观中国，中国居民的平均受教育年限仍存在巨大的提升空间，未来政府需要进一步加大教育投入，加强教育投资，提升平均人力资本水平，进而抵消人口老龄化的负面效应。

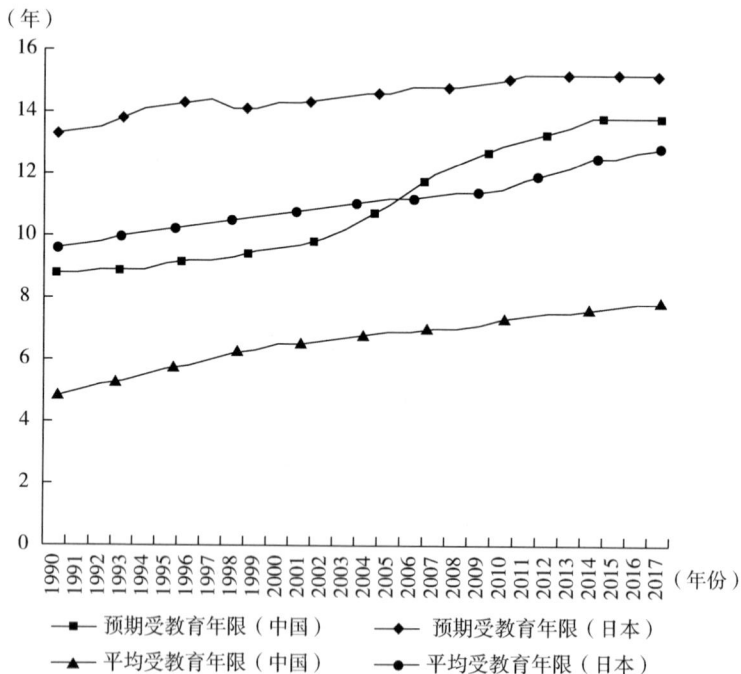

图 8 - 14　中国和日本 1990—2017 年预期和平均受教育年限对比

资料来源：United Nations Development Programme，Human Development Reports。

从教育指数（education index）来看，中国和日本在 1990 年教育指数分别为 0.405 和 0.691；2017 年两国教育指数分别为 0.644 和 0.848，差距仍然巨大，中国 2017 年教育指数甚至低于日本 1990 年的水平。由此可知，日本的教育水平较为发达，而中国仍存在较大的提升空间（图 8 - 15）。

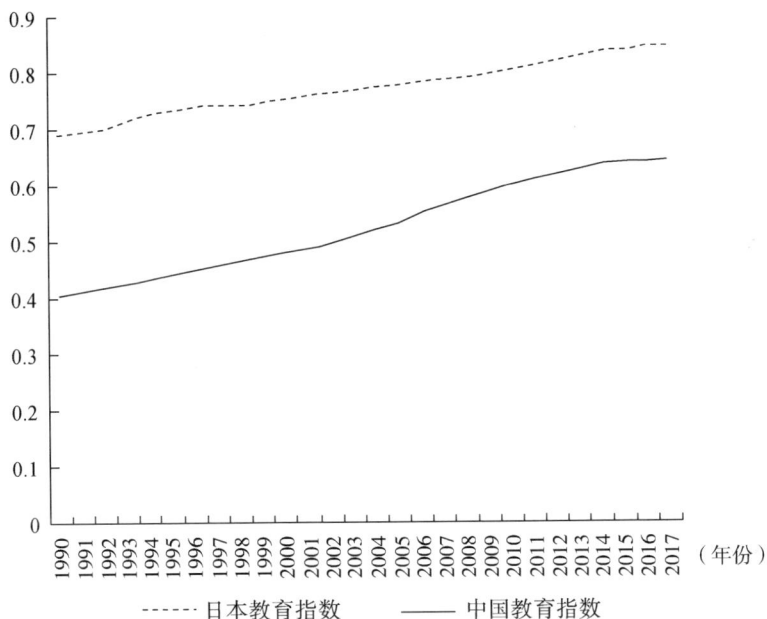

图 8 - 15　中国和日本 1990—2017 年教育指数对比

注：教育指数主要根据预期和平均受教育年限指数计算而得，详细见 Human Development Reports，Technical Notes。

资料来源：United Nations Development Programme，Human Development Reports。

从人力资本指数（human capital index）来看，1952 年日本人力资本指数仅为 2.35，随后基本保持匀速增长，1970 年升至 2.80，2014 年升至 3.54，在全球处于较高水平，而中国仅为 2.45（图 8 - 16）。因此，虽然日本生育率不断下降，但是人力资本积累却在不断提升。这不仅是人口数量和质量替代的过程，也是日本政府加强教育和人力资本投入的结果。

综上可知，从高等院校入学率、教育支出占 GDP 的比重、平均受教育年限、教育指数和人力资本指数来看，日本发展较为迅速，教育事业

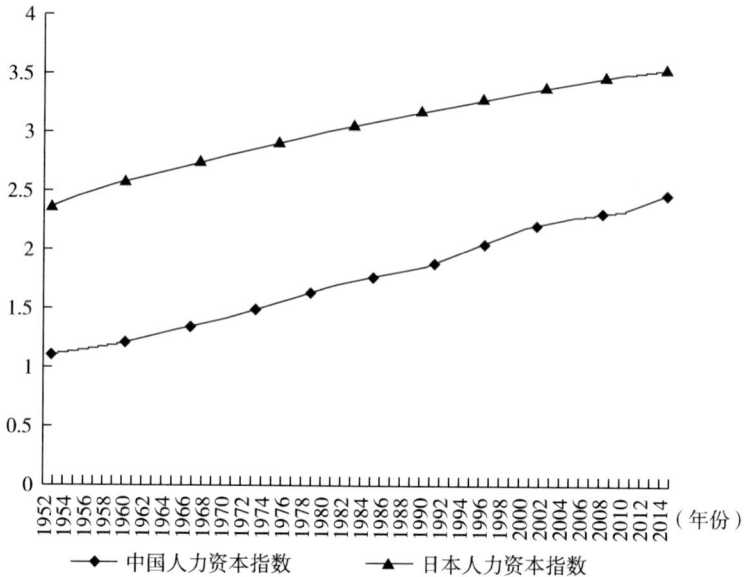

图 8 - 16　中国和日本 1952—2014 年人力资本指数对比

注：人力资本指数根据受教育年限和教育回报计算所得，具体计算过程见佩恩表 9.0。

资料来源：佩恩表 9.0。

较为发达，平均受教育年限和平均人力资本水平均处于较高水平，说明日本在人口老龄化不断加深的背景下越发重视教育和人力资本积累；而中国的各项指标均低于日本，说明中国在教育和人力资本积累方面存在较大改善空间。

三　加速发展人工智能

人工智能已成为西方发达国家新的增长引擎，例如欧洲和美国。机器人已经替代了部分常规化的生产任务，并且改变了技术创新和商业经济模式。

20 世纪 80 年代，工业机器人已经开始出现在日本的制造业部门，推动了日本工业机器人产业的迅速发展。2017 年，日本工业机器人全球销售量达 45566 台，较 2016 年增长 18%，仅次于中国；2012—2017 年，销售量年平均增长 10%，增速较快（IFR，2018）。从机器人密度来看，

日本高达 308 台,仅次于韩国 (710 台)、新加坡 (658 台) 和德国 (322
台) (IFR,2018),日本的工业机器人产业和应用均处于世界前列。

随着人口老龄化程度的加深,日本日益加强了对人工智能创新和投
资,以替代日益衰退的劳动力供给 (Miranda,2018)。2015 年,日本出
台了"新机器人战略" (New Robot Strategy),旨在大力发展机器人产
业,普及机器人在民众日常生活中的应用,例如健康护理、无人驾驶汽
车、制造业和家庭服务等,从而实施"机器人革命"。据此,提出"新
机器人战略"(见图 8 – 17)。

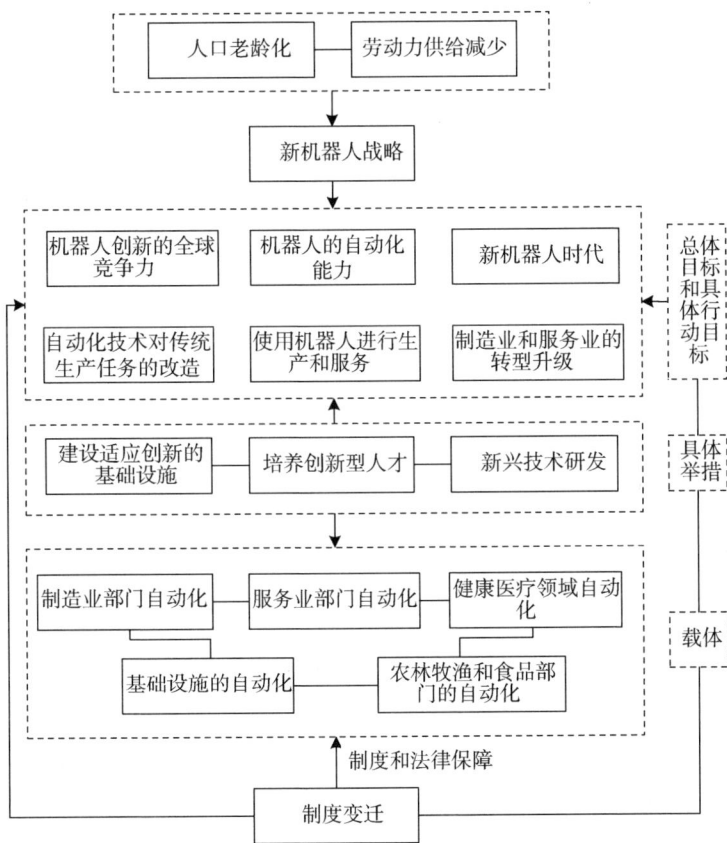

图 8 – 17 日本的"新机器人战略"

资料来源:笔者根据相关资料整理制作。

日本政府投入 1000 亿日元集中于三个总目标。第一，提升机器人创新的全球竞争力；第二，提升机器人的自动化能力；第三，建立一个新的机器人时代。日本政府将机器人产业作为未来的主导产业进行发展。为了响应日本政府的号召，日本的众多公司已表明要加大对机器人创新的投资。机器人和人工智能有望成为日本经济增长的新动力。

对应于以上三个总目标，日本的"新机器人战略"也提出了三个具体行动目标。一是通过机器人和人工智能技术改变传统的生产任务。二是在制造业部门和居民日程生活中大量利用机器人进行生产和服务。三是制造业和服务业部门通过机器人和人工智能进行转型升级，以提升全球竞争力。

为此，日本政府提出三个具体措施。一是把日本打造成机器人创新的全球基地，二是把日本改造为机器人能力利用最大化的全球领先社会，三是建立适用于机器人时代的全球领先策略。机器人并不是要替代所有劳动力，而是帮助人类攀升至全球价值链的高端。为了实现上述目标，日本需要建立适合于创新的基础设施，培养创新型人才，为机器人革命提供人才基础，提前研发适用于未来的新兴技术。

日本政府为此还制订了五年行动计划。第一，提出"机器人革命倡议"（robot revolution initiative，RRI），推动日本机器人战略的实施。第二，大力发展适用于未来世代的新兴技术。第三，建立机器人的全球标准，推动日本的机器人应用于全球。第四，建立机器人实验场地。第五，大力发展人力资本，加强机器人创新能力和人工智能的发展。第六，奖励规范机器人应用的政策法律。第七，设立机器人创新奖项。第八，考虑举办机器人奥林匹克运动会，扩大日本机器人影响力。此外，日本政府还考虑了制造业部门、服务业部门、健康医疗领域、基础设施部门、农林牧渔和食品行业等多行业的具体行动计划。

由于机器人和人工智能的快速发展，相关领域的规制和政策体系却相应滞后，为此，日本政府还倡议进行制度变革以保障机器人行业和人工智能的有序、良性发展，使之保持在可控的轨道之上。例如，设立机器人应用的安全标准，推进机器人行业的安全发展，建立支持机器人开发利用的新无线电波体系和法案，在健康医药领域制定法律使得机器人应用合法化，建设无人驾驶汽车所需的道路和基础设施，等等，旨在推进机器人和人工智能的可持续发展。

四 提高女性和老年人劳动参与率

随着日本人口老龄化的加剧，如果保持劳动参与率（labor force participation rate）不变，则劳动力存在衰退趋势，劳动生产率可能随之下降。然而，根据相关学者研究，日本的劳动生产率和经济增长速度在近年来均有所提高（Shirakawa，2012）。由于日本人口低生育率并未出现大幅反弹，未来仍将是低生育率状态。因此，除了人工智能和自动化的发展，另一原因可能是劳动参与率的提高。根据 Kato（2017）的研究，提高女性劳动参与率和人力资本积累，将促进日本经济增长 1%—4%；而根据耿志祥和孙祁祥（2017）、刘渝琳和李宜航（2017）等人的研究，鼓励延迟退休将产生"二次人口红利"。

女性劳动参与率较低曾经是日本劳动力市场的主要特征，然而由于人口老龄化导致劳动力短缺，平均工资存在上升趋势，女性劳动参与率开始不断上升，特别是健康、保健和医疗等服务行业。这是因为家庭面对工资的上涨做出最优回应，女性将会增加自身的劳动力供给。由此，人口老龄化提升了女性的劳动参与率（Esteban-Pretel et al.，2017）。

而面对日益紧缩的劳动力约束，日本政府也鼓励女性进入劳动力市场，缩小性别工资差距，减轻职业中的性别歧视，缓解劳动力短缺问题，此种政策被称为"女性经济学"（Womenomics）。部分研究者发现女性劳动参与率的提高有助于生育率的提升（Feyrer et al.，2008；Goldin，2016），因为妇女进入劳动力市场加之社会传统观念的变迁，男性开始担负更多家庭责任，例如管理家务、照顾孩子和家庭，一定程度上增加了家庭生育率。因此，女性劳动参与率的上升有助于缓解人口老龄化的负面效应。

图 8-18 报告了中国和日本 1990—2017 年劳动参与率的演化趋势。1990 年，日本的总劳动参与率为 70.078%，随后出现上涨趋势，2017

年高达 77.135%，增加近 7 个百分点。其中，男性劳动参与率 1990 年为 82.953%，2017 年小幅升至 85.595%；女性劳动参与率 1990 年仅为 57.062%，低于发达国家平均水平，2017 年升至 68.416%，升幅约 11 个百分点。由此可知，日本总劳动参与率的提高主要由女性劳动参与率的提高所导致，男性劳动参与率增幅不大，继续提高的潜力也较小。未来女性劳动参与率有望进一步提高。而中国方面，1990 年总劳动参与率为 84.26%，男性劳动参与率为 88.84%，女性劳动参与率为 79.39%，均高于日本，随后，三者均出现下降趋势，2017 年三者分别下降至 76.04%、82.84% 和 68.84%，均低于同时期的日本。

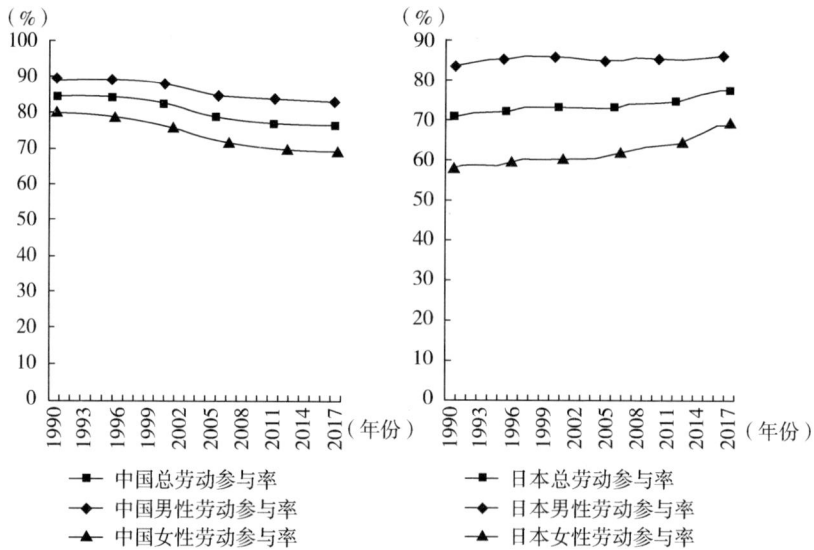

图 8 - 18　中国和日本 1990—2017 年劳动参与率演化趋势

注：劳动参与率指劳动力占 15—64 岁总人口百分比。

资料来源：世界银行数据库。

日本不仅在提高女性劳动参与率方面成效显著，还鼓励老年劳动力重返劳动力市场并取得了较好成效。例如，银色人力资源中心（the silver human resource centers，SHRCs）为希望退休后继续工作的老年人提供有偿工作。由于老年人预期寿命的延长，身体较为健康，且现代很多工作并不需要重体力劳动，因此，鼓励老年人重返劳动力市场可以很好地缓解劳动力供给不足问题。

与此同时，日本还积极引进发展中国家的移民以填补日益缺少的劳动力供给。日本的外国人技能实习制度极大地补充了日益缺少的国内劳动力。日本和菲律宾签订《日本—菲律宾经济合作伙伴协议》（*Japan-Philippines Economic Partnership Agreement*），延长了在日本从事健康和护理行业外国工作者的停留期限，以便他们取得营业执照、学习当地语言等，促进移民的净流入。日本在引进移民方面成效也较为显著，2017年，日本净移民数量已达 25 万人。为了进一步应对人口老龄化问题，2018 年 12 月，日本国会通过《出入境管理及难民认定法》，进一步放宽了外国劳动者在日本就业的门槛，涉及建筑、护理、农业、餐饮等多个行业，加强了日本引进外国优秀人才的步伐。

综上所述，日本从妇女劳动参与率、老年劳动力重返劳动力市场和放宽移民限制等多方面增加国内劳动力供给，以缓解人口老龄化对技术进步的负面效应。

第五节　本章小结

人口老龄化对宏观经济的影响将因为不同国家的社会制度、经济和文化的灵活性而存在差异。持续的挑战并不是来自人口老龄化本身，而在于各国对老龄化反应的延迟。虽然日本深受人口老龄化的困扰，其对经济增长质量的关注导致了牺牲增长速度为代价的长期缓慢调整，然而，日本存在一个非常庞大、富裕、技术成熟和受过高等教育的中产阶级，且日本政府和民众对人口老龄化做出了较好的应对，技术创新能力仍然处于世界前列。反观日本面对人口老龄化的应对策略，吸取其成功经验，可以为我国缓解人口老龄化的负面效应提供政策借鉴。

自明治维新以来，日本积极学习西方先进技术，完成了从封建国家向工业化国家的转型。第二次世界大战后，当时的新技术不仅帮助日本弥补了战争期间的损失，还帮助其实现了广泛的繁荣。20 世纪 70 年代，日本开始进入老龄化社会，机器人工业也随之兴起。日本逐渐采用新的自动化方法进行工艺优化，从而实现了纺织和汽车行业的自动化生产。20 世纪 80 年代，日本机器人工业的迅速发展，使得日本的机器人工业位列全球第一。由于人口老龄化程度的加深，日本日益加强了对人工智能和自动化的创新和投资，开始实施"新机器人战略"以替代日益衰退的劳动力供给。与此同时，日本进一步加大研发和创新支出，加强教育和人力资本投资，提升女性和老年人劳动参与率，逐渐放宽移民限制。因此，从全要素生产率、专利申请和授权量、全球创新指数等指标观察，日本的技术进步并未因为人口老龄化的加深而出现持续衰退趋势。

目前，中国的人口老龄化远没有日本严重，这为我国积极应对人口老龄化提供了重要的机会窗口（原新，2018）。为了有效应对人口老龄化的挑战，我国应实施如下应对策略：

第一，加大 R&D 和创新投入力度，进一步提升自主创新能力。近年来，虽然我国 R&D 支出占 GDP 的比重存在上升趋势，但与日本仍存在一定差距。政府和企业应进一步提高创新投入力度，加强产学研合作，提升我国的自主创新能力，实现"技术红利"。

第二，进一步加强教育和人力资本投资，提升人均受教育年限。2017 年中日两国的平均受教育年限分别为 7.8 年和 12.8 年，中国居民的平均受教育年限仍存在巨大提升空间。未来政府需要进一步加大教育投入，加强教育和人力资本投资，提升平均人力资本水平，培训创新人才，为实现创新型社会提供人才基础，实现"人口质量红利"。

第三，大力发展人工智能和自动化。人工智能，特别是机器学习和机器人技术正在对生产和服务业产生根本性变革。我国应加大对人工智能人才的培养，培养创新型人才；重点发展机器人产业，实现制造业和服务业的转型升级，提升劳动生产率，有效应对未来劳动力短缺危机；建立与人工智能社会相匹配的基础设施，实现创新驱动型发展。

第四，提高女性和老年人劳动参与率，积极引进海外优秀人才。我国劳动参与率高于日本，但是，近年来日本女性和老年人劳动参与率存在上升趋势，而我国却存在下降趋势。因此，我国应进一步提高女性和老年人劳动参与率，特别是为老年人重返劳动力市场提供政策激励。另外，政府和企业应积极引进海外优秀管理和技术人才；不断完善创新人才的引进机制，进一步做好"引智"工作。

第九章 结论、启示与展望

本章将总结全书的主要结论，并提出相应的政策建议。与此同时，对未来进一步的研究方向进行展望。

第一节 主要结论

目前，西方发达国家均经历了以生育率衰退和预期寿命延长为主要特征的人口老龄化，例如美国、日本、韩国和德国。而且部分发展中国家也正经历这一人口转型过程，例如中国等。未来人口老龄化将进一步向全球扩散，已成为人口转型的必然趋势。根据佩恩表9.0数据，西方发达国家和中国的全要素生产率并未因为人口老龄化的逐渐加深而出现持续衰退趋势。鉴于此，部分学者研究了人口老龄化和技术进步之间的关系，然而其结论却是仁者见仁智者见智，尚未达成共识。而且目前关于人口老龄化与技术进步关系的研究文献较为缺乏。因此，值得研究的是，人口老龄化是否影响技术进步，以及如何影响技术进步？基于以上事实与争论，在回顾和评述相关文献的基础上，本书主要聚焦于人口老龄化与技术进步之间的关系。

在人口老龄化不断加深的背景下，中国正在转变经济增长方式，由投资驱动向创新驱动转型。创新驱动型经济增长方式已经成为我国未来经济可持续发展的重要动力。因此，研究人口老龄化和技术进步之间的关系具有重要的理论价值和现实意义。

当人口老龄化来临时，各经济行为主体由于理性预期将做出最优回应。对家庭来说，预期寿命延长，家庭为了维持退休后的消费水平将增加储蓄，当人口规模不变时，老年人总量的上升将增加社会总储蓄和社会资本积累，降低均衡真实利率。由 Romor 的内生增长模型可知，均衡利率的下降将有利于研发部门增加研发支出。因此，人口老龄化增加了研发部门支出进而促进了技术进步，缓解了人口老龄化对技术进步的负面效应。

与此同时，生育率衰退是人口老龄化的主要动因。当生育率衰退，人口数量—质量理论将发生作用，家庭将提高子女的人力资本投资。虽然劳动力供给总量在减少，但是平均人力资本水平却在提升，总人力资本水平不一定存在下降趋势。因此，人口老龄化也不一定阻碍技术进步。

从企业部门来说，由于人口老龄化加深，劳动力供给总量在减少，生产要素价格发生改变，企业面临日益上升的劳动力成本，将存在较强激励使用人工智能和自动化替代日益昂贵的劳动力，从而促进劳动节省型技术进步，促进生产和服务的自动化水平。

从国际经验来看，由于中国经历人口老龄化时期比西方发达国家晚，应对人口老龄化存在后发优势。由此，政府可以借鉴发达国家应对人口老龄化的成功经验，从而缓解人口老龄化的负面效应。

基于以上思路，本书从物质资本、人力资本、人工智能和自动化、国际经验借鉴四个方面重点分析了人口老龄化与技术进步的关系。本书主要研究结论如下：

第一，第三章首先探寻了中国人口老龄化加速的制度背景、时空演化特征和跨国比较。生育率的持续衰退是中国人口老龄化加深的最重要因素，众多文献均认为计划生育政策导致了生育率的降低，由于计划生育政策在农村和城市的执行力度存在差异，所以城市居民的总和生育率下降更为严重。中国政府已经逐渐意识到计划生育政策的不利方面，开始实施"全面二孩"政策。随后，本章重点阐述了中国人口老龄化的时空演化特征，包括时变特征和空间演化特征。从时变特征来看，中国居民年龄结构逐渐上移，老年抚养比和老龄化系数均存在上升趋势，老年人口总量逐渐增多，劳动力人口总量逐渐下降，总和生育率持续衰退，人口年度增长率逐渐降落，中国人口老龄化程度不断加深，速度呈加速态势。从空间分布特征来看，中国人口老龄化在地域分布、城乡结构上存在明显差异。地域分布上东部和中部地区人口的老年抚养比、老龄化系数均处于高位，西部地区比重低于全国其他地区且呈现分化趋势。另外，人口老龄化基本以"胡焕庸线"为分界标志。尽管空间差异明显，然而近年来全国各地老年抚养比和老龄化系数增长速度均存在加速趋势。城乡结构上，城乡人口老龄化出现倒置格局，即农村人口老龄化程度高于城镇，这主要是二元经济结构和快速的城镇化所致。进一步地，本章还从生育率、死亡率和预期寿命等视角对中美两国人口老龄化的特征进行了跨国比较。具而言之，中国与美国的人口老龄化相比，呈现高基数、高增速、低生育特征，老龄化进程逐渐向美国情境收敛，且存在赶超美国之势。

第二，第四章主要从物质资本积累视角分析了人口老龄化与技术进步之间的关系。本章把生育率和死亡率纳入 Romer 的内生技术变迁模型，分析了人口规模不变条件下人口老龄化对技术进步的影响。理论研究表明，当人口规模保持不变时，人口老龄化对技术进步具有正向效应。其内在机制在于：由于所有年龄群体都面临较低的死亡率，人均寿命延长，劳动年龄群体将增加储蓄以应对未来的不确定性，平滑生命周期消费。当社会进入老龄化时，老年人群总数趋于上升，老年人积累的资本高于年轻个体，因此整个社会的资本存量将上升，逐渐收获"第二次人口红利"，也即物质资本红利。随后，本章基于中国省际动态面板数据模型，使用系统广义矩估计方法对人口老龄化与技术进步的关系进行了实证检验，并通过 2SLS、替换被解释变量、增加控制变量和非参数局部多项式回归等方法进行了稳健性检验，实证结果稳健地支持了理论结论。

第三，第五章主要从人力资本积累的视角分析了人口老龄化与技术进步之间的关系。虽然人口老龄化将降低劳动力供给，进而对经济产生负面效应，然而众多文献未考虑人口数量—质量替代理论，人力资本的提升将抵消劳动力数量下降对技术进步的负面效应。本章把生育率、死亡率、教育投资和人力资本积累引入三期世代交叠模型，并把生育率和死亡率降低为主要特征的人口老龄化纳入琼斯的半内生增长模型，研究了人口老龄化、人力资本和技术进步之间的内在关系。理论模型表明，在现代经济增长阶段，以生育率衰退为主要特征的人口老龄化虽然将降低劳动力增长率，但通过人口数量—质量替代理论可以提升人力资本水平和社会总人力资本存量，进而正向影响研发和创新，数值模拟验证了本章的主要结论。随着生育率的降低和预期寿命的延长，家庭行为主体将会做出最优回应，从而增加对子女和自身的教育投资，提升人力资本积累，进而抵消了人口老龄化对社会经济发展的负面效应。与劳动力数量相比，人力资本和劳动力质量更加重要。因此，现阶段人口老龄化并不一定阻碍技术进步。

第四，第六章主要从劳动力供给的视角研究了人口老龄化与人工智能、自动化之间的关系。人工智能和自动化将替代众多劳动力，是一种劳动节省型技术进步。基于物质资本和自动化资本的划分，并假设自动化资本和劳动力完全替代，通过把人口老龄化引入新古典增长模型，本章重点分析了人口老龄化是否引致自动化以及如何促进自动化的发展。理论分析和数值模拟表明人口老龄化促进了自动化的发展。随后，在理论模型的基础上，本章基于中国 2005—2015 年省际面板数据，使用系统广义矩估计方法，对人口老龄化和自动化之间的关系进行了实证检验。实证结果表明，人口老龄化显著促进了中国自动化水平的提升，与理论分析结论一致。使用不同的指标对自动化进行多维测度，估计结果仍然显示人口老龄化对自动化具有显著的正向影响，说明本章的结论具有较强的稳健性。

第五，第七章主要以 OECD 国家为样本，基于前文的理论架构，研究了跨国视角下人口老龄化与技术进步之间的关系。本章基于人口老龄化与技术进步关系的争辩，在详细梳理其理论机制的基础上，利用 36 个 OECD 成员国 1990—2017 年的跨国面板数据实证研究了人口老龄化对技术进步的影响效应。实证分析显示，就 OECD 国家目前情形来看，人口老龄化对技术进步的影响显著为正。其内在机制可能在于家庭和企业对人口老龄化做出了最优回应，使得人口老龄化对技术进步的正向效应高于其负向效应。因此，OECD 国家的人口老龄化尚未阻碍其技术进步。通过替换变量、反向因果识别、增加控制变量、自助法估计、非线性检验和非参数估计等多种方法进行稳健性检验后，上述结论依然成立。本章的经验结论有利于正确理解人口老龄化对技术进步的影响，从而减轻人口老龄化对技术进步的负面效应。

第六，由于中国人口老龄化发生较晚，存在后发优势，第八章主要以老龄化最为严重的日本为例阐述了其人口老龄化的总体态势、技术进步的总体图景以及日本应对人口老龄化的政策措施，以期为我国正确理解人口老龄化的经济效应及应对策略提供政策借鉴。日本在1970 年已进入老龄化社会，2017 年，老龄化系数高达 27% 左右。而从生育率和预期寿命来看，总和生育率持续衰退，预期寿命却不断提高，未来人口老龄化将进一步加深。然而从全要素生产率和专利申请量来看，日本的技术进步并未出现持续衰退趋势，与人口老龄化的变动并不存在同步性。因此，日本的人口老龄化并未引发技术进步的持续衰退。与本章分析结构相对应，本章从研发和创新支出、人力资本积累、人工智能和自动化发展三维视角分析了其应对策略。进一步地，本章还分析了日本为了提升劳动参与率所采取的政策措施。日本的研发和创新支出均呈现稳中有增趋势，说明日本政府加强了对研发创新的投入力度。日本的人力资本指数和高等院校入学率均呈现不断上升趋势，说明日本政府也加强了人力资本投资力度。日本政府还出台了"新机器人战略"，旨在提升日本的人工智能和自动化水平，提升其自主创新能力，并应对日益减少的劳动力人口总量，成效显著。另外，日本为了提升女性和老年人的劳动参与率，出台了一些政策措施，大幅提高了女性和老年人的劳动参与率；与此同时，还积极吸收海外人才，放宽移民和工作限制，有效地缓解了人口老龄化导致的劳动力供给不足问题。

第二节 政策启示

以生育率衰退和预期寿命延长为主要特征的人口老龄化已成为全球人口转型的必然趋势，如何理解人口老龄化的宏观经济效应，进而实施正确的应对策略是各国面临的重要挑战。特别对中国来说，中国的人口老龄化日益加深，经济增长速度已逐渐下降，且正在向创新驱动型经济增长方式转型，人口老龄化必然将对中国向创新驱动转型产生重要影响。

本书认为人口老龄化是中国向创新驱动转型的一个机会窗口。从物质资本积累来说，老龄化使得家庭增加储蓄，增加了物质资本积累，有利于研发部门增加研发投入；从人力资本来说，生育率的降低提升了平均人力资本积累；从劳动力供给来说，人口老龄化减少了劳动力供给，将迫使企业使用人工智能和自动化替代劳动；从国际经验来说，日本已经成功向创新型经济体转型，日本应对人口老龄化的经验将为中国提供重要参考，中国在应对人口老龄化方面具有后发优势。

有鉴于此，本书提出如下几点政策建议：

第一，政府部门需加大创新和研发投入力度，鼓励企业增加研发支出，提升中国的自主创新能力。在人口老龄化不断加深的背景下，虽然物质资本积累上升，均衡真实利率存在下降趋势，有利于降低研发部门的融资成本，从而增加研发支出。但是，要注意到中国的房地产部门吸收了大量的多余资本，实体经济出现低迷趋势，资本向虚拟经济和房地产部门流动不利于研发部门的创新，不利于中国创新能力的提升。因此，政府需要加大研发支出，鼓励企业进行创新投入，实施创新补贴政策，进而提升中国的自主创新能力，促进技术进步，实现向创新型经济体的成功转型。

第二，加强教育投入力度，进一步提升人力资本积累，提高平均人力资本水平，实现"人口数量红利"向"人口质量红利"的转变。中国的生育率出现衰退趋势，导致了中国人口老龄化的加深。然而，需要注意到，生育率的衰退也提升了家庭的教育投入和人力资本积累。因此，劳动力供给虽然出现减少趋势，但是平均人力资本在逐年提升，整个社会的总人力资本存量不一定出现衰退趋势。人力资本是创新和技术进步的重要动力。过去四十余年，大量的劳动力推动了中国的劳动密集型产业发展，进而促进了经济增长，然而随着中国向创新经济体转型，人力资本积累将发挥更加重要的作用。与劳动力数量相比，劳动力质量和生产率对中国成功向创新驱动型经济体转型更加重要。因此，政府需要进一步加强教育投入力度，改善大学教育质量，培养高技能人才，鼓励人力资本积累，建立完善的就业培训制度，大幅提高社会的平均人力资本水平。

第三，支持引导企业发展人工智能，使用工业机器人替代劳动力，提升生产和服务的自动化水平，进而实现由"制造大国"向"智造强国"的转变。人口老龄化的进一步加深将减少中国的劳动力供给总量，劳动力成本存在上涨趋势，企业面临劳动力成本的上升，将使用人工智能和自动化技术替代日益减少的劳动力，特别是低端劳动力，促进偏向型技术变迁，也即劳动节省型技术进步，有利于人工智能和自动化的发展。因此，人口老龄化对于企业部门来说既是一项重要的挑战，也是一个巨大的机遇。目前，以人工智能和自动化为代表的第四次工业革命愈演愈烈，只有大力发展人工智能才能提升企业的国际竞争力，在全球竞争的舞台占据重要地位。由此，企业在人口老龄化不断加深和人工智能迅猛发展的背景下能否成功实现转型升级至关重要。政府需要支持引导企业转型升级，对于发展人工智能和自动化技术的企业给予一定技术补贴，促进其加大研发投入力度，提升其自主创新能力。进一步推进云计算、大数据、人工智能、物联网和实体经济的深度融合，提升生产和服务效率，提高中国制造业的全球竞争力。

第四，实施健全的失业再培训制度和社会保障制度，为失业工人提供再就业培训，保障其基本生活水平。虽然人口老龄化减少了劳动力供给总量，有利于就业率的提升，然而未来人工智能和自动化的发展有可能替代众多低端劳动力，引发部分人员失业。因此，政府需要完善再就业培训制度，对失业人员进行再就业培训，使其掌握一定的就业技能重返劳动力市场；与此同时，进一步健全社会保障制度，保障失业人员的基本生活。

第五，提高女性和老年人的劳动参与率。从日本应对人口老龄化的经验来看，日本政府日益鼓励女性进入劳动力市场，使得女性劳动参与率存在上升趋势。与此同时，随着预期寿命的延长，日本也日益鼓励老年人重返劳动力市场，而从中国来看，女性劳动参与率在近年来却存在下降趋势。因此，政府需要进一步提高女性劳动参与率，一定程度上可以减轻劳动力供给不足问题。

第三节　研究展望

基于以上研究及其研究不足，未来将对人口老龄化和技术进步的关系进行以下拓展分析：

第一，将养老保险纳入理论模型。本书从物质资本、人力资本、劳动力供给等方面深入研究了人口老龄化对技术进步的影响和作用机制，但是尚未考虑养老保险和社会保障制度的影响。未来将把养老保险和社会保障制度纳入理论模型，进一步探寻人口老龄化对技术进步的影响机制。

第二，更加科学地量化人工智能和自动化的发展水平。本书第六章研究了人口老龄化对人工智能和自动化的影响和作用机制。目前国外少有的几部文献多是以工业机器人密度衡量自动化发展水平。然而由于中国分省的工业机器人数量较难收集，本书使用高技术产业新增固定资产及其占主营业务收入比重、工业应用指数和与工业机器人相关的专利申请量等指标作为自动化的代理变量，虽然这些指标一定程度上能代表我国自动化的创新能力和应用水平，但未来随着大数据的发展，需要更加多样化地衡量人工智能和自动化发展水平。

第三，人口老龄化对技术进步无疑存在多维影响和众多作用机制，本书从家庭部门、企业部门考虑了物质资本积累、人力资本积累和诱导性创新等渠道，较好地探寻了人口老龄化影响技术进步的理论机制。然而人口老龄化也会对企业家精神等产生影响，未来笔者将进一步探寻人口老龄化影响技术进步的作用机制，以完善本书的研究。

参考文献

蔡昉：《人口转变、人口红利与经济增长可持续性——兼论充分就业如何促进经济增长》，《人口研究》2004 年第 2 期。

蔡昉：《人口转变、人口红利与刘易斯转折点》，《经济研究》2010 年第 4 期。

蔡昉：《未来的人口红利——中国经济增长源泉的开拓》，《中国人口科学》2009 年第 1 期。

蔡昉：《中国经济增长如何转向全要素生产率驱动型》，《中国社会科学》2013 年第 1 期。

昌忠泽：《人口老龄化的经济影响——对文献的研究和反思》，《财贸研究》2018 年第 2 期。

陈秋霖、许多、周羿：《人口老龄化背景下人工智能的劳动力替代效应——基于跨国面板数据和中国省级面板数据的分析》，《中国人口科学》2018 年第 6 期。

陈彦斌、郭豫媚、姚一旻：《人口老龄化对中国高储蓄的影响》，《金融研究》2014 年第 1 期。

陈彦斌、林晨、陈小亮：《人工智能、老龄化与经济增长》，《经济研究》2019 年第 7 期。

程惠芳、陆嘉俊：《知识资本对工业企业全要素生产率影响的实证分析》，《经济研究》2014 年第 5 期。

单豪杰：《中国资本存量 K 的再估算：1952—2006 年》，《数量经济技术经济研究》2008 年第 10 期。

邓明：《人口年龄结构与中国省际技术进步方向》，《经济研究》2014年第 3 期。

邓翔、张卫：《人口老龄化会阻碍技术进步吗？——来自中国 2000—2014 年的经验证据》，《华中科技大学学报》（社会科学版）2018 年第3 期。

邓翔、张卫、万春林：《人口老龄化和技术进步：凛冬将至？——来自 OECD 国家的经验证据》，《广东财经大学学报》2019 年第 6 期。

邓翔、张卫、王文静：《人口老龄化能否引致自动化》，《现代经济探讨》2018 年第 12 期。

董丽霞、赵文哲：《人口结构与储蓄率：基于内生人口结构的研究》，《金融研究》2011 年第 3 期。

范洪敏、穆怀中：《人口老龄化会阻碍中等收入阶段跨越吗?》，《人口研究》2018 年第 1 期。

封婷：《日本老龄政策新进展及其对中国的启示》，《人口与经济》2019 年第 4 期。

冯剑锋、陈卫民、晋利珍：《中国人口老龄化对劳动生产率的影响分析——基于非线性方法的实证研究》，《人口学刊》2019 年第 2 期。

盖骁敏、张双双：《人口老龄化对中国经济增长的影响研究——基于劳动力供给和资本投资视角》，《山东社会科学》2018 年第 6 期。

耿志祥、孙祁祥：《人口老龄化、延迟退休与二次人口红利》，《金融研究》2017 年第 1 期。

龚锋、余锦亮：《人口老龄化、税收负担与财政可持续性》，《经济研究》2015 年第 8 期。

郭凯明、余静雯、龚六堂：《人口转变、企业家精神与经济增长》，《经济学（季刊）》2016 年第 3 期。

郭远智、周扬、韩越：《中国农村人口老龄化的时空演化及乡村振兴对策》，《地理研究》2019 年第 3 期。

贺丹、刘厚莲：《中国人口老龄化发展态势、影响及应对策略》，《中共中央党校（国家行政学院）学报》2019 年第 4 期。

胡鞍钢、刘生龙、马振国：《人口老龄化、人口增长与经济增长——来自中国省际面板数据的实证证据》，《人口研究》2012 年第 2 期。

胡翠、许召元：《人口老龄化对储蓄率影响的实证研究——来自中国家庭的数据》，《经济学（季刊）》2014 年第 4 期。

胡湛、彭希哲：《应对中国人口老龄化的治理选择》，《中国社会科学》2018 年第 12 期。

黄鲁成、刘春文、苗红、吴菲菲：《开展依靠科技创新应对人口老龄化研究的思考》，《中国软科学》2019 年第 5 期。

李稻葵、徐欣、江红平：《中国经济国民投资率的福利经济学分析》，《经济研究》2012 年第 9 期。

李平、宫旭红、张庆昌：《工资上涨助推经济增长方式转变——基于技术进步及人力资本视角的研究》，《经济评论》2011 年第 3 期。

刘丰：《人口结构变动的经济增长效应分析》，博士学位论文，东北财经大学，2018 年。

刘穷志、何奇：《人口老龄化、经济增长与财政政策》，《经济学（季刊)》2012 年第 1 期。

刘生龙、胡鞍钢、郎晓娟：《预期寿命与中国家庭储蓄》，《经济研究》2012 年第 8 期。

刘永平、陆铭：《从家庭养老角度看老龄化的中国经济能否持续增长》，《世界经济》2008 年第 1 期。

刘渝琳、李宜航：《延迟退休年龄是否会带来二次人口红利?》，《人口与发展》2017 年第 5 期。

陆旸、蔡昉：《人口结构变化对潜在增长率的影响：中国和日本的比较》，《世界经济》2014 年第 1 期。

彭浩然、邱桓沛、朱传奇、李昂：《养老保险缴费率、公共教育投资与养老金替代率》，《世界经济》2018 年第 7 期。

齐红倩、闫海春：《人口老龄化抑制中国经济增长了吗?》，《经济评论》2018 年第 6 期。

邵汉华、汪元盛:《人口结构与技术创新》,《科学学研究》2019 年第 4 期。

汤向俊、任保平:《劳动力有限供给、人口转变与经济增长可持续性》,《南开经济研究》2010 年第 5 期。

铁瑛、张明志、陈榕景:《人口结构转型、人口红利演进与出口增长——来自中国城市层面的经验证据》,《经济研究》2019 年第 5 期。

万春林、张卫、邓翔:《中国人口老龄化的制度背景与时空演变》,《四川大学学报》(哲学社会科学版) 2020 年第 5 期。

汪伟:《人口老龄化、生育政策调整与中国经济增长》,《经济学(季刊)》2016 年第 1 期。

汪伟、艾春荣:《人口老龄化与中国储蓄率的动态演化》,《管理世界》2015 年第 6 期。

汪伟、姜振茂:《人口老龄化对技术创新的影响机制分析——基于DFA 方法的创新评价和动态面板模型》,《上海财经大学学报》2017 年第 6 期。

汪伟、姜振茂:《人口老龄化对技术进步的影响研究综述》,《中国人口科学》2016 年第 3 期。

汪伟、刘玉飞、彭冬冬:《人口老龄化的产业结构升级效应研究》,《中国工业经济》2015 年第 11 期。

王弟海、龚六堂:《增长经济中的消费和储蓄——兼论中国高储蓄率的原因》,《金融研究》2007 年第 12 期。

王广州:《新中国 70 年:人口年龄结构变化与老龄化发展趋势》,《中国人口科学》2019 年第 3 期。

王桂新、干一慧:《中国的人口老龄化与区域经济增长》,《中国人口科学》2017 年第 3 期。

王筘旭、冯波、王淑娟:《人口老龄化、技术创新与经济增长——基于中国省际面板数据的实证分析》,《华中科技大学学报》(社会科学版) 2017 年第 5 期。

王录仓、武荣伟、刘海猛、周鹏、康江江:《县域尺度下中国人口老龄化的空间格局与区域差异》，《地理科学进展》2016 年第 8 期。

王维国、刘丰、胡春龙：《生育政策、人口年龄结构优化与经济增长》，《经济研究》2019 年第 1 期。

吴国培、王伟斌、张习宁：《新常态下的中国经济增长潜力分析》，《金融研究》2015 年第 8 期。

吴连霞、吴开亚：《中国人口老龄化时空演化特征的比较分析——基于固定年龄与动态年龄指标的测算》，《人口研究》2018 年第 3 期。

吴鹏、常远、穆怀中：《中国如何扩大中等收入群体——基于技术进步偏向性视角的考察》，《财贸研究》2018 年第 12 期。

吴宇、王珂珂：《1990 年代以来日本的经济增长质量研究》，《现代日本经济》2018 年第 5 期。

谢丹阳、周泽茜：《经济增长理论的变迁与未来：生产函数演变的视角》，《经济评论》2019 年第 3 期。

姚东旻、宁静、韦诗言：《老龄化如何影响科技创新》，《世界经济》2017 年第 4 期。

姚雪松、王志勇：《经济发展、技术进步对人口老龄化的影响》，《经济问题》2014 年第 5 期。

袁俊、吴殿廷、吴铮争：《中国农村人口老龄化的空间差异及其影响因素分析》，《中国人口科学》2007 年第 3 期。

袁礼、欧阳峣：《发展中大国提升全要素生产率的关键》，《中国工业经济》2018 年第 6 期。

袁勇、周涛、周傲英、段永朝、王飞跃：《区块链技术：从数据智能到知识自动化》，《自动化学报》2017 年第 9 期。

原新：《积极应对人口老龄化是新时代的国家战略》，《人口研究》2018 年第 3 期。

原新、高瑷、李竞博：《人口红利概念及对中国人口红利的再认识——聚焦于人口机会的分析》，《中国人口科学》2017 年第 6 期。

张克中、陈祎、鲁元平：《中国经济高质量发展阶段增长动力研究——基于人口老龄化视角的分析》，《天津社会科学》2019 年第 4 期。

张倩、杨真:《中国能否迎来第二次人口红利?——基于内生视角的老龄化对储蓄率的影响研究》,《山东社会科学》2019 年第 8 期。

张同斌:《从数量型"人口红利"到质量型"人力资本红利"——兼论中国经济增长的动力转换机制》,《经济科学》2016 年第 5 期。

张卫:《人口结构变化如何影响对外直接投资》,《华东经济管理》2019 年第 2 期。

张卫:《人口老龄化与技术进步:日本的经验与启示》,《当代经济管理》2021 年第 7 期。

张秀武、赵昕东:《人口年龄结构、人力资本与经济增长》,《宏观经济研究》2018 年第 4 期。

张占军、班斓、袁晓玲:《老龄化与污染对中国经济转型的倒逼机制研究》,《当代经济科学》2018 年第 4 期。

赵昕东、刘成坤:《人口老龄化对制造业结构升级的作用机制研究——基于中介效应模型的检验》,《中国软科学》2019 年第 3 期。

郑伟、林山君、陈凯:《中国人口老龄化的特征趋势及对经济增长的潜在影响》,《数量经济技术经济研究》2014 年第 8 期。

智瑞芝、袁瑞娟、肖秀丽:《日本技术创新的发展动态及政策分析》,《现代日本经济》2016 年第 5 期。

钟水映、赵雨、任静儒:《"教育红利"对"人口红利"的替代作用研究》,《中国人口科学》2016 年第 2 期。

周祝平、刘海斌:《人口老龄化对劳动力参与率的影响》,《人口研究》2016 年第 3 期。

Abeliansky, A., Prettner, K., Automation and Demographic Change, *Discussion Papers*, *Center for European*, *Governance and Economic Development Research*, 2017, No. 310.

Acemoglu, D., Aghion, P., Zilibotti, F., "Distance to Frontier, Selection, and Economic Growth", *Journal of the European Economic Association*, 2006 (4): 37 – 74.

Acemoglu, D., "Directed Technical Change", *Review of Economic Studies*,

2002, 69 (4): 781 – 809.

Acemoglu, D., "Equilibrium Bias of Technology", *Econometrica*, 2007, 75 (5): 1371 – 1410.

Acemoglu, D., *Introduction to Modern Economic Growth*, Princeton, NJ: Princeton University Press, 2008.

Acemoglu, D., "Labor and Capital Augmenting Technical Change", *Journal of European Economic Association*, 2003, 1 (1): 1 – 37.

Acemoglu, D., Restrepo, P., "Demographics and Automation", *NBER Working Paper*, 2018, No. 24421.

Acemoglu, D., Restrepo, P., "Secular Stagnation? The Effect of Aging on Economic Growth in the Age of Automation", *American Economic Review: Papers & Proceedings*, 2017, 107 (5): 174 – 179.

Acemoglu, D., "When Does Labor Scarcity Encourage Innovation?", *Journal of Political Economy*, 2010, 118 (6): 1037 – 1078.

Aghion, P., Howitt, P., "A Model of Growth through Creative Destruction", *Econometrica*, 1992, 60 (3): 323 – 51.

Aghion, P., Jones, B. F., Jones, C. I., "Artificial Intelligence and Economic Growth", *NBER Working Paper*, 2017, No. 23928.

Akcigit, U., "Economic Growth: The Past, the Present, and the Future", *Journal of Political Economy*, 2017, 125 (6): 1736 – 1747.

Ando, A., Modigliani, F., "The 'Life-cycle' Hypothesis of Saving: Aggregate Implications and Tests", *American Economic Review*, 1963, 53 (1): 55 – 84.

Arrow, K. J., "The Economic Implications of Learning by Doing", *Review of Economic Studies*, 1962 (6): 155 – 73.

Ashraf, Q. H., Weil, D. N., Wilde, J., "The Effect of Fertility Reduction on Economic Growth", *Population and Development Review*, 2013, 39 (1): 97 – 130.

Autor, D., Dorn, D., "The Growth of Low Skill Service Jobs and the

Polarization of the U. S. Labor Market", *American Economics Review*, 2013, 103 (5): 1553 – 1597.

Babiarz, K. S. , Ma, P. , Miller, G. , Song, S. , "The Limits (and Human Costs) of Population Policy: Fertility Decline and Sex Selection in China under Mao", *NBER Working Paper*, 2018, No. 25130.

Baldanzi, A. , Prettner, K. , Tscheuschner, P. , "Longevity-induced Vertical Innovation and the tradeoff between Life and Growth", *Journal of Population Economics*, 2018: 1 – 21.

Barro, R. J. , Sala-i-Martin, X. , "Convergence", *Journal of Political Economy*, 1992, 100 (2): 223 – 251.

Becker, G. S. , Murphy, K. , Tamura, R. , "Human Capital, Fertility, and Economic Growth", *Journal of Political Economy*, 1990, 98 (5): S12 – 37.

Becker, G. S. , Lewis, H. G. , "On the Interaction between the Quantity and Quality of Children", *Journal of Political Economy*, 1973, 81 (2): 279 – 288.

Blanchard, O. J. , "Debt, Deficits, and Finite Horizons", *Journal of Political Economy*, 1985, 93 (2): 223 – 247.

Bloom, D. E. , Canning, D. , Fink, G. , "Population Aging and Economic Growth, Program on the Global Demography of Aging", *Working Paper Series*, 2008.

Bloom, D. E. , Williamson, J. G. , "Demographic Transitions and Economic Miracles in Emerging Asia", *The World Bank Economic Review*, 1998, 12 (3): 340 – 375.

Bloom, D. E. , Canning, D. , Fink, G. , "Implications of Population Aging for Economic Growth", *Oxford Review of Economic Policy*, 2010, 26 (4): 583 – 612.

Boucekkine, R. , Croix, D. D. L. , Licandro, O. , "Vintage Human Capital, Demographic Trends, and Endogenous Growth", *Working Papers*, 2002,

104 （2）：340 – 375.

Brynjolfsson, E. , Rock, D. , Syverson, C. , "Artificial Intelligence and the Modern Productivity Paradox: A Clash of Expectations and Statistics", *NBER Working Papers*, 2017, No. 24001.

Burtless, G. T. , "The Impact of Population Aging and Delayed Retirement on Workforce Productivity", *Working Papers*, Center for Retirement Research at Boston College, 2013.

Börsch-Supan, A. , "The Impact of Global Aging on Labor, Product, and Capital Markets", *Population and Development Review*, 2008 （34）：52 – 77.

Carvalho, C. , Ferrero, A. , Nechio, F. , "Demographics and Real Interest Rates: Inspecting the Mechanism", *European Economic Review*, 2016, 88: 208 – 226.

Cass, D. , "Optimum Growth in an Aggregative Model of Capital Accumulation", *The Review of Economic Studies*, 1965, 32 （3）：233 – 240.

Cervellati, M. , Sunde, U. , Zimmermann, K. F. , "Demographic Dynamics and Long-run Development: Insights for the Secular Stagnation Debate", *Journal of Population Economics*, 2017, 30 （2）：401 – 432.

Cervellati, M. , Sunde, U. , "Life Expectancy and Economic Growth: The Role of the Demographic Transition", *Journal of Economic Growth*, 2011, 16 （2）：99 – 133.

Cheng, H. , Jia, R. , Li, D. , Li, H. , "The Rise of Robots in China", *Journal of Economic Perspectives*, 2019, 33 （2）：71 – 88.

Chomik, R. , Piggott, J. , "Demographic and Technological Change: Two Megatrends Shaping the Labour Market in Asia", *ARC Centre of Excellence in Population Aging Research Working Paper*, 2018/10.

Chu, A. C. , Cozzi, G. , Liao, C. H. , "Endogenous Fertility and Human Capital in a Schumpeterian Growth Model", *Journal of Population Economics*, 2013, 26: 181 – 202.

Ciccone, A. , Papaioannou, E. , "Human Capital, the Structure of Production, and Growth", *Review of Economics and Statistics*, 2009, 91 (1): 66 – 82.

Clark, R. , Kreps, J. , Spengler, J. , "Economics of Aging: A Survey", *Journal of Economic Literature*, 1978, 16 (3): 919 – 962.

Coale, A. J. , "How the Age Distribution of a Human Population is Determined", *Cold Spring Harbor Symposia on Quantitative Biology*, 1957 (22): 83 – 88.

Coale, A. J. , "The Effects of Changes in Mortality and Fertility on Age Composition", *The Milbank Memorial Fund Quarterly*, 1956, 34 (1): 79 – 114.

Curtis, C. C. , Lugauer, S. , "Population Aging, Economic Growth, and the Importance of Capital", *Working Paper*, September 28, 2018.

Cutler, D. M. , Poterba, J. M. , Sheiner, L. M. , Summers, L. H. , Akerlof, G. A. , "An Aging Society: Opportunity or Challenge?", *Brookings Papers on Economic Activity*, 1990 (1): 1 – 73.

Dalgaard, C. , Kreiner, C. , "Is Declining Productivity Inevitable?", *Journal of Economic Growth*, 2001, 6 (3): 187 – 203.

Day, C. , Dowrick, S. , "Aging Economics: Human Capital, Productivity and Fertility", *Agenda A Journal of Policy Analysis & Reform*, 2004, 11 (1): 3 – 20.

Diamond, P. A. , "National Debt in a Neoclassical Growth Model", *American Economic Review*, 1956, 55 (5): 1126 – 1150.

Drandakis, E. M. , Phelps, E. S. , "A Model of Induced Invention, Growth, and Distribution", *Economic Journal*, 1966 (76): 823 – 840.

Efron, B. , "Bootstrapping Methods: Another Look at the Jackknife", *Annals of Statistics*, 1979, 7: 1 – 26.

Eggleston, K. , Oi, J. C. , Rozelle, S. , et al. , "Will Demographic Change Slow China's Rise?", *Journal of Asian Studies*, 2013, 72 (3):

505 – 518.

Elgin, C. , Tumen, S. , "Can Sustained Economic Growth and Declining Population Coexist? Barro-Becker Children Meet Lucas", *Economic Modelling*, 2010 (29): 1899 – 1908.

Esteban-Pretel, J. , Tanaka, R. , Meng, X. C. , "Changes in Japan's Labor Market during the Lost Decade and the Role of Demographics", *Journal of the Japanese and International Economies*, 2017 (43): 19 – 37.

Feenstra, R. C. , Inklaar, R. , Timmer, M. P. , "The Next Generation of the Penn World Table", *American Economic Review*, 2015, 105 (10): 3150 – 3182.

Feyrer, J. , Sacerdote, B. , Stern, A. D. , "Will the Stork Return to Europe and Japan? Understanding Fertility Within Developed Nations", *Journal of Economic Perspectives*, 2008, 22 (3): 3 – 22.

Feyrer, J. , "Aggregate Evidence on the Link between Age Structure and Productivity", *Population and Development Review*, 2008 (34): 78 – 99.

Feyrer, J. , "Demographics and Productivity", *The Review of Economics and Statistics*, 2007, 89 (1): 100 – 109.

Fougère, M. , Mérette, M. , "Population Aging and Economic Growth in Seven OECD Countries", *Economic Modelling*, 1999, 16 (3): 411 – 427.

Frankel, M. , "The Production Function in Allocation and Growth: A Synthesis", *American Economic Review*, 1962, 52 (5): 996 – 1022.

Fujita, S. , Fujiwara, I. , "Declining Trends in the Real Interest Rate and Inflation: The Role of Aging", *FRB of Philadelphia Working Paper*, 2016, No. 16 – 29.

Futagami, K. , Konishi K. , "Rising Longevity, Fertility Dynamics, and R&D-based Growth", *Journal of Population Economics*, 2018.

Futagami, K. , Nakijima, T. , "Population Aging and Economic Growth", *Journal of Macroeconomics*, 2001, 23 (1): 31 – 44.

Galor, O. , Weil, D. N. , "From Malthusian Stagnation to Modern Growth", *American Economic Review*, 1999 (89): 150 – 154.

Galor, O. , Weil, D. N. , "Population, Technology, and Growth: From the Malthusian Regime to the Demographic Transition and Beyond", *American Economic Review*, 2000 (90): 806 – 828.

Gawa, N. , "Population Aging and Policy Options for a Sustainable Future: The Case of Japan", *Genus*, 2005, 61 (3/4): 369 – 410.

Gehringer, A. , Prettner, K. , "Longevity and Technological Change", *Macroeconomic Dynamics*, 2017: 1 – 33.

Glaeser, E. L. , Kallal, H. D. , "Scheinkman, J. A. , Shleifer, A. , Growth in Cities", *Journal of Political Economy*, 1992, 100 (6): 1126 – 1152.

Goldin, C. , "How Japan and the US Can Reduce the Stress of Aging", *NBER Working Paper*, 2016, No. 22445.

Gomez, R. , Hernandez de Cos P. , "Does Population Aging Promote Faster Economic Growth?", *Review of Income and Wealth*, 2008, 54 (3): 350 – 72.

Graetz, G. , Michaels, G. , "Robots at Work", *CEP Discussion Paper*, 2016, No. 1335.

Grossman, G. M. , Helpman, E. , Quality Ladders and Product Cycles, *Quarterly Journal of Economics*, 1991a (5): 557 – 86.

Grossman, G. M. , Helpman, E. , "Quality Ladders in the Theory of Economic Growth", *Review of Economic Studies*, 1991b, 58 (1): 43 – 61.

Grossmann, V. , Steger, T. M. , Trimborn, T. , "Dynamically Optimal R&D Subsidization", *Journal of Economic Dynamics and Control*, 2013, 37 (3): 516 – 534.

Guo, R. F. , Yi, J. J. , Zhang, J. S. , "Rationed Fertility: Theory and Evidence", *Unpublished Paper*, Chinese University of Hong Kong, 2016.

Hashimoto, K. , Tabata, K. , "Demographic Change, Human Capital

Accumulation and R&D-based Growth", *Canadian Journal of Economics*, 2016, 49: 707 – 737.

Heer, B. , Irmen, A. , "Population, Pensions, and Endogenous Economic Growth", *Journal of Economic Dynamics & Control*, 2014, 46 (11): 50 – 72.

Hewitt, P. S. , "The Gray Roots of Japan's Crisis", *Asia Program Special Report*, No. 107, 2003: 4 – 9.

Hicks, J. R. , *The Theory of Wage*, The Macmillan Press, London, 1932.

Hirazawa, M. , Yakita, A. , "Labor Supply of the Elderly, Fertility and Economic Development", *Journal of Macroeconomics*, 2017, 51: 75 – 96.

Hsu, M. , Liao, P. J. , Zhao, M. , "Demographic Change and Long-term Growth in China: Past Developments and the Future Challenge of Aging", *Review of Development Economics*, 2018, 22 (3): 928 – 952.

Irmen, A. , "Capital and Labor Saving Technical Change in an Aging Economy", *International Economic Review*, 2017, 58 (1): 261 – 285.

Irmen, A. , "Population Aging and the Direction of Technical Change", *CESIFO Working Paper*, 2009, No. 2888.

Irmen, I. , Litina, A. , "Population Aging and Inventive Activity", *CESifo Working Paper Series*, 2016, No. 5841.

Izmirlioglu, Y. , "The Impact of Population Aging on Technological Progress and TFP Growth, with Application to United States: 1950 – 2050", *MPRA Working Paper*, 2008, No. 24687.

Jones, C. I. , R&D-Based Models of Economic Growth, *Journal of Political Economy*, 1995, 103 (4): 759 – 784.

Jones, C. I. , Romer, P. , Ideas, Nonrivalry, and Endogenous Growth, *Scandinavian Journal of Economics*, 2019, 121 (3): 859 – 883.

Jones, B. , Reedy, E. J. , Weinberg, B. A. , "Age and Scientific

Genius", *NBER Working Paper*, 2014, No. 19866.

Joshi, S., Schultz, T. P., "Family Planning and Women's and Children's Health: Long-term Consequences of an Outreach Program in Matlab Bangladesh", *Demography*, 2013, 50 (1): 149 – 80.

Kalemli-Ozcan, S., Ryder, H. E., Weil, D. N., "Mortality Decline, Human Capital Investment, and Economic Growth", *Journal of Development Economics*, 2000, 62 (1): 1 – 23.

Kanemune, S., Shirai, S., Tani, S., "Informatics and Programming Education at Primary and Secondary Schools in Japan", *Olympiads in Informatics*, 2017 (11): 133 – 140.

Kato, R. R., "Does More Female Labor Supply Really Save a Graying Japan?", *Economics & Management Series*, *Research Institute*, *International University of Japan*, 2017.

Keyfitz, N., "How Do We Know the Facts of Demography", *Population and Development Review*, 1975 (2): 267 – 288.

Koopmans, T. C., "On the Concept of Optimal Economic Growth", *Econometric Approach to Development Planning*, North-Holland Publishing Co., Amsterdam, 1965.

Kotschy, R., Sunde, U., "Can Education Compensate the Effect of Population Aging on Macroeconomic Performance?", *Economic Policy*, 2018, 33 (96): 587 – 634.

Kremer, M., "Population Growth and Technological Change: One Million B. C. to 1990", *The Quarterly Journal of Economics*, 1993, 108 (3): 681 – 716.

Lee, R., Mason, A., et al., "Is Low Fertility Really a Problem? Population Aging, Dependency, and Consumption", *Science*, 2014, 346 (6206): 229 – 34.

Li, B., Zhang, H., "Does Population Control Lead to Better Child Quality? Evidence from China's One-Child Policy Enforcement", *Journal of Com-*

parative Economics, 2017, 45 (2): 246 – 60.

Liang, J. , Wang, H. , Lazear, E. P. , "Demographics and Entrepreneurship", *Journal of Political Economy*, 2018, 126 (S1): S140 – S196.

Lucas, R. , "On the Mechanics of Economic Development", *Journal of Monetary Economics*, 1988, 22 (1): 3 – 42.

Ludwig, A. , Vogel, E. , "Mortality, Fertility, Education and Capital Accumulation in a Simple OLG Economy", *Journal of Population Economics*, 2010, 23 (2): 703 – 735.

Maestas, N. , Kathleen, J. M. , Powell, D. , "The Effect of Population Aging on Economic Growth, the Labor Force and Productivity", *NBER Working Paper*, 2016, No. 22452.

Markus, B. , Ciccone, A. , "Rain and the Democratic Window of Opportunity", *Econometrica*, 2011, 79 (3): 923 – 947.

Mason, A. , Lee, R. , Jiang, J. X. , "Demographic Dividends, Human Capital, and Savings", *The Journal of the Economics of Ageing*, 2016 (7): 106 – 122.

Mason, A. , Kinugasa, T. , "East Asian Economic Development: Two Demographic Dividends", *Journal of Asian Economics*, 2008, 19 (5): 389 – 399.

Matsuda, S. , Sasaki, T. , Takamura, S. , et al. , "Analysis of the Relation between Low Fertility and Living Conditions among Never-Married Women: Empirical Evidence from Survey Data", *ERSI Discussion Paper Series*, No. 323 (August), 2015.

Miller, G. , Babiarz, K. S. , "Family Planning: Program Effects", *Population and Development Review*, 2016, 42 (1): 7 – 26.

Murphy, M. , "Demographic Determinants of Population Aging in Europe since 1850", *Population and Development Review*, 2017, 43 (2): 257 – 283.

Nelson, R. , Phelps, E. , "Investment in Humans, Technological Diffusion, and Economic Growth", *American Economic Review*, 1966, 56 (1/2): 69 – 75.

Noda, H., "The Inhibitory Effect of Population Aging on Technical Progress", *Yamagata University Flss Discussion Paper Series*, 2010, No. E02.

Preston, S. H., Himes, C., Eggers, M., "Demographic Conditions Responsible for Population Aging", *Demography*, 1989, 26 (4): 691 – 704.

Preston, S. H., Stokes, A., "Sources of Population Aging in More and Less Developed Countries", *Population and Development Review*, 2012, 38 (2): 221 – 236.

Prettner, K., "Population Aging and Endogenous Economic Growth", *Journal of Population Economics*, 2013, 26 (2): 811 – 834.

Qin, X., Zhuang, C. C., Yang, R., "Does the One-child Policy Improve Children's Human Capital in Urban China? A regression Discontinuity Design", *Journal of Comparative Economics*, 2017, 45 (2): 287 – 303

Ramsey, F. P., A Mathematical Theory of Saving, *Economic Journal*, 1928, 38 (152): 543 – 59.

Rebelo, S., "Long-Run Policy Analysis and Long-Run Growth", *Journal of Political Economy*, 1991, 99 (3): 500 – 521.

Romer, P. M., "Increasing Returns and Long-Run Growth", *Journal of Political Economy*, 1986, 94 (5): 1002 – 1037.

Romer, P. M., "Endogenous Technological Change", *Journal of Political Economy*, 1990, 98 (5): 71 – 102.

Rosenzweig, M. R., Zhang, J. S., "Do Population Control Policies Induce More Human Capital Investment? Twins, Birth Weight, and China's 'One Child' Policy", *Review of Economic Studies*, 2009 (76): 1149 – 1174.

Samuelson, P. A., "An Exact Consumption-Loan Model of Interest with or without the Social Contrivance of Money", *Journal of Political Economy*, 1958 (66): 467 – 482.

Schumpeter, J. A., *Capitalism, Socialism and Democracy*, New York:

Harper and Brothers, 1942.

Shirakawa, M., "Demographic Changes and Macroeconomic Performance: Japanese Experiences", Opening Remark at 2012 BOJ-IMES Conference hosted by the Institute for Monetary and Economic Studies, the Bank of Japan, May 30, 2012.

Sinha, N., "Fertility, Child Work, and Schooling Consequences of Family Planning Programs: Evidence from an Experiment in Rural Bangladesh", *Economic Development and Cultural Change*, 2005, 54 (1): 97 – 128.

Song, Z., Storesletten, K., Wang, Y. K., Zilibotti, F., "Sharing High Growth Across Generations: Pensions and Demographic Transition in China", *American Economic Journal: Macroeconomics*, 2015 (7): 1 – 39.

Strulik, H., Prettner, K., Prskawetz, A., "The Past and Future of Knowledge-based Growth", *Journal of Economic Growth*, 2013 (18): 411 – 437.

Strulik, H., "The Role of Human Capital and Population Growth in R&D-based Models of Economic Growth", *Review of International Economics*, 2005, 13 (1): 129 – 145.

Sudo, N., Takizuka, Y., "Population Aging and the Real Interest Rate in the Last and Next 50 Years—A Tale Told by an Overlapping Generations Model", *Bank of Japan Working Paper Series*, No. 18 – E – 1, 2018.

Tournemaine, F., Luangaram, P., R&D, "Human Capital, Fertility, and Growth", *Journal of Population Economics*, 2012, 25 (3): 923 – 953.

Turan, B., "Life Expectancy and Economic Development: Evidence from Micro Data", *Review of Development Economics*, 2020, 24 (3): 949 – 972.

Wang, F., Zhao, L. Q., Zhao, Z., "China's Family Planning Policies and Their Labor Market Consequences", *Journal of Population Economics*, 2017, 30 (1): 31 – 68.

Wei, H., Lei, X. Y., Sun, A., "When Fewer Means More: Impact of One-Child Policy on Education of Girls", *Working Paper*, Harvard University, 2016.

Wei, S. J., Xie, Z., Zhang, X. B., "From 'Made in China' to 'Innovated in China': Necessity, Prospect, and Challenges", *Journal of Economic Perspectives*, 2017, 31 (1): 49–70.

Werner, K., Prettner, K., "Human Capital, Basic Research, and Applied Research: three Dimensions of Human Knowledge and their Differential Growth Effects", *German Economic Association*, 2014.

Whyte, K. M., Feng, W., Cai, Y., "Challenging Myths about China's One-Child Policy", *The China Journal*, 2015 (74): 144–159.

Yong, V., Saito, Y., "National Long-term Care Insurance Policy in Japan a Decade after Implementation: Some Lessons for Aging Countries", *Aging International*, 2012 (37): 271–284.

Zhang, J., "The Evolution of China's One-Child Policy and Its Effects on Family Outcomes", *Journal of Economic Perspectives*, 2017, 31 (1): 141–60.

Zhang, J., Zhang, J., "The Effect of Life Expectancy on Fertility, Saving, Schooling and Economic Growth: Theory and Evidence", *Scandinavian Journal of Economics*, 2005, 107 (1): 45–66.

Zhang, J. S., Zhang, J., Lee, R., "Mortality Decline and Long-run Economic Growth", *Journal of Public Economics*, 2001, 80 (3): 485–507.

Zilibotti, F., "Growing and Slowing Down Like China", *Journal of the European Economic Association*, 2017, 15 (5): 943–988.

后　记

李商隐曾有诗，"从来系日乏长绳，水逝云回恨不胜"，时间转瞬即逝。本书付梓之际，我也将开启全新的人生旅程。本书的完成离不开众多老师和同学的帮助。

首先，感谢我的导师。2016 年进入四川大学经济学院以来，进入邓翔老师门下，不胜荣幸。师者，学高为师，身正为范也！邓老师才高八斗，学术功底深厚，特别是保持着对学术前沿的追踪和敏感，对我学术生涯具有重要影响。邓老师对本书提出了非常宝贵的意见和建议，在他的指导下，本书才能顺利完成。此外，也非常感谢布鲁塞尔自由大学和根特大学 Kris Boudt 教授，感谢他对我在布鲁塞尔时学习和生活的指导与关怀。恩师永铭记，师恩久难弃。

其次，感谢四川大学经济学院诸位老师，特别是廖君沛老师、张雷老师、杜江老师、张衔老师、朱方明老师、傅志明老师、赵绍阳老师、熊晖老师、杨艳老师、吴良老师、张蕊老师等，感谢他们对我经济学理论知识的巩固和拓展以及对本书出版的指导与帮助。感谢西南财经大学赵磊老师、林义老师、方行明老师、陈健生老师和霍伟东老师提出的建设性意见和建议。另外，感谢四川大学欧洲问题研究中心诸位老师，特别是李竹渝老师、石坚老师等。

再次，感谢同门及同学在学业和生活中对我的指导与帮助，特别是路征师兄、祝梓翔师兄、吕一清师兄、万春林师兄、杨钒师兄、李振兴师兄、刘育言师姐、朱高峰师兄、李德山师兄、李雨珊师姐、朱海华同学、史敦友同学、叶江同学和王文静同学等等。

又次，感谢西南民族大学经济学院对本书出版的支持，本书是（1）西南民族大学应用经济学博士培育学科阶段性成果；（2）西南民族大学经济学院"三全育人"综合改革阶段性成果；（3）西南民族大学经济学院一流本科专业建设的阶段性成果。与此同时，还要感谢中国社会科学出版社的王曦编辑，如果没有她的敬业精神和辛苦努力，本书是无法顺利与大家见面的。

最后，感谢我的家人。《诗经·小雅·蓼莪》有言，"蓼蓼者莪，匪莪伊蒿。哀哀父母，生我劬劳。蓼蓼者莪，匪莪伊蔚。哀哀父母，生我劳瘁。"感谢父母对我十载寒窗的鼓励与支持，也感谢姐姐对我生活的关心和照顾。

晓来风，夜来雨，晚来烟，十载寒窗似流年。感谢所有关心我的人一直以来对我的指导、支持与帮助！

张惠言曾言："生平事，天付与，且婆娑。几人尘外相视，一笑醉颜酡。看到浮云过了，又恐堂堂岁月，一掷去如梭。劝子且秉烛，为驻好春过。"春天来去匆匆，昼短苦夜长，时光如此珍贵，愿自己心中长存一份宁静安然的持守，秉烛夜读，进德修业。

张　卫

2022 年 6 月于西南民族大学经济学院